读行者

从阅读走进现实

knowledge-power

knowledge-power

读行者

傳記文學書系

# 少帥春秋

赵一荻　顾维钧等◎著



岳麓書社·长沙

博集天卷
CS-BOOKY

**图书在版编目（CIP）数据**

少帅春秋 / 赵一荻，顾维钧等著.—长沙：岳麓书社，2017.12
ISBN 978-7-5538-0739-3
Ⅰ.①少… Ⅱ.①赵… ②顾… Ⅲ.①张学良（1901-2001）—传记 Ⅳ.①K827=7
中国版本图书馆CIP数据核字（2017）第101130号

著作权合同登记号：图字18-2016-140号

SHAOSHUAI CHUNQIU
少帅春秋

作　　者：赵一荻　顾维钧 等
责任编辑：李郑龙
监　　制：于向勇　秦　青
特约策划：康晓硕
营销编辑：刘晓晨　罗　昕　刘　迪
装帧设计：张丽娜
岳麓书社出版发行
地址：湖南省长沙市爱民路47 号
直销电话：0731-88804152　88885616
邮编：410006
2017 年12月第1版第1次印刷
开本：700毫米×995毫米　1/16
印张：17
字数：213千字
书号：ISBN 978-7-5538-0739-3
定价：49.00 元
承印：三河市鑫金马印装有限公司

质量监督电话：010-59096394
团购电话：010-59320018

# 总序

岳麓书社依据台湾的《传记文学》，分类编纂，陆续出版“传记文学”书系，这是两岸文化交流史上的大事，是中国近代史和中华民国史研究的大事、喜事。

1962 年 2 月 5 日，时值春节，曾在北大读书的刘绍唐向当年的校长胡适拜年，谈起胡适长期提倡传记文学，而始终未见实行，向老师透露，自己正准备创办《传记文学》月刊。胡适虽肯定其志，却以为其事甚难，办月刊，哪里去找这么多“信而有征”的文字，因此不大赞成。不料当年 6 月 1 日，绍唐先生主编的《传记文学》竟在台北出刊了。自此，直到 2000 年 2 月 10 日，绍唐先生因病在台北去世，历时 38 年，共出版 453 期。每期约 30 万字，453 期就是约 13590 万字。此外，传记文学出版社还出版了“传记文学丛书”和“传记文学丛刊”，其中包括《民国人物小传》《民国大事日志》等许多民国历史方面的著作。

尽人皆知，绍唐先生没有任何背景，不接受任何政治集团、经济集团的支持，只身奋斗，孤军一人，却做出了台湾官方做不出的成绩，创造了中国出版史上不曾有过的奇迹。因此，绍唐先生被尊为“以一人而敌一国”，戴上了“野史馆馆长”的桂冠。

我在大学学习中国文学，毕业后业余研究中国哲学，1978 年 4 月，调入中国社科院近代史研究所，参加《中华民国史》的编写，自此，即与绍唐先生的《传记文学》结下不解之缘。在众多历史刊物中,《传记文学》最为我所关注。但是，我和绍唐先生相识则较晚，记得是在 1995 年 9 月，纪念抗战胜利 50 周年之际。当时，台湾史学界在台北召开学术讨论会，我和其他大陆学者 31 人组团越海参加。这是海峡两岸学者之间交流的起始阶段，有如此众多的大陆学者同时赴会，堪称前所未有的盛事。我向会议提交的论文《九一八事变后的蒋介石》，根据毛思诚所藏《蒋介石日记类抄》未刊稿本写成。当时，蒋介石日记存世一事，还不为世人所知，绍唐先生很快通知我,《传记文学》将发表该文。9 月 3 日，闭幕式晚宴，由绍唐先生的传记文学出版社招待。各方学者，各界嘉宾，济济一堂。我因事略为晚到，不料竟被引到主桌，和绍唐先生同席。那次席上，绍唐先生给我的印象是热情、好客、豪饮。次年，我应“中研院”近史所所长陈三井教授之邀访问该所，在台北有较多停留时间。其间，我曾应绍唐先生之邀，到传记文学出版社参观。上得楼来，只见层层叠叠，满室皆书，却不见编辑一人。绍唐先生与我长谈，详细介绍《传记文学》创刊的过程及个人办刊的种种艰辛。绍唐先生特别谈到，办刊者必须具备的“眼力”“耐力”“定力”等条件，可惜，我没有记日记的习惯，未能将绍唐先生所谈追记下来，至今引为憾事。绍唐先生交游广阔，文友众多，因此宴集也多。每有宴集，绍唐先生必招我参加，我也欣然从远在郊区的南港住所赴会。许多朋友，例如旅美华人史学家唐德刚等都是在这样的场合下认识的。在台期间，台北史学界为纪念北伐战争 70 周年，召开北伐及北伐史料讨论会，我根据原藏俄罗斯等处的档案，撰写《1923 年蒋介石的苏联之行及其军事计划》一文参加，绍唐先生不仅到会，而且当场确定《传记文学》将发表拙文。我离开台北前，绍唐先生再次将我引到他的藏书室，告诉我，凡传记文学出版社出版的图书，喜欢什么就拿什么。我因为“近史所”已赠我大量出版物，又不好意思，只挑选了《陈济棠自传稿》《傅孟真先生年谱》《朱家骅年谱》和李济的《感旧录》等有限几种，回想起来，至今仍觉遗憾。

绍唐先生自述，他有感于两岸的文士因为历史原因等种种关系，“许多史实难免歪曲”，因此，创办此刊，以便“为史家找材料，为文学开生面”。我觉得，绍唐先生的这两个目的，比较成功地达到了。政治对学术，特别是对历史学的干预，古已有之，但是，学术特别是以真实为最高追求目标的历史学，又最忌政治和权力的干预。绍唐先生在台湾的白色恐怖余波犹在的年代，能够不怕“因稿贾祸”，创办刊物，发行丛书，保存大量中国近代史特别是民国史资料，供千秋万代的史家和史学爱好者采用，这是功德无量的盛事、盛业。刊物虽标明“文学”，但是，取文、选文却始终恪守历史学的原则，排斥任何虚构和想象，这也是值得今之史家和文家们借鉴和注重的。

绍唐先生去世后，《传记文学》由中国新闻界的前辈成舍我先生的后裔续办，至今仍是华人世界中的著名历史刊物，衷心希望绍唐先生的事业和精神能长期传承，永放光彩，衷心希望“传记文学”书系的出版，能得到读者的喜欢，助益历史学的繁荣和发展。

杨天石

2015 年 5 月于北京东城之书满为患斋

# 凡例

一、原文的繁体竖排改成简体横排。

二、原文中脱、衍、讹、倒之处，均径改，不另加注说明。

三、原文中专名（人名、地名、书名等）及其译名皆一仍其旧，其中或有跟现今通行者有较大区别，而可能导致阅读障碍的，由编者加注进行说明。

四、原文中词语与标准用法有不同者，为尊重作者用语习惯及时代与地域差异等，不做修改，一仍其旧。

五、原文中标点符号的使用有不统一及不符合标准用法的，一仍其旧，其中或有可能导致阅读障碍的，由编者重新标点。

六、原文中的汉字数字不予变为阿拉伯数字，个别阿拉伯数字也不再统一为汉字。但注释部分为统一体例，版本年代及页码均采用阿拉伯数字，以便明晰。

七、所引文章中的纪年，1949 年 10 月 1 日前的民国纪年一仍其旧，1949 年 10 月 1 日后均采用公历纪年。

八、原文中 1949 年 10 月 1 日前对于中国共产党和国民党政治机构及职务的称呼均予保留，只对个别明显不符合历史事实的文字做了必要的删改。

九、原文中 1949 年 10 月 1 日中华人民共和国成立后，台湾地区自称“中国”“政府”及其政治机构、职务名称、“涉外”用语等，本书均加引号，以示区分。

十、原文中由于作者政治立场等原因，本书做了极个别的删节，不另加说明。但为保留资料的完整性，尊重原文及作者观点，文中难免偶有不妥之处，相信读者自能甄别分辨。

# 目录

# 张老帅和张少帅

司马桑敦　遗著

## 作者前记

东北军旧侣习惯上称张作霖为老帅，对他的儿子张学良则称少帅。老帅和少帅都不是正式的官称。老帅的全衔，应为“陆海军大元帅”，是民国十六年（**一九二七**）六月十六日凭借奉军八名将领联名通电所制造出来的官衔。张作霖就根据这个官衔，两天后的十八日，在北京发表了《军政府组织令》，以之组织了一个政府，代替了前此的北京中央政府，并以此发号施令，准备和由广东北伐的国民政府，分庭抗礼。张学良在他父亲的扶植之下，最高的军职是第三方面军团上将军团长，后来出任了东北保安总司令。民国十八年（一九二九）东北易帜后，国民政府特命他为东北边防军司令长官。这篇文稿所要记述的，便是张作霖走向这段权力和被毁于这段权力的一段过程以及他的儿子张学良在这段过程中所扮演的角色。

标题所以用老帅和少帅的字样，除了沿用当时一般的习称，作为一种回忆上的资助之外，要在特别点出在政治史上他们父子的这一种格局。

## 楔子

一九二八年六月三日深夜，北京城的上空，万里无云，月明如镜（正当阴历的四月十六日）。由西城后沟沿的顺承王府到前门东车站，沿路上奉军的卫队，岗哨林立，警备森严。

午后一时十五分，大元帅张作霖的车队到达了车站，军乐队立刻奏起军乐。车队中的第一辆车是军政府总理潘复，他首先下车，接着是各部总长、侍从武官以及其他重要府院的文武百官。张作霖的座车是第四辆的黄色大轿车，他下车时，着蓝色的大元帅常服，腰间佩剑。他身材虽然不够魁梧，但步履间却是英挺飒爽。

这时，他的儿子张学良，当时担任第三方面军军团长和第四方面军军团长的杨宇霆以及甫由南京前线败退下来的第一方面军军团长孙传芳等人，都候在站台上欢送大元帅的离京出关。张作霖和他们一一握别。军政府撤退专车一共三十辆，当张作霖踏上车门时，便准时徐徐开动了。张作霖伫立车门的台阶上向送行者一一答礼，一直到专车开出站台，他这才走进车厢。张作霖面上虽然一直维持着镇静的微笑，显然的，他的内心则是不胜其感慨的了。

这是张作霖以大元帅名义入主北京中枢的最后一幕。由上一年六月十六日成立以来勉强算是一年的军政府，就此宣告收场了。

这时的张学良，却比他老子有着另一种感受。车站上送行的一幕，他固然不无曲终人散的唏嘘，与此同时，他却也不无一种万般有了解脱的安堵。也许应该说，他如其兴奋地有感于最后这一幕，毋宁是在迷茫中观赏了这一幕；当然，他不会一开始时便期待着有这一幕。不过，事实上他可也并不觉得这一幕来得太属意外。

张学良是一直不以张作霖进关参与中原内争为然的。东北大学前任教务长王卓然便曾撰文指出，张学良曾向老子苦谏过，但老子不听，他做儿子的又只得服从地来做他父亲实现野心的工具。实际上，就在这种安排之下，当他老子离开北京的时候，他便奉命暂留北京，来处理军事上的这一场残局。

当时，张学良所面临的军事形势，已经是三方面处于国民革命军的包围之下了。晋军威胁到察北，并隔着北拒马河呈直薄北京之势，而津浦路上的直鲁联军，在由徐州北上的国民革命军第一集团军和冯玉祥部西北军的压力之前，竟一泻而下，使得天津前线的奉军大为动摇。

在这种情形之下，张学良自然不能在北京久待下去。他和杨宇霆暂且留守北京，最重要的任务便是指挥他们统辖的第三、第四两个方面军的队伍，安全地向滦河一带集中，然后，再考虑如何安全地撤到关外。

这天晚间，张学良由天津的电话报告中，得知张作霖在天津逗留了一整天后，已于午后六时五十二分离开天津，不久便驶出山海关，奔向锦州了。山海关外，是他们张氏父子的老地盘，听说他老子出了关，便有一大半业已回到家的安全感了。

就当此时，有一段饶有趣味的插曲，值得一提。

黑龙江省督军吴俊陞之子吴泰勋，这时也留守北京。吴俊陞是由黑龙江远道来北京迎接张作霖同车回东北的。这天晚上，张学良看见吴泰勋在公馆里扶乩问事。张学良一向对于迷信的玩艺儿是极感兴趣的。他凑上前去打趣地要问问大元帅的现在行止，岂知，乩语上批出来四个字："大帅归矣。"当时，张学良尚奚落吴泰勋说："这乩太灵了，谁不知道大帅已经回去了！"焉知，第二天六月四日清晨六时，张学良接到奉天的急电说：五时三十分大帅的专车在皇姑屯中雷被炸，大帅和吴俊陞均重伤身死。这像一声巨雷直接击中了他的头顶，他一时吃惊地被震住了。他立刻联想到乩语，就当这一刻他迷信了。他觉得冥冥中有一股力量在捉弄他们父子，他神智有些陷入混乱，他茫然，感到虚脱而无力。

接着他想到另一件事，这天是阴历的四月十七日，是他二十八年前降生的日子，是他的生辰，何以能够如此巧合，这一天正也就是他老子的死日！

由这天起，他下了一个决心，不再祝贺他的生辰了。他把生辰改用他太太于凤至的生辰，同为阴历的五月初八。四月十七日这天，对他来说，其中有生机，也有死机；是他自己的生日，也是他老子的死日，他永生不能忘却这一天！

一

一九〇一年，义和团事件引起八国联军攻入北京的第二年，阴历四月十七日，张学良诞生于辽河之滨的新民府。当时帝俄军队入驻东北不肯退兵，清朝的地方政府，既不能维持清廷政令，也不能保境安民；辽河的下游，正是一个民情嚣嚣、群盗如毛的地方。张学良的父亲张作霖，当年二十七岁，就是这群盗中之一盗，根据地就在新民府管下台安县的八角台；手下拥有人马一百余名。

按着史家严格的笔法：张作霖二十二岁开始落草为寇，只应是少年家贫，中途流落江湖；但张学良则真正算得是诞生于草泽之间，呱呱坠地的头一天便是一个绿林的儿子了。

这一个资历，对于张学良童稚时期的性格形成，是极其重要的。

首先值得一提的是，孕育张学良的环境，是一种反常与乖戾的暴力社会，而他的父母家庭更一直是处于杀机四伏的紧张空气之中。

比如张学良出生的头一年。

辽西一个大股马贼金寿山和俄国军队，便曾袭击了张作霖。当时，张作霖盘踞在广宁县（北镇县）的中安堡，人马为数不过数十众。在大敌当前的情形之下，张作霖只得率众夤夜突围出走，累得张学良的母亲赵氏和长他两岁的姐姐也仓皇走避到新民府的外祖家。

另一方面，张作霖虽然逃脱了被人“吃掉”的厄运，但他同样也以“吃掉”别人为扩大他的势力的手段。

他走避到台安县的八角台，得到当地匪首张景惠的掩护，同时又网罗到镇安县（黑山县）桑七子的汤玉麟和张作相一股的合作，击毙了当地一个大股马贼的首领项昭子，收容了项昭子的残部，于是就在当地有了立足之地，扩充了他的伙众人马。接着，张作霖又杀掉了拥有巨富的匪首杜天义，并制服了另一股（报字）海沙子的匪团，从此，名声大震，在辽西一带成了一方之雄。

张学良出生的第二年，张作霖的生涯有了一个大转变。

新民府知府增韫收编了他的伙众，他由马贼一变而成了官，做了新民府巡防营的管带（营长），他的同伙弟兄张景惠、张作相、汤玉麟也都跟随他做了巡防营的哨官（连长）。

做了官，并不意味他们便就结束了那种绿林的生活。他们照旧要和他们往日绿林中的同伙杀来杀去。尤其，当时帝俄的军队占领着东三省的重要城市，张作霖经常要和出来骚扰地方的俄军部队火拼，这毋宁更增加了他们行动上的紧张。

一九〇四年二月到一九〇五年九月，日本和俄国为了分割东北和朝鲜的地盘，争持不下，乃就在清朝领土的辽东火拼了起来。这就是所谓的日俄战争。北京的清廷虽然标榜着局外中立。但东三省地方上的有司，则处在两军的夹缝中间，受尽了种种的欺凌压迫。张作霖的新民府巡防营一伙，感情上本来是反俄的，他们也不断地和俄军的小部队闹冲突，但当日军在奉天一带驱走了俄军之后，张作霖的部队又不免和日军也间或发生摩擦。有的时候，张作霖也会反过身来帮上俄军的忙，找找日军的麻烦。也就因此，张作霖且曾一度为日本宪兵队所执，差一点便为日军杀害。据日本《田中义一传》记载，张作霖有为俄军做间谍之嫌，被日军拿捕。日军总参谋长儿玉源太郎拟将张枪决，后经新民屯民政署长井户川辰二和中佐参谋田中义一从中说项得免。也就由于这一个因缘，后来，张作霖弟兄们协助了日军外围的“征露[①]义勇队”，在俄军后方从事了一些游击活动。也就是这个田中义一，后来升为陆军大将，一九二七年曾组阁做了日本首相，他对于张作霖、张学良父子的政治命运，起了举足轻重的作用。这是后话。

话说回头，也就是因为这种兵荒马乱的年代，对于从密林山泽中走出来的张作霖，显然的又是一个最适于他纵横驰骋的年代。日俄战争结束后，张作霖手下的人马，又获得了扩充，他的官升到巡防五营统带官（团长）兼中营长，他的弟兄也都升了营长，防地由新民府移到郑家屯（辽源）。在这带防区，张作霖又除掉了蒙古马贼队的白音，捉住了牙什，赶走了蒙古队的领袖陶什陶，声威更为远播了。未出两年，他的官又升到奉天前路巡防营统领（旅长），兵力扩充到七个营三千五百名，移防到接近黑龙江省城的洮南。

---

① 日文中“露国”指俄国。

## 二

在张学良刚刚懂事的年龄，也正当张作霖官运亨通的初期。在张学良最纯真的幼年认识里，无疑他清楚地看到他老子由一个绿林草寇，而地方豪强，而号令军旅的全部影像。

张学良刚满十岁时，除了他的姐姐和另一个弟弟之外，他老子新添的一房太太卢夫人，又为他增加了一弟一妹。不用说，这时候的张家，已非同新民府的草泽时代了，而是子女满堂，出入差弁，声势赫赫的了。

张学良未受过正规的义务教育。当其他人家的孩子正在念国民小学的年龄时，张学良耳濡目染的，只是以他老子为中心的一套家庭教育。

由若干资料佐证，张学良的文学造诣颇佳，可能在启蒙时期受过汉文私塾老师的教育。但是，这一时期对于他身心和做人的影响至大且深的，还是来自他老子和他母亲的两方面的感染。

他老子方面给他的感染，是一种马上英雄的境界。他自幼接触到的世伯世叔，如张景惠、张作相和汤玉麟之辈，大都是大言不逊、呼卢喝雉的人物。这些人所憧憬的，不外一些仗义行侠的江湖好汉，精神上所尊崇的，也只是指天誓日的良心和义气，而他们心目中的英雄的造型，大致统一于一个类型，即在挥金如土之余，也可不惜杀人如麻。

然而，张学良从他母亲方面所接受的感染，则正正和他老子的相反。

有些较早的日本资料指出，张学良的外祖赵家是新民府下少数富绅之一。张作霖能娶赵家女为妻，似乎有过一段类乎抢亲的过程。日本白云庄主人所写的一本《张作霖》中说，张作霖下了一块银大洋的彩礼，硬将赵家的小姐抢去成了亲。试想，一个富绅的女儿，为马贼所掳，而且又为马贼生儿育女，此中自然不无交织一些屈从与抗拒的心理。同时，绿林中的生活，又是杀伐常见、日夕不安的场面，作为一个母亲，自然不会安于这种环境，自然也就在训育子女时，寄以和她丈夫完全相反的希望。

这从张学良和他弟弟张学铭二人成人后，都曾异口同音地表示不愿做军人一节上可以获得佐证。

张学良于一九三三年三月曾对为他戒毒的密勒医生告白说：他原不想做什么将军，他希望受普通教育，学习一项职业，但为他父亲所迫，不能如愿。

张学铭于赴日留学时，曾志愿读社会学，为乃父阻止，强令入了陆军士官学校。

张学良十一岁时，他母亲逝世了。这在他的人生上是一件大事。他老子方在热衷于权力的时候，自然没有多大时间看顾他。所以，在张学良幼稚的心灵中，是缺乏充分的父爱和母爱的。他在熙熙攘攘的一个有权势的家庭里，似乎有几分孤独和寂寞。他自己在一篇反省的文章中，便曾写道："良年方十一岁，慈母见背，先大夫宠爱有加，但忙于军政，素少庭训，又乏良师益友。"

张学良十一岁这年的八月十九日，爆发了辛亥革命，中国从根本上发生了一个巨大的变化，同时，他的老子张作霖的政治生命，也有了一个不寻常的变化。

张作霖是从反革命的立场上，迎接了这个变化。

当时奉天的东三省总督赵尔巽，发觉驻防奉天的新军和奉天省谘议局议长等人，有响应革命的企图。因乃密调驻防通辽的后路巡防营统领吴俊陞率部开进奉天，以备万一。这消息首先被张作霖知道了。他立刻判断这是他抢夺权力的好机会来了。于是，他便擅自调动所部，由洮南星夜开拔，越过了通辽，直奔奉天。

张作霖见到赵尔巽时则说，由于时局紧迫，唯恐总督身边危险，乃迫不及待，先行率兵保驾，若总督认为未奉命令，擅自行动，甘愿接受惩处。赵尔巽当时迫于事机紧迫，自然只得默认了这个既成事实，而且补发了调防的命令。等到吴俊陞接到命令时，一切都已晚了。

张作霖因此走进了东三省中枢的奉天的官场，而且兼管了铁岭的中路巡防营，兵力扩展到十五个营以上，俨然已是奉天地方的军事首领了。

张学良也就在这个重大变化中跟着张作霖走进了奉天城。

奉天城，在当时是东三省的军政中心，也是一个环境复杂的国际都市。就在此地，日本依据一九〇五年的《日俄条约》，拥有一条由长春到旅顺、大连的南满铁路的总公司和沿着铁路的租界区；另有日本的总领事馆和他们治外法权下的警察署。与此同时，另也有英、法、美、俄各国的领事馆和商务代表。这里最值得重视的是，根据条约，日本为了保护南满铁路，每公里有驻兵十五名之权；因而由长春到旅大，日本驻军一万四千余名。日本把他们的驻军，编成了若干独立守备队和一个与日本国内正规军互调驻防的师团司令部。在奉天就派驻了一个独立守备队，在奉天邻近的辽阳，便有他们师团的司令部；奉天租界里更有他们的后勤部队、通讯部队和特殊兵种部队以及一个专搞情报的特务机关。张作霖便走进了这样一个外军压境的不单纯的政治圈子里来。也就是这个圈子的若干特殊因素，决定了他此后的一生。

年轻的张学良就在这个圈子里，扩大了他的学习生活。

但是张学良竟然未学日文，却首先学起英文来。为了学英文，他第一步接近了基督教青年会。透过基督教青年会，他开始结识了一些当时所谓洋派的知识人和教育家，同时也交了一些英美朋友。在交外国朋友这一点上，也许这应该解释为张学良心理上有一种要和他老子走相反道路的冲动；尽管他老子交了不少的日本朋友，而他则尽结识了一些英美朋友。在他们父子的政治事业上，张作霖确系一直未能摆脱开和日本人的纠葛，而张学良的重要行动中，则也清楚地有不少英美友人的影子。

一九一二年，张作霖因拥护袁世凯做总统，由反革命派而成了中华民国的军人，做了正规军陆军二十七师的师长。一九一五年又由拥护袁世凯筹备帝制，而做了奉天督军兼理奉天省长。

而张学良这时，却对基督教有了积极的兴趣。他在基督教青年会认识了总干事普赖德（Joseph Platt）。普赖德是美国朋友教会[①]（Quaker Friends）的教徒，主张积极的和平主义，热心服务社会。张学良和他交往，受他的影响很大。张学良也笃信和平，懂得容忍，懂得开放胸襟，因之也存心待人忠厚。这和他老子那一套马上英雄的境界，完全是两回事。东北大学的王卓然，说张学良理想非常之高，他的济世牧人的怀抱，有似佛门弟子；他的牺牲自我，服务他人的心愿，竟是一个真诚的耶稣信徒；同时，他的谦退达观，看破世事人情，对一切名利毫不在意的态度，又极像老庄之流亚，这些，可能都和接受了朋友教会的影响有关。

不过，年轻的张学良有一种好动的外倾性格，他之出进基督教青年会，又不能尽解释为出自精神情操的一面，他同时在基督教青年会里，也享受了一些在他军人家庭里所缺乏的生活乐趣。他在这里和一些外国人学会了开汽车，打网球、桌球和高尔夫球，乃至以后学会了驾驶飞机。这些玩意儿，在今天并非稀奇，但在六十几年以前，该说是摩登透顶了。

与此同时，张学良在婚姻生活上是一个早熟的青年。他十五岁时便奉命结了婚。他的夫人是年纪比他大两岁的于凤至。于凤至是奉天

---

① 现多译为贵格会、公谊会。

女子师范成绩优异的毕业生。

这门亲事，完全是由张作霖以“父母之命”做主的。原因是，当张作霖尚徜徉于山林草泽之间的时候，曾受过于凤至之父、梨树县商会会长于文斗的照拂。张作霖是一个既有野心也颇自负的汉子，他便私下许下一个心愿：一旦得势，他的子女必与于家结为姻亲，用以相近相报。张作霖既然做了奉天督军，便决心娶于文斗的女儿做他的儿媳。

但张学良最初并不满意这门亲事。和一般年轻人相同，他当时脑海里充满了婚姻自由的想法，对于父母之命，媒妁之言，抱持反对的态度。

张作霖对他儿子却出以折中的态度，他对张学良说：

“你的正室原配，非听我的不可。你如果不同意旧式婚姻，你和于家女儿成亲后，就叫你媳妇跟着你妈（指继室卢夫人）好了。你在外面再找女人，我可以不管。”

到这种地步，张学良也只好选择忍受和服从的一条路。

结婚后，张学良一直对于凤至以大姐呼之。夫妇感情倒极和谐。但张学良在女人问题上，一开始就存有一种未遂心愿的不满。他潜意识地要去另辟蹊径。婚后不久，张学良便在哈尔滨结识了一个身材亭亭的女友，二人另在奉天辟室同居。这女人可能比张学良身材还高，张氏从属们都诨呼之“大洋马”。对此事，张作霖也未始不知道，只是不许张学良把这女人带进他们家里来。

张作霖对他儿子的婚姻，一方面施以高压，另一方面又出以放纵，这就帮助了张学良日后在女人方面的一些荒唐不正常的行径了。

## 三

就在这一段时期，张作霖一心一意想要他儿子成为“将门虎子”。

张学良也未始不无把老子视为偶像的时候。事实上，张学良既然成长于这种权势的家门，对于他老子身边的威风排场，受人拥护的陶醉，任意挥霍的金钱，毫无遮拦的享乐，又何以能完全无动于衷？这就是他的性格中有反他老子的一面，而情不自禁地，也有顺从于他老子的一面。

张作霖一步一步走的是军阀的道路。张学良自然而然地也学着走这条道路。

一九一九年三月，张作霖命令恢复停办了的东三省陆军讲武堂。在第一、二期学员之中，张作霖把他绿林中的伙伴，如汤玉麟、阚朝玺、张作相等人，都送进讲武堂镀一番金。与此同时，张学良也进到讲武堂接受正式军官的训练。就在这年的七月十七日，张学良毕了业，十九岁的年纪就被任为炮兵上校，做了他老子卫队第三混成旅第二团的团长。

讲武堂训练的期间不过半年，但这却决定了张学良的一生事业。特别是在受训时期，张学良结识了战术教官郭松龄，给他这个少爷军人的初期生活，带来了一个富有风暴性的人生教训。

说到郭松龄，此人应该和杨宇霆相提并论。

这两个职业军人，对于张作霖绿林起家的奉军的改造工作以及对张氏父子的马上天下，都曾起了重要的作用。这两个人在奉军中所掀起的风浪，也正可引为奉军中新旧两股势力相激相荡的必然现象。

郭松龄，字茂宸，奉天省沈阳人。一八八二年生。奉天武备学堂毕业。曾随陆军三十三镇朱庆澜驻防四川。一九一〇年加入中国革命同盟会。入民国以后，一九一四年任奉天督军署少校参谋，在职期中考入北京陆军大学。一九二六年毕业后仍回奉天督军署。这时督军已是张作霖了。就在这一年，张作霖派参谋长杨宇霆为代表，出席长江巡阅使张勋在徐州召开的督军团会议，郭松龄也被派为随员同往。这是郭松龄和杨宇霆第一次的共事，就仅这一次的共事便种下了两人感情龃龉的种子。

在徐州会议席上，郭松龄发觉张勋的目的在为清室复辟做铺路工作，曾建议杨宇霆退出，但杨另有一套政客的打算，仍和张勋等继续周旋下去，并不接纳郭松龄的意见。郭松龄愤而不辞而去。

一九一七年郭松龄赴广东参加军政府的工作，先后任警卫军的中校参谋和韶关讲武堂教官。工作似乎并不称心，一九一九年奉天恢复了东三省讲武堂，郭松龄遂又应聘回到了东北，在讲武堂任战术教官。

郭松龄在工作岗位上如此的一出一进，自然有误于他在职位上的晋升。和他相反，他的同事前辈杨宇霆，当他就任战术教官时，已是张作霖手下第一级的红人，在奉军中炙手可热的了。

杨宇霆，字邻葛，一八八五年生。奉天省法库人。日本陆军士官学校炮兵科毕业。由一九一六年任张作霖的代理参谋长，旋即真除参谋长。一九一八年二月，杨宇霆和北京皖系的徐树铮合谋，策动张作霖派兵截留了在秦皇岛北京政府订购的日本军械，因而奉军进出到北京。不久，奉军又从侧面掩护了直系曹锟，参与了直皖战争，支持直系打败了皖系。张作霖在这一段过程中，完全成功地把东三省的军政大权，纳入了自己掌握，直系的北京政府委他以东三省巡阅使的头衔，而杨宇霆也声势赫赫地一度做了关内奉军总司令的参谋长。

张学良这时也因护卫乃父出征有功，由团长晋升为第三混成旅的少将旅长，空出了第三团团长的缺，他则力保了他的教官郭松龄。

张学良和郭松龄的搭档，正可说明张学良崇拜英雄影像的一种心理要求。

郭松龄在战术讲堂上，博学多识，风貌堂堂，一下子便征服了听讲的张学良。而且，郭松龄是一种好学深思型的人物，生活上律己很严，不吸烟饮酒，虽是职业军人，但书卷气很重，遇事讲原则，理想的格调很高。这和张学良生活浪漫，耽于享乐的外倾性格虽然大相径庭，但张学良却有一种强烈的欲望，偏偏喜欢追求一种为他自己所付诸阙如的性格的一型人物。张学良心折于知识人，而郭松龄正是学识丰富。郭松龄为人正直、严肃，凛然有一股不可侵犯的气概，也正是张学良所最欣赏的一面。郭松龄年纪大张学良十九岁，并且做过他的教官，对张学良来说，郭松龄正是他所需要的亦师亦友的理想人物。

一九二一年五月，张作霖又兼任了蒙疆经略使。在准备向外蒙古用兵的名义下，东三省又大事扩编军队，奉吉黑三省共添编八个混成旅。这期间，张作霖保荐张景惠做了察哈尔省都统，汲金纯做了热河都统，张作霖的地盘又扩及察热两个特别区了。

在这番扩编之中，张学良乘机又保荐他的朋友郭松龄晋升为奉天陆军混成第八旅的旅长。当然，郭松龄的才具，因为有张学良的知遇和保举，逐渐也为张作霖所器重了。

这时候的杨宇霆，虽然在张作霖和徐树铮的合作关系分裂时，一度失势，但他在张作霖幕中仍保持一种举足轻重的地位。说起来，张作霖之依畀杨宇霆和张学良的推崇郭松龄，这两套人物格调的搭配上，有其异曲同工的地方。

杨宇霆和郭松龄有一个共通之点，即两人都是抱有大志，而生活上律己极严，尤其是两人都不耽溺于声色。这一点，是张氏父子都办不到的。杨、郭两人都受过正规的军事教育，学识丰富，学有专长。当然，这是张氏父子对两人所推崇尊重的。不过，在身材风度方面，郭松龄是威武堂堂，一表人才，杨宇霆则是中型胖子，身长而腿短，略欠几分风采。在对人接物上，郭松龄比较严肃，刻板而乏圆通；杨宇霆则懂得纵横捭阖，擅于外交和应酬。这就是两人气味难得相投的地方了。

而张氏父子对这两人的处遇也各不相同。张作霖对杨宇霆是用而不信，在官阶上虽把杨抬得很高，但不肯轻易授之以权，在军政府之前，一直未授之以兵；但张学良对郭松龄则信用与器重兼而有之，因之就影响到张作霖，也使张作霖对郭松龄言听计从了。

## 四

一九二二年四月，第一次奉直战起，杨宇霆和郭松龄在这场战争上都各有了出处。

张作霖和直系军阀领袖吴佩孚之间的争执，形式上是为了梁士诒的内阁，张支持梁而吴反对之，实质上则是双方地盘之争。特别是直皖战事之后，张作霖在北京政府中颇有一言九鼎之势，很为直系军人所不能容，而张作霖气势炎炎，自然也视直系为阻他进路的障碍，于是，双方最后只有兵戎相见了。

张作霖亲自率军进关，在天津附近的军粮城设总司令部，号称镇威军，自任总司令，孙烈臣为副，杨宇霆就在此时重被起用为参谋长。

张学良和郭松龄在这场战争上被排在中路先锋，他们的作战目标便是直捣吴佩孚的总部所在地保定。

奉军的战斗序列是这样：

军分东路与西路，张作霖自兼东路军总司令，指挥三个梯队，沿津浦路及以西地区进攻。第一梯队司令为张作相，出廊坊，奔武清；张学良为第二梯队司令，居中锋，由杨柳青出发，趋霸县，向保定；李景林为第三梯队司令，由马厂向大城。

西路军总司令则是张景惠，他进出京汉路上的长辛店，沿京汉路及西侧向南推进。

张学良所指挥的部队，是他手下的第三混成旅，另和蔡平本的第四混成旅，郭松龄的第八混成旅，并配备野炮、重炮、骑兵各一营，工辎兵各一连。

张学良这一路攻势甚猛。四月二十七日开始进攻，四月三十日便进出到固安。吴佩孚为此亲自到涿州前线指挥部队和张学良对战。就在此际，奉军东路为直军攻破，张作相部首先崩溃，李景林部只能退守杨柳青。与此同时，西路军的张景惠，一开始便遭到直军主力的猛攻，而且一战即溃，全军尽没，当然使得奉军东路大为恐慌，士气全消。

张作霖这时在军粮城一看情形不妙，急令奉军总退却，并急电前线的张学良回部开会，于是深入敌阵的张学良第二梯队的指挥责任，便交给了郭松龄。

在作战的场面上，张作霖的自保意识很强，动辄先把他儿子调离了险境，显然的，这大大有损于他做统帅的威信。

五月五日，张作霖和张学良仓皇奔滦州。五月六日，李景林率残部放弃了杨柳青。在撤退过程中，李景林部因得铁路之便，撤出得比较成功，而张作相部则是溃不成军。至于第二梯队，因为前进得太快，孤军后退的危险就更大。

当时，郭松龄指挥所部撤到马头镇，方渡永定河，兵未半渡，直军王怀庆的第十三师已追至左侧。郭松龄乃一方面从容应战，另一方面挥军抢渡，穷一夜之力，终使全军安全脱出险境。

张作霖父子在滦州，收容各路溃兵，久候第二梯队没有消息，方在忧心似焚，惶惶不可终日的时候，郭松龄终于仆仆率队归来，使得父子喜出望外，精神大振起来。

张学良当即又奉命回到军中，就以郭松龄部为第一路，李景林部为第二路，两路联合，在山海关重整旗鼓，迎击追击前来的直军。此时的形势，对奉军是极其不利的。但两军方在山海关进行激烈的争夺战时，张学良又奉命离开部队，又把第三、第四、第八,三个混成旅的指挥责任统交给了他的朋友郭松龄。

郭松龄却也对得起张学良，在山海关指挥新败的奉军，拼命抗战，终未容直军的彭寿莘部出山海关一步，使张氏父子的东北天下完整无缺，而后议和停战。

张学良在战场上虽然无何卓越的表现，这时候他在奉天基督教青年会所交结的外国朋友却有了用场。

张学良透过普赖德和杨氏两名美国基督教牧师的关系，曾往返英美两国驻奉天领事，向直军方面斡旋停战和谈。但两国领事均以不干预中国内战为由，拒绝出面。只有普赖德和杨氏，仍以私人身份亲赴山海关前线找彭寿莘斡旋停战。此时，彭寿莘正在急攻山海关，一时和议未成。结果，彭寿莘的攻势为郭松龄和李景林的守军所阻，造成奉军战死团长三名，直军死伤两千名的鏖战结果，这才使彭寿莘死了心。

六月十六日午夜十二时，在秦皇岛车站上，张学良在杨氏牧师和开滦矿务局英籍局长的陪同下，会见了直军代表王承斌，于是首先决定了停战的原则。第二天，又假秦皇岛港中的英国军舰上，开第二次和谈会议，乃决定由此奉军撤出关外，双方正式停战。

第一次奉直战争，奉军打了一个败仗。是役，奉军死伤三万余，被俘四万余，军费损失三千余万元。北京政府颁令免了张作霖东三省巡阅使和兼理的奉天督军。但这道命令，实质上未生作用。张作霖既然丢了官，索性自立称雄，宣布东三省自治了。

这时候，张学良所器重的郭松龄，在敌中撤退时和在山海关最后一战时，都大显身手，很为奉军中的新人露了光采。郭松龄固然由此声名鹊起，见知于张作霖，而张学良也觉得识人不凡，不无得时则驾之概了。

## 五

张作霖为了洗雪败于直军之耻，回到奉天便锐意求治、埋头练兵。这期间，由一九二二年五月算起，到一九二四年九月的第二次奉直战争爆发，为时约为两年四个月。

张作霖首先在奉天设立了东三省陆军整理处，派孙烈臣为统监，张作相、姜登选副之，张学良则被委为直接主持这个整理处工作的参谋长。实际上，张学良的参谋长工作又是由郭松龄代理的。郭松龄替张氏父子拟订了一套计划，把奉军的编制、训练，都加以一番整理。同时更创定了划分部队粮饷、实施军需独立等章则。此外，并扩充了东三省讲武堂，增设了教导队，加强了军官和军士的训练。

张作霖更派杨宇霆为奉天兵工厂督办，利用日本方面的支援，在东三省创办了一个最大的而且设备最新的军火工厂。

这时，张作霖在用人上显然有了一个重大转变。他对于他的那些绿林时代的伙伴失掉了信心。尽管在军中的职位分配上，他仍然把张景惠、张作相、汤玉麟等人位置提得很高，但在许多重要的和实际的工作上，却毋宁都托付给了一批新人。这批新人之中，为首的要推杨宇霆，其次则是他的儿子张学良和张学良最推重的郭松龄。

这批新人的被重用，一方面说明奉军中有了新机，另一方面也说明奉军在膨胀发展过程之中有了分化。事情摆得很清楚：那批军阶较高的老派对于那批后进的新派，自然不肯服气，而新派中的领袖人物如杨宇霆和郭松龄在性格上又都是各有其突出的地方，更不会和老派相处得融洽无间。这就形成了奉军中老派和新派在情感上有冲突的局势。

另一方面，在新派之中，因为杨宇霆和郭松龄两个主导人物在性格上的格格不入，又形成了“留日士官派”和“讲武堂派”两个派系的对立。杨宇霆是日本陆军士官学校第八期炮兵科毕业的，他拉拢了同为士官出身的于珍、邢士廉、姜登选、韩麟春等人，构成了士官派。而郭松龄则和张学良纠合了东三省讲武堂出身的少壮派，另加上和郭松龄同为北京陆军大学出身的李景林等人，也自成了一派。后者因为派中以讲武堂出身的人数多，一般便统称之为讲武堂派。

张学良应该说是因为偏爱郭松龄而站在讲武堂的一边，这是一种纯属感情的作用。在政治上说，他若以他老子的意见为意见的话，他对士官派的一批人物，同样不应疏远，毋宁更予接近。实际上，这两派人的矛盾和冲突，主要的症结还在杨宇霆和郭松龄两人性格上的不和。据郭松龄的令弟郭大川的回忆文章指出：郭松龄自和杨宇霆在徐州会议席上两人意见闹翻后，便一直和杨断绝往来。这自然会加重两派人事上的摩擦。

奉军经过整理之后，东三省全部武力改编为陆军二十七个旅，另骑兵五个旅。每旅原则上都以三个团为标准。

在编整的第一阶段，张学良任第二混成旅长，郭松龄则为第六混成旅长。张学良同时又被命兼任新成立的东北航空署的督办，另设立航空学校，开始着手训练空军人才。一九二四年初，从外国购进各型新式飞机一百二十架，成立了四个空军大队，张学良又出任了东北空军司令。

也许因为张学良过分依畀郭松龄，或者因为张作霖在培植他自己儿子上面另有心计，张学良的第二混成旅和郭松龄的第六混成旅，都驻防在奉天的北大营，而且，两个旅司令部也设在一处，而两位司令居然合室办公。张学良既然身兼东北航空署的督办，又兼他在其他方面应酬太多，自然没有时间经常到旅部办公，即使来时，也只是形式应卯看看，便又匆匆离去。这样一来，两个旅的人事、训练，便都由郭松龄一人全权处理。郭松龄等于一人身兼两个旅长。而张学良对郭松龄的一切裁决，也无一不言听计从，甚少表示一句异议。

## 六

一九二三年十月，在直系军阀吴佩孚的武力背景之下，曹锟以重贿当选总统，等于在他们控制下的北京政府，更其加上了一层法的保障，而这套法又干脆是违法的法。对于这件事，广东政府以大元帅孙文的名义通电段祺瑞、张作霖、卢永祥等，要求南北一致行动，讨伐曹锟。张作霖本来就已秣马厉兵等待这个打倒直系的机会，当然立刻通电响应。十一月，孙文又派叶恭绰到奉天报聘。接着，孙文派其公子孙科，皖系的浙江督军卢永祥派其公子卢小嘉，也先后来到奉天，张作霖也遣张学良出来和他们应酬。于是，南北新闻上便盛传“三公子会议”，一时“粤皖奉三角联盟”之说，甚嚣尘上。

第二年，一九二四年九月，卢永祥由浙江首先发动反直军事，张作霖借机通电响应，于是爆发了第二次奉直战争。这一仗，张作霖则把吴佩孚打败了。

奉直两军的主战场在山海关。

奉军仍称镇威军，张作霖自任总司令，下辖六个军。即：

第一军长姜登选，副军长韩麟春。

第二军长李景林，副军长张宗昌。

第三军长张学良，副军长郭松龄。

第四军长张作相，副军长汲金纯。

第五军长吴俊陞，副军长阚朝玺。

第六军长许兰州，副军长吴光新。

从六个军的阵容上看，第一、二、三军几乎都属奉军中的新派，尤其是第一军和第三军，前者是士官派，后者属讲武堂派。而张作霖就把第一、第三两军在战斗序列上编成联军作战，负责向山海关正面的直军主力进攻。前敌的指挥大权，便授给了张学良。另以第二、第六两军进攻热河，而以第四、第五两军为总预备队，置于锦州、绥中一带。

开战至十月初，热河直军先后被击败，热河已为奉军所有。

但由张学良指挥的山海关攻势，开始时并未得心应手。

韩麟春率第一军由右翼攻九门口和石门寨；郭松龄率第三军由左翼仰攻山海关，虽陷三道关和角山寺，但山海关直军仍凭险坚守，死战不退。于是，张学良乃召韩麟春、姜登选、郭松龄，四人开军事会议，决定：留少数部队佯攻山海关正面，另由郭松龄率三个旅抄右翼石门寨，出击黑山窑，直捣秦皇岛直军之后。这一战，果然成功，山海关一带直军三万余人均成俘虏，奉军获军火军需无算。

就在这场胜仗的时候，郭松龄和姜登选、韩麟春之间，为了军事指挥问题，发生了极大的争执。

原因是：当郭松龄率部抄出石门寨时，姜、韩认为垂成之功，不应为他人所夺，乃想推翻前议，要郭前来指挥预备队，而将所部三个旅改由韩麟春指挥，继续进攻，郭当然不肯答允，双方便大吵起来。这时，张学良以军长兼朋友的立场，居中尽力做调人，总算把一场争执平息，军事仍照原案推行。事实上，张学良在感情上是偏袒于郭松龄的。因为第三军主力部队的第二、第六两旅是他和郭松龄共同指挥的部队，而张学良也公然对外表示："我是郭松龄，郭松龄亦即是我。二旅、六旅二而一,一而二。"他为他自己的部队争功，也自属当然。

另据郭松龄的记述，在山海关战事之前，郭松龄即不愿与姜登选、韩麟春共同作战。在郭的眼目中，姜、韩都是阴谋专权之辈。但张学良似未采纳郭松龄的意见，仍令韩麟春等参与了九门口的攻击。韩麟春在指挥作战时，竟弃其属下四旅长裴春生和第十六旅长齐恩铭而不用，易以叶全、戢翼翘为司令，各率步兵两团作战。这显然意在夺两名旅长之兵。郭松龄认为韩的处事不当，极为不平。继之，韩麟春又以副军长职权，撤换了阎宗国和关全斌两个团长。阎和关两人似都为郭所提拔之人，因之郭也愤而以副军长职权撤换了陈深之职。陈深似又为韩系部属。而韩、郭两人的意气用事，其背后似又有杨宇霆打击郭松龄的作用在内。张学良未查明这事的基本原因，认为郭的作为未免过于专横，乃在电话中叱责郭的不当，并令郭到军部请罪。郭松龄乃借口为避姜登选与杨宇霆所诱杀，愤然率兵由前线退出，表示不和这些人站在同一战线。最后，又由张学良跑来哭劝，而郭也感张学良的一番好意，深自惭悔，又复含泪率兵回到战场。

从这些过节上，可见奉军新派之中，郭松龄和姜登选、韩麟春的芥蒂，已是冰冻三尺非一日之寒的了。

十月二十四日，直军中冯玉祥部突然倒戈。冯玉祥由北京通电主和，前线的直军闻讯，军心涣散。二十八日，吴佩孚被迫由天津循海路退回汉口，战争到此遂告结束。

北京方面，非法总统曹锟被冯部幽禁。冯玉祥和张作霖虽然一度通电欢迎孙中山先生北上，但旋又改变了态度，拥护皖系领袖段祺瑞出为北京政府的执政。这时候，张作霖虽然自请解除了东三省巡阅使的头衔，但段祺瑞为了酬庸张支持他的上台，另委张以“东三省军务善后事宜督办”名义，张作霖照旧形式上恢复了节制指挥东三省军政的大权。

就当此时，张学良和郭松龄的部队，又出了问题。

事在处置山海关战线上俘获的三万名直军的问题上。本来，郭松龄征得张学良的同意，将三万名直军，除补充各部队缺额外，余二万名增编了三个步兵旅，并分别委第三军中着有战功的团长刘振东、刘伟、范浦江三人为旅长。

张学良回到奉天把此事报告给张作霖时，意外地碰了一个钉子，张作霖不允所请。原因张作霖已采纳杨宇霆的拟议，决定将这批俘虏，分别拨给姜登选和韩麟春，各扩编一个师。张学良迅将这消息电告郭松龄，但郭认为此事已当众宣布，重要人事，业已成命难收。张学良自然同情郭的说法，但又不敢公开向他老子抗命。于是，他回防后，毋宁和郭松龄同谋，尽力把改编事造成既成事实，拒把人枪拨出去。

张作霖最初颇为震怒，认为郭松龄违抗命令。不过，因为中间有张学良为郭担待，张作霖又显然有意培植自己儿子的事业，况且他儿子的事业也就是他的事业。他儿子和郭松龄既都为他争地盘、打天下，他也就睁眼闭眼曲于优容了。

## 七

一九二五年这年，关内和关外的奉军又大肆扩充了一番。

首先，扩编了下辖两个旅的师（唯有张宗昌的东北陆军第二师下辖五个旅）和十一个独立旅。

张作霖把他扩充的部队，大致按照下面两个原则予以配置。

第一，李景林和张宗昌扩充的部队，分别配置在直隶省和山东省，而张宗昌的部队更发展而向江苏、安徽方面伸展。

第二，把第一、第三两军扩充的部队，作为奉军的嫡系基本部队，统交给了张学良和郭松龄共同指挥。张学良和郭松龄都分别出任了新编师的师长，并在天津设置了奉军京榆驻军司令部，张学良和郭松龄又分别被任为司令和副司令。因为张学良这时又要专心去扩充新设的东北空军。这批奉军的基本部队的指挥权，实际又授与了郭松龄。当时，京榆驻军下辖以下六个师和两个炮兵旅，分布在京奉路东自锦州西至廊坊一线上。

其部队番号如下：

东北陆军第四师　师长张学良

　　第一旅　旅长栾云奎

第廿七旅　旅长宋九龄

东北陆军第五师　师长赵恩臻

第十二旅　旅长孙旭昌

第卅三旅　旅长范浦江

东北陆军第六师　师长郭松龄

第二旅　旅长刘伟

第卅四旅　旅长陶经武

东北陆军第七师　师长高维岳

第五旅　旅长刘维勇

第六旅　旅长刘振东

东北陆军第十师　师长齐恩铭

第十六旅　旅长温瓒玉

第卅七旅　旅长刘连瑞

东北陆军第十二师　师长裴春生

第四旅　旅长霁云

第卅九旅　旅长朱继先

东北陆军炮兵第一旅　旅长邹作华

东北陆军炮兵第二旅　旅长魏益三

这些旅长之中，范浦江、刘伟、刘振东等人都是山海关战役后，郭松龄提升的新人，另如霁云和魏益三等人也都是郭的亲信。所以，在这支奉军嫡系的劲旅之中，尽管张作霖在各师的编制中，用意周到地安插了一些资深的旧属在内，如齐恩铭、高维岳和裴春生等人，但统帅的张学良和郭松龄之间，既是推心置腹，郭松龄事实上应该说是殆已完全掌握了这批队伍了。

这时，杨宇霆曾向张作霖进言：认为郭松龄和张学良相处得太近，而且郭的兵权日重，恐生后患，主张应该事前予以适当的裁制。

张作霖似也颇以杨宇霆的意见为是，而且似也告诉了张学良。

所以后来，当李景林出任直隶督办和阚朝玺出任热河都统，一九二五年一月，张宗昌和姜登选在击败齐燮元军分别出任了山东督办和安徽督办之后，张作霖父子便曾先后前来征求过郭松龄的意见，要郭出任江苏省的督办。

但郭松龄在答复张作霖问他愿出任江苏督办抑继续为他练兵的时候，则选择了继续练兵的一路。

过不久，杨宇霆又建议由张学良出任江苏督办。郭松龄则附议了这个建议。因为这时驻防京榆的奉军经济上出了问题。即李景林和张宗昌的部队的兵饷，因为驻地财政上的方便，都支发大洋，而奉军则照旧发奉票。奉票的价值不如大洋，奉军大批逃兵都跑向李、张的部队去了。因此，郭松龄且曾向张学良建议，要他向张作霖建议，能在他们指挥系统下的师长之中，推赵恩臻或高维岳出任安徽督办。其目的即在利用安徽地方的财政条件，可以调用大洋发军饷。

但郭松龄的这个意见，并未被采纳。郭以带兵司令的立场，未能为部属争到应有的利益，自然不免感情上有所不平。

在这个时期，奉军因为冯玉祥部的孙岳部队占领保定，不肯让出直隶省全域，使得李景林极为不满。而郭松龄也因李景林之不得完全控制直隶，使他在天津的处境也感不安。此中便已预伏下奉、冯间地盘上的争执了。

## 八

这时的张学良，在思路上多少已和郭松龄有些距离了。郭松龄所考虑的是部队和士兵的问题，而张学良盘旋于脑际的则是如何为他老子开辟疆土。换言之，二十五岁的张学良，不仅在军阀的内战上已被训练为一个能征惯战的熟手，同时也升堂入室地迈进军阀的政治圈子里来了。

这年五月中旬，张学良便曾和韩麟春联合率军进驻到通州和北苑，终于压迫冯玉祥部退出了北京。

接着在六月中旬，张学良率兵两千进驻到上海，并应外国人的要求，同时也派兵驻防了上海租界。张学良到上海，原为增援津浦路上的张宗昌部，并为奉军向江苏、浙江进军做铺路工作，想不到恰好遇上了上海五卅惨案的余波。当时，北京的段祺瑞政府尚且一再向英租界当局抗议，认为枉杀中国工人与请愿学生的不当，但张学良似未重视到此中政治的意义，他毋宁因缘际会地扮了保护外国人的角色。

张学良这一行动的结果，使得奉派的郑谦出任了江苏省长，同时另委了邢士廉为淞沪戒严司令。过后不久，杨宇霆也就因势由段祺瑞的北京政府任为江苏省督办。

杨宇霆的出任江苏省督办和邢士廉的进驻上海，说明奉军的留日士官派又在新地盘上得权得势，自然又刺激了一下留守在天津的郭松龄。

八月间，张学良又奉命检阅秦皇岛的渤海舰队，结果，舰队司令温树德决心依附奉军，于是，东北舰队吸收了渤海舰队，又在海军方面扩大了力量。

张学良此时，既有强大的奉军为背景，又打着张作霖的旗帜，这位少爷军阀在华北与华中的声势，真有扶摇直上之概了。

然而，十月间，江浙的局势有了变化。

原来，杨宇霆到江苏就督办之职未久和当地驻军师长陈调元的关系便未弄协调。同时浙江督军孙传芳也不耐于奉军的压迫，乃联合江浙两地的皖系卢香亭、周凤岐等旧部，乘杨宇霆和姜登选在江苏和安徽的部署未竟的机会，假双十国庆阅兵为名，集中兵力，分五路向南京、苏州的奉军进攻。奉军纷纷后撤。杨宇霆被迫，不得不仓皇离职，经天津逃回奉天。

就当此际，吴佩孚也由汉口通电响应孙传芳，并表示一致采取倒奉的行动。

冯玉祥虽然表面上伪装调人，一再表示愿在局外中立，实际上，无论在察北或直隶，他采取的是随时随地准备以拊奉军之背的态势。

段祺瑞的北京政府，这时毋宁和冯玉祥采取一唱一和，一再通电要各方息争谈和。实质上，段祺瑞明在安抚张作霖，暗在纵容江浙皖系的抬头。所以底子里是对张作霖有所牵制的了。

在这种条件之下，尽管张作霖对东南野心未死，但为了保卫东北和巩固京津的地盘，乃不得不把奉军重做一番防御的部署。十一月六日，他下令把华北的奉军编为五个方面军团。即：

李景林为第一方面军军团长，警戒京畿及直隶南部；

张宗昌为第二方面军军团长，警戒徐州、海州、山东一带；

张学良为第三方面军军团长，警戒京津及直隶、口北一带；

姜登选为第四方面军军团长，警戒津浦路北段，并援助第二方面军团；

张作相为第五方面军军团长，警戒热河西部及古北口一带。

但是，在实际上，张作霖毋宁暗命张学良做进攻的准备。这时，张作霖有决心进行两面作战，一方面在京北应付冯玉祥，一方面挥军下东南。但这个计划首先遭到了反对。十一月十四日，张学良在天津召开军事会议时，李景林便反对战争。他的意见，席上得到郭松龄的支持。当时，张宗昌和姜登选均在前方，李景林和郭松龄的意见，几乎就决定了大局。张作霖也只好把他的进攻计划暂且摆了下来。

杨宇霆这时在奉天对张作霖所作的建议，当然不同于李景林和郭松龄，他是积极主战的。但他新由南京败回，手中又无兵可动，也只能止于唱其反论而已。

然而，十八日冯玉祥部的邓宝珊部占领了保定，压迫李景林部后撤。张作霖听到这个消息，便不能再忍了。他决心干下去。二十日，张学良奉命回到奉天，详细报告了天津会议的情形。张作霖既知道郭松龄反对用兵，于是，他在重订向东南及对冯用兵计划的同时，首先便命张学良电召郭松龄回奉报告。

岂知，二十二日郭松龄却由滦州通电倒戈了。

这消息，对于张作霖父子来说，真正是一个晴天霹雳。

## 九

郭松龄叛变的动机，根据事后的资料，大致可指出其远因和近因。

远因可由郭曾为同盟会员，而且曾在广东军政府工作过一节，获得线索。在冯玉祥倒戈迫得吴佩孚在山海关大败于奉军的时候，发动冯玉祥兵变的黄郛（膺白）便是同盟会员而且与广东的孙中山有联系。当时，黄郛是否和郭松龄在组织上有联系，无可查考，但在孙中山死后，北京政府又落入段祺瑞、张作霖和冯玉祥的微妙关系的阶段，黄郛却在冯军中安置了一名刘骥，继续其对冯的联络工作。刘骥当时任冯部的参谋长，在刘致黄郛的信件中，说明他曾派出代表和江苏的孙传芳、奉天的郭松龄、湖南的赵恒惕有过联络。可知郭松龄在政治上很早便具备了反张的因素。

近因则在当年九月间，郭曾奉派赴日本参观军事大演习。在旅日期间，郭获知了一件机密，即当孙传芳发兵驱逐杨宇霆时，张作霖曾派他的日本军事顾问松井七夫，向日本政府游说，指孙传芳出兵，关联到西北军的冯玉祥，而冯玉祥则勾结苏俄，其目的在扰乱东三省，问日当局态度如何，日方某要人似答以将出兵制止。郭认为此为张作霖主动拉拢日本干预中国内战，乃心存耿耿，大不为然。

与此同时，郭在东京和冯玉祥幕中的熊斌相晤，熊与郭同为北京陆大同学，二人之间有了一段政治意见上的交换，这似乎就是促成郭决心联冯叛张的一个重要伏线。

郭由东京，是奉张作霖的电召在十月中旬急遽回国的。他到天津后发觉新命的第三方面军团之中，除了军团长张学良之外，竟新安置来一个副军团长于珍。于珍是留日士官派，更是杨宇霆的亲信，郭被任为第十军军长，配属于第三方面军团，自然要受到副军团长于珍的节制。而且，在山海关战役和郭发生争执的韩麟春也被任为第九军军长，同样配属于第三方面军团。形势很显然，张学良的第三方面军团，原应是郭松龄清一色的势力，如今，竟插进来两支士官派的人，这自然使郭松龄越发难于忍受。为了这番人事，郭曾质问过张学良。张学良推在他老子的身上，佯作不知。这就加速了郭进一步叛张的决心。

据郭大鸣的回忆记述：十一月十七日、十九日、二十日，郭松龄称病住入天津意租界的意国医院，先后和他的亲信李愈三、刘伟、刘振东、高纪毅、彭振国、马陟扶，他的太太韩淑秀，他的弟弟郭大鸣等人开了三次秘密会议，决定采取反张行动。二十一日，他派郭大鸣和李愈三为代表，赴包头和冯玉祥订了一个密约，即郭决率驻京榆的奉军回东北，驱逐军阀张作霖，此后即专心建设东三省，不再过问关内的事；奉军改称东北国民军，希望冯玉祥在道义上和声势上予以支援。与此同时，郭也和直隶的李景林取得了一个共同行动的谅解。

二十二日，郭松龄即在滦州召集团长以上军官开会，即席通电反张，并即将郭指挥下京榆驻军六个师二旅改编为东北国民军五个军，郭自任总司令，派宋九龄为前敌总指挥、邹作华为参谋长、刘振东为第一军长、刘伟为第二军长、范浦江为第三军长、霁云为第四军长、魏益三为第五军长。在会议中，奉军中原任师长赵恩臻、高维岳、齐恩铭、裴春生及旅长张旭昌等人拒绝参与行动，当即被解除军职，转交李景林军看管。这一天，安徽督办姜登选奉命回抵天津，郭松龄当即把他枪毙了。

与此同时，郭松龄并下令扣押了在滦州军中的于珍等四十余人，天津方面也扣留了京奉运输总司令常荫槐、兵站司令张宣等人。奉军驻天津的一部部队，也由李景林他调，换上了李属的部队。

这时，参与郭松龄起事的幕中，有一批政工人员都是国民党关系分子，确是可以佐证郭事的政治空气的。郭松龄除了礼聘饶汉祥佐军书，林长民主政务之外，在他的机要秘书处中另安插了高惜冰、齐世英、苏上达、郭文陈。这些人都是国民党员。另在办理对日外交方面，尚有殷汝耕、虞春香、柳梦周等人，后来证实这些人都与北京的黄郛有关系。

不过，在郭松龄反张的通电中，除了攻击张作霖的穷兵黩武之外，却未表现出任何国民党政策的色彩来。二十二日郭松龄拍出的电报之中，第一件是要请张作霖息兵下野，把军政大权交付张学良；第二件是要求和国民军及孙传芳之间，停止军事行动；而第三、第四两件都是声讨杨宇霆的。可见杨宇霆这个人物，在郭松龄的这次行动中，是占了相当分量的了。

在第三封讨杨电中，郭松龄指出："此次奉军主战者，唯一杨宇霆。因个人丧地之羞，不惜倒行逆施，以求报复。"

在第四封讨杨电中，郭松龄则进一步把他感情上的郁忿也发表了："查杨之为人，残忍性成，阴险万状，排除异己，嫉妒老成。对于东北各军官，无论新旧，多被陷害，或遏抑不使提升，或排挤使之去职。……乃杨督苏之后，遍树私党，滥用职权，苛敛民财，诛求无厌，到任未久，已搜刮百万元。……及与浙军构衅，仓皇出走，置驻沪军队于不顾，遂使二师一旅，惨遭杀戮，伤亡殆尽。……"

郭松龄的作战计划，原拟于二十二日通电拍出之前，由魏益三率步兵两团，潜藏于军车之内，混出山海关后，于次日一举冲到奉天。

但第一列车虽过了山海关，第二列车则为张作相部第十五师所拦击，战事遂不得不由山海关开始。因为张作相次子张廷枢时在郭部任团长，开会途中便潜逃离部，将郭叛张的消息迅速报告了张作相，所以，山海关事前有了准备。

不过，尽管如此，郭松龄的变起仓促，消息传到奉天，张作霖父子确是一时陷入张皇莫措。而且，郭部都是奉军精锐，武器、装备都比关外留守的部队为强。因之，郭军的进击神速，颇有所向披靡之势。二十三日，郭松龄所部开始沿奉山路向关外进击，沿途击败了张作相、韩麟春、汲金纯、汤玉麟各部在榆关、绥中、兴城、连山等地的逐次抵抗。十二月六日便攻占了锦州。十二日郭部左翼进出到营口对岸的河北。十八日郭部中锋便攻抵新民屯的正面，奉天（沈阳）已在指顾之间了。

## 十

这时，张学良除了对郭松龄痛感所信非人之外，另外对他们父子事业在日、俄两国关系上所处的地位，也有了一番认识。

张作霖十万火急地调黑龙江省吴俊陞部来奉应援，首先便遭到了中东铁路俄方局长的拒绝。结果，黑龙江的部队只好绕道洮齐路，改出四平，开到前线。这使张氏父子直感到郭松龄的叛变和苏俄是不无关系的了。

另一方面，日本的军部、满铁当局和关东厅当局此时对张作霖却都有了非比寻常的支持。

首先，松井七夫顾问便向东京日本军部建议出兵干涉，并认为至少应援助张作霖在辽河线上阻止郭部的前进。另根据当时日本驻奉天总领事吉田茂向外务大臣币原喜重郎的报告，张作霖曾透过松井顾问向满铁和关东厅提出支援的要求，而满铁和关东厅也都予以承诺。

满铁方面的资料载，郭叛消息一到奉天，张作霖便向满铁奉天公所镰田弥助处托存了一笔为数二百七十万元的现款。这看出张将准备万一亡命的需款，信托了满铁。

另一方面，张学良也依靠日本方面的应援，前来设法挽救他们父子面临的危机。

十一月二十七日，张学良派日本顾问仪峨和郭松龄的日本顾问宇田，在滦州会谈，希望郭能改变叛意，但未得要领而终。二十九日，张学良又由松井七夫的斡旋，搭日本军舰在秦皇岛上岸，并携款七十五万元，意在收买郭松龄或郭部，因郭拒绝会见，张乃废然返回旅顺。途经大连，松井七夫又陪张学良往求关东厅儿玉长官的援助，儿玉大大鼓励了张学良一番。于是，张学良把此时走避于大连的杨宇霆劝回奉天，乃下决心与郭松龄决一死战。

就当此际，松井七夫的活动生效了。关东军突然有了一番调兵的行动。名目上为了保护日本侨民的生命财产，实质上，是在形势上为张氏父子助威。

十一月二十八日，辽阳师团的第三十九联队第二大队与工兵一中队调防奉天；关东厅也增派巡查一百数十名到奉天，并担当城内城外警备。事后，东京参谋本部更于十二月七日补发了一纸命令，把驻辽阳的步兵第八旅团、工兵第十大队的第一中队、驻海城的野炮第十联队等，都调防到奉天。

郭松龄占领锦州后，张学良只好退到新民屯，在巨流河左岸构筑最后的防线。当时，奉军的右翼是吴俊陞部的骑兵，左翼是张作相部，兵力勉强凑足二万六千。这两批部队里都有日军顾问帮助指挥作战，吴部是永中佐，张部则是林少佐。而张学良位置在守军的中央，手下控制的可用部队约在一万名程度，但火器不够，把奉天兵工厂库存的和奉天警宪当时所有的凑在一起，仅有重炮十六门、山炮野炮六十二门、迫击炮二十二门、迫机枪二十八挺。张学良另有两个秘密武器：一个是他雇用了六十二名日本炮手，由荒木五郎少尉为首，负责训练操纵十五生的重炮，并指挥炮兵。另一个则是阵前喊话。因为郭部前锋部队的刘伟部和刘振东部，原属张学良和郭松龄共同指挥的第二、第六两旅，两旅部众大多对张学良有感情、有信用。张的喊话大大地动摇了郭部的军心，而且不久，便有大部向张学良反正归来的了。

十二月四日，日本加藤内阁决议对郭松龄发出警告。这一来，日本中央政府与东北驻军都公然表示站在支持张氏父子的一方了。

同一天，关东军司令官派浦澄江参谋往锦州对郭松龄提出警告，限郭军行动不得进入南满铁路附近。郭将此事转告北京的黄郛，由黄郛向日本驻华公使芳泽谦吉提出抗议。

八日，关东军司令官白川义则正式分别对张作霖和郭松龄两军提出了一个书面警告。文中表示，两军行动若扰乱到南满铁道附属地带与日军守备区域时，关东军为职责计，不能默视，必要时将采武装行动云云。事实上，正如黄郛向芳泽公使所提抗议所指：满铁既为张作霖运送黑龙江与吉林军队支援奉天，则白川义则所要限制的，显然的，只是郭松龄一方的部队了。

在这种压力之下，事实上郭松龄动摇了。他在占领锦州后，踌躇了将近两个星期。

从结果上论断，郭松龄诚然是一位能打硬仗的猛将，但当战事发展到和政治的运用发生交错的时候，却看出他一方面是刚愎自用，不懂得权变之术，另一方面则在大场面上，他是缺乏运筹帷幄的机谋的了。

他的弟弟郭大鸣的回忆文章中指出：在锦州的时候，热河都统阚朝玺曾派其参谋长邱天培前来商请合作。阚提的条件是：保全张作相吉林督办的地位，阚自己攻黑龙江，取吴俊陞而代之，奉天则要张作霖下野，让给郭松龄。郭部的刘振东、刘伟、南纪毅等因与邱天培是同学，曾数度密谈，并曾联合张振鹭等人，向郭一再建议，主张接受此案。因为与旧派之张、阚合作，则军中不满张作霖者均将群起来归，这在分散敌力上有利，郭部可不战而得奉天，只要奉天解决，则吉、黑两省当可徐图之。但郭松龄坚持要打倒督办式的军阀，决不想和军阀在任何形式上妥协；同时认为吉、黑两省军队都已调出，无须借重这两省军力。所以，虽有邱天培几次的前来相商，郭都予以拒绝。

郭大鸣认为这一着，是郭松龄失败的主要因素。

另外，十二月十二日郭部左翼进抵营口对岸河北时，本可一鼓而下营口，因营口守军不多，日本驻军更少，而郭大鸣由北京拍电告他，日本公使芳泽谦吉答复王正廷的抗议时表示："郭部若进击奉军，通过南满铁路，应无问题。"但此时郭松龄竟逡巡不前了。结果，十五日，关东军白川司令官又派安河内中佐到河北，向郭军派在当地的外交员齐世英提出了第二次警告。这次警告文中，具体规定在南满铁路沿线两侧二十华里（即十二公里）处，两军不得交战。结果，郭被迫不得不放弃了这一可以拊张作霖之背的有利攻势。这可说在军事上构成了失败的最大因素。

结果，郭松龄只好依其五万之众、山野炮二百四十四门、迫击炮一百五十门、重机枪一百五十挺，企图由新民屯正面消灭张学良的抵抗后，长驱入奉天了。

但是，由十二月六日以来所浪费的时间，对于奉天守军大大有利了。张作霖因日本军的出动，也由惊慌中振作起来。二十一日、二十二日，吉林军和黑龙江骑兵都有了有效的反击。尤其是二十三日，黑龙江骑兵在巨流河右翼攻占了白旗堡，给予郭军一个致命的打击。

这中间最重要的是，郭部军心动摇。在最后阶段，郭部中的邹作华、高纪毅、张振鹭以及军长刘伟、范浦江等人，到新民屯不久，便透过奉天总领事派出的守田福松和张学良采取了联系。而高纪毅更与奉军中的武汉卿通消息，并借用新民日本领事分馆向张学良报告军情。二十二日晚，郭部参谋长陈在新代表上开诸人，正式经过新民日本领事分馆，向奉天洽降。提出的条件：要求赦免郭松龄，并保障投降者的生命财产。这个条件经日本总领事吉田茂提向张作霖，张即表示，部众可赦，唯郭松龄一人因军中反对而不能赦。结果，郭部只好牺牲了郭松龄，于二十四日全体向前线的张学良投降了。

郭松龄发觉他的队伍已经把他出卖，便和他夫人韩淑秀于二十三日晚变装离队逃走。同行者有林长民。二十四日晨，一行经黑龙江骑兵第七旅王永清部被捕获。郭氏夫妇在解赴奉天途中被枪决。林长民亦同时死于乱军之中。

郭部的国民党籍政工人员殷汝耕、齐世英、虞春香、柳梦周、苏士明等八人，于二十四日逃入新民日本领事分馆请求庇护。日本驻奉天总领事吉田茂因有外相的指示，当即予以庇护。（据日本外务省的资料记载，这批人中的殷汝耕和他的日籍太太，当时已是外务省的奸细，这伏下了他以后为日军所用，出任冀东自治政府长官的伏线。）一直到半年以后，这批人才陆续秘密被送出，脱离了张作霖监视的范围。

郭松龄倒戈，由起事到被执身死，为时不过两个月。

## 十一

郭松龄叛乱平定后，至少有两件事在张学良的政治感觉上占了极大分量。第一，他认识到日本人在他们父子事业上非比寻常的关系了。郭松龄的叛乱，若没有关东军的从事干涉，说不定张家天下就会在郭的大军之前被冲得土崩瓦解。第二，当他失掉郭松龄这样一个心理上的偶像之后，他重新估量了老帅的许多做法；他觉得他老子在军阀圈子里的容人用人之道和化敌为友的恢宏气度，都有使他心折的地方。

比如：郭松龄事败身死之后，张作霖以罪只限郭松龄一人，所有的郭军旧属大都原班不动，一律录用。这一套做法，再加上张学良平素在队伍中喜欢交朋友的个性，居然大大有益于奉军士气的复元。因此，张学良迅速地收容了锦州、绥中各地的郭部残旧，恢复了第三、四方面军团的旧观。张学良也就用这支队伍，在一九二六年初迅速地收复了山海关，保持住了东北地盘的完整。

另一件唤起张学良浓厚兴趣的事，则该是张作霖和吴佩孚之间的不念旧恶，化敌为友了。

本来，吴佩孚乘着孙传芳驱走杨宇霆和姜登选的机会，曾在汉口就任了十四省联军总司令，准备向北进兵，以雪其第二次奉直大战战败之耻。但当郭松龄突然倒戈的时候，吴发觉在郭背后有冯玉祥在，而吴对冯当年的倒戈深恶痛绝，遂就未肯遽于对郭有所支持，而且在郭变尚未解决之际，便又派蒋方震（百里）和山东的张宗昌与江苏的孙传芳有所联系，向张作霖提出了一个合力讨冯的建议。后来，郭变虽然很快地终幕，但张宗昌和吴部驻河南的靳云鹗、寇英杰等人撮合张、吴合作的联络，并未间断。于是，一九二六年一月，张作霖和吴佩孚便互相通电，表示前嫌尽释，互相谅解，双方终于结成了进攻冯玉祥的联合战线。

有了这个联合战线的力量背景，奉军才迅速地在同年四月以前又进一步驱逐了占领热河和滦河一带的冯玉祥军，冯部退却到张家口和南口。四月十八日，奉军部队开进了北京。冯玉祥被迫走平地泉，并通电伪装下野，不久，便经外蒙古去了莫斯科。

不过，张作霖对冯军残部并不放松，同时，吴佩孚也念念以彻底解决冯部而后快。就在这种条件下，张、吴的联合战线，便继续发展下来。

张作霖在军事上节节前进的时候，奉天后方的财政却大起恐慌了。

此间，奉天省长兼财政厅长王永江便因反对张作霖继续动兵关内而辞职了。

郭变后，王永江在军政会议上力陈战争不能再来，因为奉天省财政岁入二千三四百万元，而军事费用却在五千万元以上。一切专靠东三省官银号的奉票发行。实际上发行已至三亿元，准备基金不过一亿五千万元，因之奉票贬值到三元二角比现洋一元，或二元七八角比日本金票一元。王永江要求缩减军费到一千八百万元，裁撤三师或四师的兵力；兵工厂经费也节支十分之四，减为二千五百万元；就连张作霖的自由机密费一千万元，也在一概免除之列。王永江的意见，当场遭到积极武断派的杨宇霆的猛烈反对。张作霖虽不发言，事实上他支持了杨宇霆。结果，王永江愤而挂冠以去。

综合事后若干迹象判断，张学良是站在同情王永江的立场上的。王永江由主管财政的角度上，看出奉天的危机和郭松龄由军事角度上所感到的奉天的危机，是殊途同归的。张学良和郭松龄共同带领军队，部队中的士兵，早就受到了奉票贬值的痛苦，张学良自然有其切肤的感触了。

所以，张学良虽然颇欣赏老帅处理郭变的英明果断，但下一步对关内的军事行动，却如后述有些打不起劲来了。

一九二六年六月，张作霖和吴佩孚在北京会了面，一连开了三次会议。这两位两次奉直战主角的戏剧性的会晤，构成了这个联合战线的最高潮。不过，骨子里张作霖只肯在军事上合作打冯玉祥，至于吴佩孚在北京政府里支持由曹锟任命的颜惠庆内阁，张作霖则一直采取杯葛的态度。接着，双方又拉拢山西的阎锡山，把联合战线的力量扩大为奉直晋三个方面，三者联合继续向退据察哈尔与绥远的冯玉祥军进攻。

八月间，张学良率部攻占了南口，吴俊陞部也占领了多伦，吴佩孚部的田维勤、靳云鹗军及山西军商震部亦相继拿下大同、怀来、丰镇。冯玉祥部仓皇退却，溃不成军。韩复榘等部被迫投降了晋军。这年十二月底，奉军刘振东旅占领了包头。冯军残部退到陕西边区。驱逐冯玉祥军的战事，到此告一段落。奉军又获得了一个胜利。奉军的势力范围，除了安徽和山东之外，到此几乎已大部恢复了郭变前的旧观。张作霖收回了失去的地盘，除任汤玉麟为热河都统、褚玉璞为直隶督办之外，这回更发表高维岳为察哈尔都统，另有绥远都统则分给了晋军的商震。

张学良拿下南口后，吴佩孚为酬庸奉军的将士用命，特别向北京的杜锡珪摄阁申请将张宗昌晋升为义威上将军、张学良为良威上将军，加上将衔，于是张学良便做了二十六岁的上将军了。

同年七月十八日，张作霖由北京回到奉天，特专程去了一趟大连和旅顺，往访日本关东厅长官、关东军司令官和满铁本社社长，答谢这些人在郭变时对奉天的支援。

这里值得特别一提的是，这时张作霖对于日本人的知识和态度，大都取自他的军事顾问松井七夫和町野武马。松井七夫在郭变时是活动日本政府支援张作霖最力的一人。郭变后，松井在对日本参谋本部提出的意见书中指出：苏俄从背面支持冯玉祥和国民党以打击张作霖，其目的在恢复满蒙的势力。他从战略的观点上，要求日本政府积极支持张作霖政权，以抵制苏俄势力的“入侵”东北。张作霖是一个聪明人，他自然会在话里言间掌握松井的这个意思，强调他的反赤化反苏俄的态度，以取信于对他帮忙的日本当局和日本人。

## 十二

同年七月一日，迄今一直局促于广东一隅的国民党，任命蒋介石为国民革命军总司令，正式宣布了北伐。国民革命军的构成，虽然大体不外乎集合两广和湘、鄂土著军阀力量的一种组合。但它的中心有蒋总司令训练出来的黄埔军官学校的一批学生队伍和由共产党领导的政工组织；而尤其重要的是，它的背面有大批苏俄派来的军政顾问人员和大批苏俄援助来的物资。

显然的，国民党的北伐刚起步的时候，北京的张作霖未曾重视。自从孙中山先生一九二五年三月客死于北京以后，张作霖方恃胜虚骄，大军直指江南，根本未把这批孙中山的追随徒众放在心上；而吴佩孚、孙传芳诸辈，形势上也只能使他们把注意力集向北方，确也未曾对他们身后的广东付以应有的戒心。

这年九月间，蒋总司令率军大举进攻武汉，战争局势根本上改观了。此时吴佩孚在湖北的驻军又发生内变，吴不得不南下援鄂，遂把京汉线上的防地让给了奉军。就当此际，张作霖却另有了一番打算。他命张学良到山西和阎锡山商量，把平定绥远冯部的任务交给山西，而奉军可以分兵南下。阎锡山欣然接受了这个提议，事实真也向平地泉进兵了。

张作霖的下一个目标，显然是指向河南、湖北，也就是吴佩孚的地盘。至于山东以南的地盘，他居然和广东之间有了一个秘密谅解，他采取了暂且按兵不动的方针。据高荫祖的《中华民国大事记》载，后来，奉军和北伐军在上海作战时，奉方代表杨仲恒、周士贞二人来见蒋总司令，蒋就以奉军违约南下相诘。

与此同时，冯玉祥也于九月间由莫斯科经外蒙古回到五原，就任国民军联军总司令，并声明加入了国民党。而值得重视的是，他也由苏俄携回来一大批武器。

在这种情形之下，战争是要打下去的了，而且事情也越发复杂起来了。

张作霖的态度也突然变得颟顸起来。

十月间，吴佩孚的军队，在武汉前线为国民革命军所击败。首先，吴佩孚只请张作霖能在军费和军械上予以接济，并不希望奉军开到湖北，但张作霖硬做主张，并决定派兵援鄂。及至十一月间，江浙的孙传芳也感到国民革命军的压迫，势孤力弱。孙传芳微服由沪至天津，向张作霖求援。张对孙传芳这种屈节来归的态度，以其绿林好汉的心怀，表示了极为欣赏，同样地，也是尽弃前嫌，化敌为友；而且，更为孙传芳和张宗昌的煽惑所动，竟不顾与蒋总司令有约在先，命张宗昌驻鲁的第七军由徐州南下，开抵浦口，并命毕庶澄的渤海舰队及第八军由海道驶赴上海，决定支持孙传芳。

张学良对他老子这些行动，心下大不为然。

他从他老子周围一些北方政客的口气中，也察觉出他老子要和国民革命军分庭抗礼，是属于不智之举。旧交通系的梁士诒和叶恭绰诸人便是持有这种见解的人的一部分。但是，他老子偏偏相信张宗昌等奉军山东派军人的话，这些人一再在张作霖左右鼓动他的野心，要他问鼎中原，自打江山。杨宇霆有时也在侧面推动这个趋势。而张学良最头痛的是，自从郭松龄倒戈事件以来，他不敢再在老子面前强做主张。而且纵然他有所表示，也只能算是少数派的意见。

所以，到了这种地步，他既是他老子的儿子，他就不得不屈服为实现他老子的野心做工具。

十二月，南方的国民革命军已经深入湖北、江西两省，并且沿海掌握了福建。就当此际，张作霖在天津又接受孙传芳、张宗昌、阎锡山、商震、刘镇华、寇英杰、褚玉璞、张作相、吴俊陞等十六位将领的推戴，就任了安国军总司令职。孙传芳、张宗昌、阎锡山被任为副司令。杨宇霆为总参议。二十七日，张作霖率领他的护军，由天津开进了北京，俨然以君临北京的姿态上场了。

一九二七年三月间，张学良奉命由平汉路南下，会同韩麟春开进河南；与此同时，张宗昌部也开向南京，前锋并进入安徽。在这之前，吴佩孚一再通电拒绝奉军南下，但张作霖复电，最初尚表示派兵援吴，最后竟放言谓：第三、四方面军团和直鲁联军分途前进，暂收武汉，进取湘粤。并另电吴佩孚和吴部将领，希望协同作战，勿生误会，倘有抗拒，亦应一致声讨。一句话，张作霖此时已翻了脸，他已决心对吴佩孚下手打落水狗了。

但是，这时张学良有些动作，就显得和他老子意趣不同了。张学良虽然奉命率军压迫河南的吴佩孚，也直接攻击了吴部的靳云鹗，甚至派人策动吴部于学忠的投归奉军，但对于势迫力蹙的吴佩孚，一再表示留有余地，并不失其对前辈军人执礼之恭。当吴佩孚众叛亲离，落荒走巩县的时候，张学良就不时派人送粮及日常需用给吴佩孚。吴佩孚自然有谢函回报，两下尚不绝信使往还。

不久以后，张学良亲自体验出，张作霖施之于吴佩孚身上的冷酷不仁，马上便有人照样也对他来一个下井投石。

六月间，孙传芳业已失掉南京和上海，援孙的张宗昌跟着放弃了徐州，平汉路上的张学良和韩麟春，也奉命收缩阵线，后撤到平汉路北段的保定一带。煊赫一时的安国军，老实说，走了吴佩孚同样的路数，如今，对当前大敌也有些招架不住之感了。就当这时候，站在奉军身后的那位安国军副司令之一的阎锡山，为广东方面所派的工作人员所动，居然通电就了国民革命军北方总司令之职，而且电告张作霖，要他也服从国民党，换青天白日旗，信仰三民主义。

提起阎锡山，张作霖信以为他不会出毛病的。因为在张的心目中，奉军把绥远送给了阎，阎自应有所感激。岂知，曾几何时，晋阎叛变了。老实说，在前方失利、后方有变的情形下，张作霖确也有些失措了。

六月四日，张作霖召集奉军嫡系干部开会，研究应付当面局势问题。席上，老派代表吴俊陞等人主张撤兵出关，奉军只管东三省，负责保境安民。新派代表的杨宇霆则想法不同，他认为以现在奉军的力量，足可维持已有局面，问题是如何设法和南京、山西妥协。换言之，杨宇霆对关内政局不主张消极，认为只要纵横捭阖一番，奉军仍有可为，不必撤兵出关。

显然的，杨宇霆的意见和张宗昌、孙传芳等人的想法完全一致，而且，也颇打中张作霖对于中原权势有所恋栈的心怀。又加，这时，北京因直系支持的内阁相继垮台，已呈群龙无首的状态。一些失意政客，都想捧张做大总统，用以解决一九二六年四月段祺瑞下野以来的政治空白，同时，借此，这些人也可以弄出一个局面来，准备和新成立的南京国民政府讨价还价。

就在这种心情之下，六月十六日，又是孙传芳等安国军全体将领发布通电，又推举张作霖为海陆军大元帅，组织了军政府。十八日，张作霖也就通电就了职，立刻任命了下面的军政府的内阁人事：

潘复，国务总理。

沈瑞麟，内务部长；王荫泰，外交部长；何丰林，军事部长；阎泽溥，财政部长；张景惠，实业部长；刘尚清，农工部长；姚震，司法部长；刘哲，教育部长；潘复，兼交通部长。

同时，更为简化军事指挥系统，废除以前“讨逆”以及“直鲁联军”“五省联军”等名称，改任孙传芳、张宗昌、张学良、韩麟春、张作相、吴俊陞、褚玉璞为第一、第二、第三、第四、第五、第六、第七方面军军团长，张宗昌并兼任海军总司令，沈鸿烈为副司令兼海军第一舰队司令，吴志馨为海军第二舰队司令，另周培炳为空军司令。

这样一来，张作霖真正地在北京坐起天下来了。

老实说，张作霖做海陆军大元帅，组织军政府，究竟具有多大信心，是颇成问题的。有许多迹象可以看出，他这一套政治把戏，多少暴露出了他性格上一些玩世不恭的冲动。事实很显然：他就职的头一天，六月十五日，他已开始派杨宇霆和晋阎代表南桂馨、南京方面代表方本仁，就在北京的大元帅府内，进行了为时七天之久的南北停战谈判。最饶有趣味的是，当他就任海陆军大元帅时，居然在居仁堂正门的新华门上挂上了青天白日满地红旗。以前，阎锡山曾通电劝他服膺三民主义，并改悬青天白日满地红旗，他回电表示，信仰三民主义则可，但决不易帜。岂知，就当他自封为大元帅时，他竟自动地改变了初衷。

这一次南北停战的谈判并未成功，但它的作用却极重要。这和以后东三省的和平易帜有重要的关联。谈判的内容，主要是要张作霖接受国民政府的建制问题。奉军中老派的吴俊陞、张作相和甫由南京败退下来的孙传芳，都反对这个谈判。

老派还是主张：奉军回东三省，关起门来专搞东三省的自治，不和关内政治发生关系，也决不接受国民政府的建制。新派的杨宇霆、韩麟春以及张学良，则认为不妨在有利条件下，赞成国民政府的统一中国和国民党妥协。但最后，张作霖则采取了一套折中的决定，即原则上大部分接受老派意见，但仍决定既不撤回东三省，也不赞成由国民党统一中国。不过，就在此时，张作霖却通电表示他与孙中山为多年老友，宗旨相同，凡中山同志，不违背真正三民主义者，一律为友云云。

蒋代表方本仁一行撤回南京。但七月卅一日，蒋又派代表何成濬秘密到北京，先晤张作霖代表杨宇霆，后又专车赴晋晤阎锡山，三者之间又准备协商在北方军事上成立一个南京、北京、山西的三角同盟。这些活动，都使得张作霖和杨宇霆抱持乐观，认为大局对于奉军并未臻于不可为的境地。

何况，这时国民党方面正闹内讧：武汉和南京两个政府，互相水火，武汉方面的唐生智也派人和张作霖联系。所以，尽管冯玉祥的西北军，业已参加了国民革命军的阵线，而张作霖仍不放弃拉住阎锡山的策略，认为只要晋绥无事，奉军对付东南一面总会绰有余裕的。

然而，整个军事局势上的情形，却并未因军政府的成立而有好转。

八月十三日，蒋总司令因为国民党内意见上的分歧而突然辞职了。这一个棋子的变动，把南京、北京、山西的三角同盟的线索一时切断了。山西军毫不客气地东向占领了石家庄，直拊北京的侧背。张作霖所理想的棋局有些乱了。但他深知在这种情形之下，他应该尽力避免三面作战。他在国民革命军、冯玉祥、阎锡山的三路敌人之中，至少仍要争取到和阎锡山这一路的妥协。

## 十三

其实，就在这时候，决定张作霖父子和奉军命运的另一个重大威胁登场了。

日本首相田中义一在张作霖做了海陆军大元帅后的第九天，六月二十七日，在东京外务省召开了一个东方会议。这会议的主要目的，就是研讨对付张作霖和解决满蒙问题的方法。出席会议的，除了首相兼外相的田中义一之外，日本外务省有外务次官森恪和各局（司）局长（司长）、驻华公使芳泽谦吉、奉天总领事吉田茂，另有陆军省次官英太郎、参谋次长南次郎、军务局长阿部信行、关东军司令官武藤信义等人。

会议席上，日本外务省的多数人主张使用外交交涉手段，向张作霖施行压力，但另一部分人则与现地军人联结一气，主张使用武力交涉。结果，森恪、吉田茂和关东军方面武力压迫张作霖以解决满蒙铁路等问题的意见，虽未得到多数的支持，但在《对华政策纲领》和《对张作霖四项继续交涉项目》的中间，大都抽象地表示了有借重武力的必要。

《对华政策纲领》共为八项，规定了日本对逐步北上的国民革命军和张作霖的基本态度。此中，主要的内容是：（一）日本对中国中原内部之争，采取不干涉态度；（二）但假若日本权益及日本人民生命财产因中国内战受到侵害，日本将采必要的自卫行动；（三）东三省情形特殊，关系日本国防及日本人民生存，日本保持特殊的看法。万一中国战乱波及满蒙，有害及日本特殊权益之处时，不问其为中国之任何方面，日本均将对之采取适当措置。

《对张作霖四项继续交涉项目》则是：

一、继续交涉吉会线等七线铁路问题；二、土地商租问题，暂且保留，先行扩大铁路沿线主要市街用地；三、延长本溪湖合同期限；四、对东三省当局之违约，则出以制裁。

这中间的吉会线等七线铁路问题，在当时是问题的症结所在，实质上包含了东三省当局已建铁路线和日本将要建筑路线两部分。

原来，一九二五年八月间，东三省交通委员会建筑了一条由打虎山到新立屯的铁路，日本认为这违反了一九〇五年清廷和日本所订中国不得在南满铁路附近筑复线铁路的协定。张作霖未理这一套，并把筑路工事延长到通辽。一九二六年秋，东三省当局又宣布要增筑一条由海龙到吉林的铁路。日本认为这条路系中日合同应筑四条铁路之一，按约应由日本贷款，而中国独资筑路，有违合约，张作霖照样未听。

东方会议后，吉田茂便奉命向奉天省长莫德惠提出下列由日本增筑吉会线等七线铁路的交涉。即：

1. 吉会线，由吉林经敦化到朝鲜北部的会宁。此线，吉林到敦化间已完成，将续筑敦化至老道沟，由老道沟已有的轻便铁路，衔接到会宁。此为军事上重要铁路。

2. 长春、大赉线。

3. 新邱炭矿线。

4. 通辽、开鲁线。

5. 齐齐哈尔到昂昂溪线。

6. 洮南、索伦线。

7. 吉海线及打通线。

日方表示，假若张作霖肯答允上列前三项的话，则上述吉海线和打通线的所谓违约事，日本可不追究。

吉田茂是经手过郭松龄叛变善后的人，他深知张作霖曾受惠于日本方面的许多援护，所以，他的态度极其高慢蛮横。他基于外务省的训令，竟强硬地向莫德惠表示：假若中国不接受日本条件，日本将考虑：南满铁路拒运奉军、停供东三省兵工厂所需材料、拒绝京奉路车通过南满铁路的附属地地带。

消息传出，东三省民众为之哗然。各地民众团体纷纷打电报给北京外交部，反对日本条件。中国民众的愤怒，更刺激了日本的过激派。这时，吉田茂和关东军高级参谋河本大作大佐以及特务机关等合谋，一再向日本中央建议，为向东三省当局施以压力，主张出动关东军或朝鲜驻军，进行武装干涉。

这消息使得东北的排日运动，更如火上浇油。东北留日学生纷纷打电报给张作霖和他的亲信杨宇霆，警告他们不能对日低头，出卖东三省权利。奉天商会是排日运动的大本营，而奉天地方官宪表面上对日本尽力敷衍，暗地里也同情和支持这个运动。在一般民众之中，郭变时便有国民党的地下工作员从事反对军阀与反对帝国主义的宣传。东北抗日派青年如杜重远等和日本左派小仓克已等人，也在奉天煽动排日运动。

九月间，张作霖下令严禁奉天的排日运动，同时，为了表示向日方谢罪，撤换了奉天省长莫德惠，易以刘尚清。而日本外务省和军部会商以后，也认为吉田茂的硬派交涉，不足解决问题，乃改由稳健派的驻华公使芳泽谦吉，在北京直接和张作霖的代表杨宇霆交涉。结果，张作霖虽答应就吉会路和长大路等问题予以考虑，但事后借口内部有问题，便没有了下文。

十月间，日本首相田中义一和张作霖之间展开了一段戏剧性的交涉，这给以后张学良在东北的政治事业留下了一个相当严重的麻烦。

田中发觉日本外务省的外交交涉收获不到结果，他便亲自指挥一组人，对张作霖采取了一套软硬兼施的手法。

硬的一面是，令驻华武官本庄繁和张作霖军事顾问松井七夫向张警告：假若东三省倾向排日，而有为苏俄和南方派（指国民党）所乘之虞时，日本将不惜使用武力，届时，张将不免进退失据，陷于极端不利；并说，张应知其所以有今日，实赖日本之助力，今后亦唯赖日本，始可握其权力。

软的一面则是，透过张作霖的私人顾问町野武马和杨宇霆的内线，派满铁总裁山本条太郎越过日本公使芳泽谦吉，直接和张作霖进行私人交涉。山本条太郎采取了一套开门见山的直攻手法，硬向张作霖谈这笔铁路生意。张作霖屈于当时的内外形势，既无从闪躲，便命杨宇霆表面上反对，他则努力装糊涂。据说，山本送给张大洋三百万元。另一说为五百万元。十月十五日，双方签了一个密约，约定：敦化老道沟线、长大线、吉林五常线、洮索线、延吉海林线等五条铁路，由南满铁路承包修筑，筑路费由中国向日借款。两下并换文，另订了《日奉经济同盟》和《日奉攻守同盟》。但张作霖在这密约上，只签了一个“阅”字，这在中国公文上是未加可否之意。

但日本外交当局立刻察觉到山本条太郎以私人身份缔订“攻守同盟”之类的密约，于法不合，而且，筑路密约也应依此再行交涉，务求密约变为正式外交协约，方可在国际上于法有据。田中义一同意了这个拟议，又另训令芳泽公使向张作霖交涉，而张作霖则坚持私人密约就止于私人密约，只允写一封私人信给田中首相，不肯把它外交公文化。此时，南京方面已公开攻击此事。中国舆论界更为之大哗。而日本外务省和芳泽谦吉也认为山本条太郎擅权误事，使得田中义一非常气恼，也非常狼狈。此间，吉田茂等武力干涉派又一度抬头，曾主张撤退东三省的顾问和教官、占领奉天兵工厂等以为要挟，但未为田中义一所纳。张作霖就利用这一过节，把这件案子，一拖再拖，拖出了一九二七年。

正当芳泽谦吉为了密约事和张作霖纠缠的时候，奉军在前线的情况愈来愈坏了。

一九二七年十月初，山西军一上场便在张家口大破奉军的高维岳部，接着占领了宣化、怀来；平汉线上的冯玉祥军也向奉军开火，张学良和韩麟春的第三、四方面军团被迫退到保定一线。这年的年底，奉军虽然奋力反攻，又把山西军驱回大同以南，而张学良也曾率部一度恢复了河南北部的地盘，但津浦线上的张宗昌和褚玉璞部，一直未能站稳阵脚。

## 十四

一九二八年一月，南京蒋总司令派他的代表张群到东京，曾透过田中首相秘书殖田俊吉向田中表示，假若日本能把张作霖拉回东北，国民革命军将不追击到关外。

本来，上一年的十一月五日，蒋总司令在下野游日时，与张群在东京青山访问过田中义一。双方在“反共”的意见上完全一致。蒋并就北伐问题口头上有所说明，希望日本能予理解。因此，蒋的这一个表示给田中提示了一个迫张撤回关外的想法。不过，田中又颇希望在国民革命军未到北京之前，能设法使张作霖先正式承认了筑路条件。

田中义一曾派山梨丰造大将往说张作霖放弃北京，撤回关外。同席的有参谋本部的铃木贞一、本庄繁、仪峨诚也三人。张作霖以坚持守北京抵抗国民党的“赤化”为由，拒绝劝告。

四月间，国民党的左右两派的意见和解。蒋复任国民革命军总司令，乃下令继续由南京北伐。田中义一因和张作霖的筑路交涉尚未完成，闻讯之下，未免感到焦虑。于是，乃以保侨为名，决定出兵，遂于五月三日有了济南中日两军冲突的事件。

对于日本出兵济南，北京的张作霖和南京方面都向日本提出了严重的抗议。张作霖更有一个精彩的表演。他于五月九日通电吁请南京息兵，以免为外患所乘，陷国家于危亡之域云云。其实，就在这封电报发出的两天以前，五月七日，山本条太郎又奉田中义一之命秘密来到北京，他告诉了张作霖，日本当局已有了掩护他撤回关外，阻止北伐军出关的决定。山本条太郎就利用这份情报，换取了张正式在筑路合约上签字的允诺。五月十三日张与山本签了延海、洮索线承包合约，五月十五日交通部次长署理部务的赵镇和山本又签了吉敦延长线和长大线的合约。这四个合约都经决定，签字后的三个月着手开工；唯有吉五线留到在奉天签字。

果然，五月十八日，日本政府发表了一个声明，谓：战祸发展至京津，如波及东北境内时，日本为了维持治安，将采适当有效措置。这个声明，实际是两天前田中内阁一项秘密决定的另一表现。秘密决定的全部内容是：若张作霖退出关外，而国民革命军追击前来时，日本军准备对双方军队采取解除武装的行动。不过，秘密决定中有一“但书”则规定，若只是张作霖撤出关外时，可不解除武装。

但是，这个秘密决定下达关东军时，关东军一些过激派的参谋便认为这是武力解决张作霖的绝佳机会了。关东军司令官村冈长太郎便接受参谋等的意见，正式计划出兵到锦州去迎击张作霖，以期彻底解决奉军。但东京的外务省和参谋本部都反对这个行动，认为这违反日本驻军不得超出南满铁路附属地行动的规定。同时，万一必须出动时，也必须中央政府请得天皇敕旨始得决定。而关东军和陆军省的过激分子一再请训，偏要如此干下去。田中义一这时却认为兹事体大，迟迟不肯做最后决定，于是，一拖再拖，拖到五月三十一日，终未批准所请。

关东军的过激派大失所望了。高级参谋河本大作大佐就在这时下了决心要用暗杀手段先解决张作霖本人。河本的作战计划是：张作霖被炸，奉军必会开火，只要奉军一开火，关东军便可借口动手解决奉军，那就不管日本中央批准不批准了。

河本的计划，并未报告给他的直接上司斋藤恒参谋长，但却经过竹下义晴少佐透露给了村冈司令官。他至少获得了村冈的默许。所以，当他获知张作霖决定搭专车出关时，他便分别派石野芳男大尉在山海关，神田泰之助、武田丈夫两名中尉在新民屯掌握专车通过的时间情报。指挥爆炸铁路工作的是奉天独立守备队的中队长东宫铁南大尉，河本秘密授命他调动由朝鲜旅团增援来的工兵队，在皇姑屯陆桥上安装上了炸药。

十八日，日本政府的声明发表后，芳泽谦吉当天夜里专访张作霖，根据田中的指示，劝张不妨暂撤关外，以图有机再起，但张仍是野心未死，而且，似错会了日本的用意，竟寄望于日本能支持他在北京干下去，未把芳泽的话听下去。

然而，这时奉军在前线已节节败了下来。就在十八日这天，张学良和代理第四方面军军团长的杨宇霆（因韩麟春突病故）联合指挥所部，反击山西军未成功，终于后撤到琉璃河；整个北京已陷动摇。

二十三日，日本驻华武官建川美次和日本华北驻军参谋浦澄江，一同到前线访问张学良和杨宇霆，要他二人出名劝告老帅出关。到了这时，张作霖终于察觉日本军方已无意支持他，他遂决定放弃大元帅这把交椅。

六月一日，距离去年就任海陆军大元帅时，尚差半个月不足一年，张作霖接见外交团及北京绅商法团代表话别，并应北京地方要求，派鲍毓麟率兵一旅，留在北京维持治安。其实，奉军已和晋军间有联络，北京的城防决定交给晋军而避开冯军。一日，张作霖通电发表撤兵出关声明："中央政务交国务院摄理，军事归各军团长负责，国事悉听国民裁决。"另有句谓："所冀中华国祚不自我而斩，共产赤化不自我而兴……"这句话后来成为他的东北旧侣喜欢吟诵的佳句。

六月三日，张作霖一反其行动秘密的常例，行程时刻，一律公开，而且下令不必戒严，但晚间启程时，送行者寥寥。岂知，就在这落寞的空气中，前途已有杀机预伏了。

和张作霖同车出关的有由黑龙江来迎他的吴俊 、军政府担任总长的张景惠、莫德惠、刘哲、阎泽溥，另有参谋长于国翰、常荫槐和沈瑞麟等随员。另有日本顾问仪峨诚也少佐也同车。专车在三日午后十时二十五分通过连山关车站，较预定时间误点了两小时。在将近皇姑屯时，张作霖刚和几位老牌友结束了一场牌九。张并说："就到皇姑屯了，各位回车，收拾行李。"四日清晨五时二十三分，专车驶抵皇姑屯南满路和京奉路交叉的陆桥时，轰然一声，专车中雷被炸。张作霖坐在第四节车厢，被炸最烈。张受重伤，不久即死去。和他同一车厢的吴俊 ，身首异处。同车而不同车厢的刘哲、莫德惠，均腿部受轻伤，另常荫槐、沈瑞麟、阎泽溥等人均无事。仪峨少佐亦受轻伤无事。

当时，奉天宪兵司令齐恩铭方在总站等待接站，闻讯立即率宪兵赶到，而常荫槐已迅将受伤的张作霖等人运进城内去了。

河本大作原在奉天车站大和旅馆一带集合了一旅兵，准备听到中国军方面的枪声便即发动战争。岂知，这一旅兵在三日晚间为不明原委的关东军参谋下令解散了。结果，这一把战火竟未能乘势燃烧起来。

《传记文学》第四十卷 第一、二、三期

# 郭松龄反奉·张作霖被炸·枪毙杨宇霆常荫槐
## ——记耳闻目睹的张作霖、张学良父子二三事

张汝舟

我今年已是七十六岁的人了。从一九二五年开始直到一九三六年西安事变为止，我作为张学良的侍卫副官之一，始终没有离开他的身边。他的音容笑貌，所作所为，仍历历在目。这里把我耳闻目睹有关张学良的往事写一写，表达我的怀念之情，也可作为研究历史的参考。

### 一、关于郭松龄反奉问题

一九二五年三、四方面军进了关，张学良住在原曹锟的公馆天津曹家花园，他的卫队骑兵连住在天津河北三义客栈。

同年十一月末，一天夜里十一点左右，总部下达了马上集合整队出发的紧急命令。

这时任卫队骑兵连的连长苏景廉和许多卫队的队员都上街游玩未归。本打算把人找齐，可是情势紧急，已经来不及到处寻人了。于是便由值星官田兆春负责，把没有外出的队员集合起来，结果才二十五个人。

由天津乘火车出发的，除了我们这二十五个人以外，还有跟随张学良的中校副官姜化南、军械处长周濂、军法处长朱光慕、秘书处长刘鹤龄。一路平安，在第二天早上八点多钟就到了沈阳北站，回到了大帅府。

张作霖正为郭松龄倒戈大为恼火，当面骂了张学良："就你交了这么一个好朋友！"

张学良在帅府休息了一天，晚上八点多钟，便急忙由沈阳北站出发，赶赴锦州西南的连山前线督战去了。

我们当时都住在火车上，跟随张学良的侍卫副官有谭海、苑凤台、吴景山、王守成、刘玉昆、崔正岩、崔成义。我当时任卫队骑兵连第三班的班长，此外还有姜化南领着的骑兵连和军事队成员，共一百多人。

到前线不久，就传来了张作相的十五师被郭松龄部队打垮的消息，听说只剩下一个外号叫吴大胡子的少校营长了。张学良当即晋升他为中校团副，令他收集残部，重整旗鼓。

郭松龄的部队来势凶猛，势不可挡，在交战中我方节节失利。于是张学良决定撤退。我们这些人，便由连山直奔葫芦岛，在葫芦岛，登上了镇海号军舰，舰长是沈鸿烈。

按照张学良的意见，主张把军舰开赴天津看一看，可是周濂等人坚决反对，认为回到天津会被郭松龄扣下，便回不来了。

坐在军舰上，我们可以清楚地看到郭松龄的兵车，来往频繁，一列列兵车向山海关方向进发。据此判断天津早已失守。

连日奔波，早已人困马乏，周濂等人，利用张学良入睡之机，便指挥镇海号军舰，向旅顺口进发，企图由旅顺口登陆回沈阳。

到达旅顺口后，日本关东军不准携带武器的卫队登陆，几经交涉，只准张学良的所随几名军官登陆。

没办法，我们这二十五个人，便由周濂领着，又乘镇海号军舰，奔赴营口，准备由营口登陆返沈。可是到了营口岸一打听，得知留守在营口的侦察营营长宋九龄也撤走了，可见营口已落于郭松龄之手。

死逼无奈，一行人只好又乘镇海号军舰，返回旅顺。通过与大帅府联系，又与关东军交涉，最后以解除武装为条件，才准许登岸。由旅顺改乘火车，来到了沈阳南站。

这一天特别冷，下着鹅毛大雪，我们当时还穿着夹衣，加上几天的折腾，冻得实在受不了，周濂先乘汽车回帅府了，我们二十五个人跑步回到大帅府，在客厅里休息。

当时沈阳十分空虚，因为主力全在郭松龄的手里，张作霖把在沈阳的教导队和炮兵营组织起来，新编了第一旅（旅长王瑞华）和第二旅，还有一个炮兵旅，旅长叫陈琛。说是旅的建制，但实际上没有多少人。

张作霖这回破例在客厅召见了我们，对我们表示信任，答应打败了郭鬼子每个人都升官，还说："小六子（张学良）认错了人。"随即命令被服厂的潘厂长给我们每个人发了一套新棉衣，命令庶务处栾贵田处长发给每个人一百圆奉票。还给了一天假，叫我们回家看一看。我们当时都很感激。

我们当晚便集合出发，走了一宿，拂晓前又开到连山和张学良会合上了。张学良一见到自己的卫队来了，便叫我们的车挨着他，令王以哲的卫队退到后节车厢。王以哲对此很不满。

郭松龄和张学良的部队，在新民、辽中、黑山一带展开激烈的战斗。炮兵阵地设在苍山，步兵在后流河一线。

张学良每天都骑着马，由兴龙店去苍山前线巡视督战。

在两军对峙的战斗中，一件奇怪的事儿发生了，从郭军方面打过来的炮弹落地不爆炸，没有杀伤力，这样一来就救了张学良的部队。

后来了解到，当时担任郭军炮兵司令的邹作华是不同意郭军反奉的，是他命令炮兵在发射前把引信头卸掉了，就是不卸掉也不拧紧，因而炮弹落地不爆。

另外，日本关东军以保护中长铁路为名，通令郭军不许在离路三十里内打仗，这就阻止了郭军前进。为此，郭松龄不得不派人与关东军交涉。这就给张作霖调兵遣将的机会。

张作霖在沈阳如热锅上的蚂蚁，急得乱转，他急电黑龙江省督军吴俊陞，命吴星夜疾驰来沈阳解围。

吴俊陞便率穆春的第七骑兵师和万福麟骑兵师，快马加鞭赶来。

郭松龄的司令部设在新民县的白旗堡。由于郭军节节胜利、势如破竹，郭松龄就有些马虎大意，认为沈阳是一座空城，占领沈阳城铲除张作霖是指日可待的事。就在这种毫无戒备的情况下，突然遭到了穆春所属外号“天下好”王永清所率领的骑兵包抄袭击。担任警卫的都是些年轻人，缺乏实战经验，一冲即垮，就这样白旗堡郭军司令部被轻而易举地拿下来了。

按郭松龄的意思，打算骑马逃脱，但他夫人韩素秀不会骑马，又不忍抛弃，便在仓促之间，弄来了一辆马车，化装潜逃。在新民县白旗堡东约二十里的农家菜窖中，他们夫妇被俘了。

依万福麟的意见，应交给军团长张学良亲自处置，可是老派的吴俊陞坚决反对，认为交上去，郭松龄一见少帅就死不了啦，所以他下令“不能留着他”。就这样，郭松龄夫妇，双手被钉在大车的车厢板上，游街示众后，被就地枪决了，后被解尸沈阳，在小河沿曝尸三日。

郭松龄系陆军大学毕业生，曾任东北讲武堂战术教官和张学良的交情很深。在第二次直奉战争中，指挥有方，身先士卒，九龙口战役曾使大军阀吴佩孚闻风丧胆，称郭是一个军事家。

当时我和张学良同在一列火车上，从电话里张学良得知郭松龄被处决的消息后，曾气得直跺脚说："郭松龄无罪，不该处决。"他对郭松龄的死，表示非常惋惜，对吴俊陞很不满。

打败郭松龄后不久，张学良就进了锦州，后去天津住不几天就进北京，军团司令部设在西城光明殿，张学良本人住在西单文昌胡同。张仍任第三方面军司令，第四方面军由韩麟春接替，后换杨宇霆。

## 二、关于张作霖被炸

一九二八年六月初，张作霖被炸死在沈阳皇姑屯的两空桥。

张学良当时住在北京中南海，正在为奉军撤出关外事，主持召开奉军将领军事会议。

我当时已是张学良的内卫之一，我们几十人都住在中南海的万字廊一座叫潇湘馆的楼内。

为了办交接事宜，张学良把北京故宫的一大串钥匙交给了卫队长谭海，叫他把这串钥匙送到故宫保管处。

谭海离不开，就把这个任务交给我。我到故宫管理处，交上了钥匙，拿回了一个收条。

我回来的时候，开饭时间已过。我便向张学良的专用厨师杨凤山说：

"我去送钥匙，还没吃饭呢！"

杨凤山说：

"我把你忘了，都收拾完啦。"

想了想又说：

“少帅刚吃过，我还没有收拾呢，你就去吃点吧！”

我推门进去一看，张学良没吃多少，剩得挺多，便坐下吃了起来。

吃着吃着，墙上挂着的电话急骤地响了起来，因为是张学良的专用电话，我没敢接。

不一会儿，张学良就推开会议室的门走出来接电话。我亲耳听到这是五太太寿夫人由沈阳打来的长途。电话的内容是：张作霖被炸死，叫他马上回沈阳。

张学良听到这个消息后，表情很难过，用袖子擦了擦眼睛，就又回屋开会去了。

在转身要走的时候，他严肃地对我说：

“汝舟，这几句话，不许你说出去，如说出去我要你的脑袋！”

我当然不敢向外传，可是张学良却把这个情况向开会的将领说了。不过他没有照实说，而只是说张作霖被炸断一只胳膊，生命不要紧。

张学良命令第二十军军长于学忠掩护全军安全撤出关外。我们几个人保护着张学良先到滦州的横山大觉寺住了不几天，等大部队全撤出关以后，我们和张学良都化装成伙夫模样，乘卫队骑兵连的闷罐车向沈阳进发。

闷罐车的门口儿堆着行军用的锅碗瓢盆，我们都躲在里面。路经锦州、皇姑屯等车站，都有日本兵上车检查，但因已化装躲起来，未被发现。

到沈阳北站下的车，一个个像小鬼一样，徒步走到小西门，遇到一辆汽车放在那儿，由张学良亲自开车把我们拉到大帅府。

到帅府的门口，门卫一看我们这身打扮不叫进，我便说：

“你凭什么不叫进，你好好看看是谁回来了！”可是他不认识张学良，仍不放行。正在争执中，有一位中校马副官出来看见了，他当然认识张学良，这才叫我们进去。

于凤至初见张学良，看他那身穿戴活像要饭花子，吓得“妈呀”喊了一声。可见当时的狼狈相了。

张学良回来以后，召开过会议，待把部队配备停当以后，才公开宣布为张作霖发丧。

我们卫队当天都穿着素袍，表示吊孝，可是腰里都别着手枪，严密地警戒着，怕张学良出意外。在发丧的这些日子里，我们一直守在灵堂，不离张学良左右，不准回家。

## 三、关于枪毙杨宇霆、常荫槐

张作霖被炸是一九二八年六月初，枪毙杨、常是同年的秋天。（注：应为 1929 年初）

这年秋天，任东北总参议的杨宇霆，利用给他父母办双寿的机会，准备这一天对张学良下手。这一阴谋张学良有所察觉，为预防万一，张学良便命令统带刘多荃注意警戒，于是从帅府到杨公馆的几里路上，都是五步一岗、三步一哨地警戒起来。

卫队队长谭海也告诉我们几个内卫说：“不要离开少帅，一旦发生情况，先把杨、常收拾掉。”这是一个死命令，谁敢不遵守？杨、常那方面一看在张学良祝寿来往的大道上都站着岗，戒备森严已有所准备，所以没敢动手。这一天就平安无事地过去了。

杨宇霆给父母办完祝寿活动后的第二天下午，正是我内卫值班，张学良告诉我说：

“你给杨督办（兼兵工厂督办职）、常省长（黑龙江省省长）打电话，说我邀他俩来公馆打牌，由我和太太陪着，没有外人。”

我从下午四点开始打电话，直到六点钟，几经周折，才在杨公馆找到了杨宇霆。我说：

“司令长官叫我给督办打电话，今晚邀你去打牌。”

他问：

“都有谁？”

我回答说：“没有外人，有长官和太太（于凤至），还有常省长。”

杨宇霆说：

“常省长在我这儿，一会儿我们两个人一起去。”

我把这一情况向张学良做了汇报，他说：

“那好，等他们来了，你马上通知我。”

下午七点钟左右，杨宇霆和常荫槐带着警卫，坐着轿车来了，因我是值班由我接待，让到帅府主楼南北角的客厅里。

按当时的规定，任何人都不得携带武器进帅府，外来的警卫人员不得进仪门（即二门），所以他们两个人的警卫人员就留在门外了。

杨宇霆在客厅门外，便伸出胳膊脱夹大衣，我赶忙上前左手拎着大衣领子，右手便把大衣接了过来，把大衣顺手挂在衣架上，他俩进屋去了。当我接大衣的时候，就发现他大衣兜里有武器，在挂大衣的一瞬间我便把武器掏了出来，一看是一支二号“八噜子”，顺手装到我的裤兜里。

杨、常二人进了客厅坐下以后，我便上楼报知张学良，他马上下楼会客，在下楼时悄悄地告诉我说：

“我进去以后，你得想法叫我出来。”我记住了。

我打开客厅的门，张学良进去便和杨、常二人寒暄了一番。我转身泡上茶，进去斟上，便转身要走。张学良说：

“大热天喝热茶不好，上午有客人给我送来了新疆的哈密瓜，可甜啦，你们也尝尝吧。”随后就叫我去拿来。

我一边去冰箱取哈密瓜一边寻思，少帅吩咐我得想法叫他出来。我便灵机一动，转了一圈儿向张学良说：

“谭海怕我们偷着吃，把冰箱搬到楼上去了，我到楼上一看太太正在洗澡，我就下来了。”张学良马上站起来说：

“那好，你们二位等着，我去拿。”说着便离开了客厅。

张学良出来把门带上以后，一句话也没有说，就用手捅了我一下，并用手指一指南边的门，又指了指客厅的门，便上楼去了。

我虽不了解怎么回事儿，但我得服从命令。于是我先把南门打开，只见马上窜出四名手持匣枪的大汉，把我吓了一跳，但定睛一看原来都是内卫的人。打头的是谭海，随后是高季义、刘多荃和苑凤台。这下子我有点明白了。接着我把客厅的门打开，二话没说，这四个人一进客厅枪就响了。只见杨宇霆站在那儿身中数弹，晃了几晃倒在地上，常荫槐还坐在沙发上，一动没动就被打死了。

打死杨、常以后，用地毯包起来，几个人扛着先送到东花园隐蔽处放了几个小时，后来我们又把尸首送到“姜公祠”前边。叫这两位和姜登选做伴去了。

这两个做恶多端的家伙就这样被枪毙了，张学良也算替张作霖报了仇。

杨宇霆的三太太打电话讯问情况，我都回答说：“八圈还没打完，才调南风。”可是后来时间太晚了，她也不信，杨家全毛了。

当天晚上全城戒严，不许任何人走动，直到第二天，才正式宣布枪毙杨、常的事。

张学良把杨宇霆的亲信，任粮秣厂厂长的葆康找来了，叫他为杨宇霆办善后，又叫被服厂厂长潘廷贵给常荫槐办善后。

这两个人一听杨、常被枪毙了，又找他俩来，不了解怎么回事，吓得直哆嗦。可是张学良却说：“杨宇霆、常荫槐的事和其他人无关，别人没有错。”他们俩才松了一口气。

〔编者按〕：本文系读者张文奇先生所投寄，嘱本刊予以转载，唯不详其原出处。据原口述者称，自民国十四年（一九二五）至廿五年（一九三六）任张学良侍卫副官，其所述多为其目睹，并亲与其事，颇富史料价值，兹刊出，借供读者参考。

《传记文学》第四十二卷　第一期

# 张学良改造兵工厂与杨宇霆之死

宁恩承

奉天兵工厂，又称东三省兵工厂，是个大的工厂。20 世纪 30 年代有员工三万六千人，员工之多，在国内首屈一指。在当时的东亚，包括日本在内，没有任何其他工厂有这样多的工人，庞然大物，东亚第一。兵工厂属于军事秘密，不见于公文，局外人知者极少。一九三一年“九一八”之后，日本人占领东北，这个工厂继续制造军械子弹，加造军用飞机，自然是秘密。

张学良主政东北时代，要改造兵工厂为生产机关，要把制造杀人武器的地方改为生产衣食的场所。作者和这庞然大物兵工厂有一年的接触，略知一二。本文所述，一则述及张学良的宏图大计，二则述及杨宇霆和兵工厂的关系及其被杀。

兵工厂在沈阳大东门外。沈阳原有八门八关。东西南北四方，每方面有两个城门，大南门小南门，大西门小西门，大北门小北门，大东门小东门，八个砖城城门。所谓大小门并不是城门的宽度大小不同，各城门大小一样，称为大小只示区别而已。每个城门外五里地方，筑有土城土墙，称为城关。东西南北四方各有两关。俗称沈阳有八门八关，原因在此。出关十里，各有一个白塔。东西南北四方有四个塔。有南塔北塔西塔东塔，用以显示盛京王气，保障大清帝王万世之业。

兵工厂建在大东关外东塔以西十里地方。这块大地方原是官地，再东去十五里，便是清太祖努尔哈赤的皇陵，俗称东陵。皇陵圣地是禁区。附近官地平民百姓不得侵占耕种。一九一二年民国成立，清朝灭亡，这块官地改为农业试验场，由陈振先博士为场长。

陈振先是美国农学博士。民国政府成立之初，做过短期的农林总长，是农业天官①。唯是民国成立之初，国内混乱，一切未上轨道。陈博士怀才不遇，在美国所学的农业知识和科学方法，在中国无所施其长。他做了短期农业天官，决心放弃仕途，到东北地大物博之地，农林富庶之区，施展他的农业科技专才，以求利国福民。可惜当时北京中央政府杂乱无章，关外地方政府亦不高明。陈博士费了九牛二虎之力，建立了一个奉天农业试验场，只办了两年，陈博士伤心失望，入关不返，不知所终。农业试验场空留一大片土地，场房破乱，野草丛生。“人面不知何处去”，陈博士在沈阳的努力早就被人遗忘了。

一九一六年张作霖兴起，执政东北，利用农业试验场空地建立兵工厂。东北地大物博，政和民顺，兵工厂发展很快。张作霖雄心万丈，要问鼎中原，连年竭力扩充兵工厂，充实奉军军械。今年加一枪厂，明年设一翻砂厂，年复一年，在他执政十二年中，逐渐扩充，到张作霖被炸身亡之时，其已是东亚最大的兵工厂。

① 中国封建时代将吏部或吏部尚书称为天官，后来其他各部尚书也可被称为天官。

中国的政权一向建立在枪杆和刺刀尖上，有枪有理。有枪者打天下，称圣称贤，无枪老百姓受欺凌受压迫。一些散淡人闲谈民主自由，全是废话，与中国实际政治无关，与人民无关，只是空谈、清谈而已。张作霖有了方圆二十里的大兵工厂，三万多工人，制造枪炮，所以他成了东北之王，问鼎中原，他的政权势力一九二五年扩及江苏、安徽长江各省，其武力之源、政治资本起于兵工厂。

兵工厂组织庞大，设有督办、总办、会办、厂长、处长、工程师千百人。雇有外国技师，例如英国人沙顿（Sulton）。网罗江浙工程师技术人员出关工作。会办翁之麟即是南方人，技术人员之一，处理兵工厂技术事宜。兵工厂真正主事长期首脑者是杨宇霆杨督办。杨宇霆的一辈子政治生涯起于奉天军械局，殁于奉天兵工厂。

一九一三年，杨宇霆由二十三师营长调充东三省都督府军械局副官，不久升充军械局局长。这是杨宇霆和军械厂结缘之始。嗣后军械局逐年扩充，杨宇霆权势日大。

一九二二年，张作霖在第一次奉直战争之中大败出关，立志雪耻。他励精图治，整训军队，扩充兵工厂。兵工厂渐渐加大，日日扩充，杨宇霆的权势也随兵工厂日日扩大。他做了张作霖的总参议、兵工厂督办，财源滚滚，既贵且富，东北王一人之下，万人之上。杨宇霆声威赫赫，叱咤风云十六年之久。直到一九二九年初被杀，杨宇霆的权势如日中天，乃东北政坛中最煊赫人物之一。

## 杨宇霆这个人

杨宇霆原名玉亭，字凌阁。后改为宇霆，改写凌阁为邻葛，自比诸葛亮。他是辽宁省法库县蛇山沟人。其父杨永昌性情古怪，处世奸狡，乡人称为“杨二狡杆”。杨宇霆得势掌权之后狂妄无礼，终致被杀，不知是否与“杨二狡杆”的遗传有关。

杨宇霆儿时小有才，记忆力很强。十九岁考中清末科秀才，改入奉天北关中学堂。一九〇九年东三省总督赵尔巽响应变法维新，派送学生去日本学习军事。杨宇霆考取赴日留学。入日本士官学校第八期炮兵种，成绩很好。一九一一年五月返国，被派往长春孟恩远第二十三镇为排长。两年后，调为东三省都督府军械局副官。一九一四年升充军械局局长。杨宇霆是日本士官学校毕业，受过严格军事训练，他的军械局卫兵连，整齐清洁，军容甚威。有一次他的卫队连在街上列队行走，张作霖偶遇这队兵，大加赞赏。查知这一队整齐人马系杨宇霆军械局的卫队连，因此张作霖对于杨宇霆有了深刻印象。一九一六年张作霖赶走了奉天督军段芝贵，自己做了督军，励精图治，收揽各方人才，调杨宇霆为二十七师参谋处处长。二十七师是张作霖的亲兵基本队伍。从此杨宇霆得了张老帅的知遇，出谋划策，几次内战，均由杨宇霆主谋。他连续做了参谋长、总参议、江苏督军等职，官星发旺，被张作霖倚为左右手。

张作霖识字不多，不看公文。而政府中的事全是文字工作的公文，杨宇霆一手遮天，大帅府的公文均经他一手包办。张作霖绿林出身，性情豪爽，讲义气，知人善任，用人不疑，许多事口头说说，其他详细节目推行方法由杨宇霆做主。有时杨宇霆自作主张，张老帅不知原委，不以为怪，不加责难，任其擅专。兵工厂每年耗资千万，任由杨宇霆处理，张老帅向未追查。于是养成擅权专断之风，使杨宇霆妄自尊大，目空一切，除张老帅一人之外，其他任何人不放在眼里，少帅张学良也在轻视之列。

## 杨宇霆之功

杨宇霆取得张老帅信任第一原因在于整顿旧军，建立新旅。张作霖早年所率领的“保险队”老兄老弟多是识字不多的老粗，汤二虎（玉麟）、吴大舌头（吴俊陞）、张景惠等人，勇猛义气有余，率领现代万人军队不合格。在绿林中，他们骑马打枪，放火烧山，攻打祝家庄一类土围子，是英雄好汉，拿手好戏。率领几万人的现代大军，用现代方法打大仗，不是这些英雄好汉所能胜任。一九二二年第一次奉直战争，张景惠率五万人为西路军，任平汉线总指挥，张作相另率五万人，为津浦线东路总指挥。十万大军杂乱无章，只打了七天，全军溃散，大败出关。张作霖鉴于这些老兄老弟不足以领万人大军，不能打现代大仗，出关以后，乃设立陆军整理处，任用新人，充实东三省讲武堂，培训中下级军官，编练新军三十万人。同时耗资千万，扩大兵工厂。

任用新人整理旧军，杨宇霆是幕后主要人物。他主张任用军校出身受过军事教育，有现代军事知识的人为军官。例如姜登选、韩麟春、王树常、戢翼翘、于珍、丁超等，均经杨宇霆延揽介绍加入张作霖帐下为官。网罗新人，整顿旧军，出谋划策，多出自杨宇霆之手。一九二四年，第二次奉直战争，奉军二十万人再次入关，攻打曹锟和吴佩孚。杨宇霆为奉军参谋长，用巨款收买冯玉祥倒戈，回北京拘押曹锟。直军内乱，吴佩孚一败涂地，奉军占领了北京、天津、河北、山东、江苏、安徽及上海、南京，长江以北半个中国均在张老帅统驭之下，杨宇霆之功在张老帅心目中不可磨灭。

前此，一九一八年杨宇霆拉拢徐树铮，窃得北政府段祺瑞总理向日本订购步枪两万七千支，子弹五百万发，领取证件。由张景惠率兵到秦皇岛把这批军火全部劫夺，运回沈阳。张作霖用这些枪和子弹加编七个混成旅。由此奉军加强壮大，由两三万人发展为二十万人。这是杨宇霆的第一次大功。没有秦皇岛劫械的起点，奉军不可能成为大军，无力问鼎中原。可惜功之所在，过亦随之。杨宇霆有了劫械之功，冲昏了他的头脑。年初劫得军械，一部分运回沈阳，用于扩充奉军，另一部分用于自招新兵。杨宇霆和徐树铮合谋，在洛阳、信阳两地训练四旅新军，图谋自主。张作霖闻知杨宇霆要自立王国，下令扣押。后经段祺瑞说情，免职了事。经此叛离事件，张作霖和徐树铮反目成仇，杨宇霆不敢回沈，流落燕市两年之久。

一九二二年张作霖与曹锟失和之时，张作霖计划要打曹锟，急于用人，乃把杨宇霆召回奉天，任为东三省巡阅使署总参议，出谋划策，再效忠张作霖七年。一九二八年张作霖被日本人炸死，张学良承继大位，杨宇霆成了前朝重臣。

张老帅作古，少帅承继“王位”，情势丕变。杨宇霆原是小有才，在张老帅面前足智多谋，看公文、谈公事，头头是道，因为张老帅不看公文。然而张少帅大不相同。张少帅幼读诗书，能诗能文、能看公文，杨宇霆的才技就无所施其长了。

杨宇霆生于清光绪十一年（一八八五），比张学良大十五岁。民初，杨宇霆加入张作霖营幕之时，张学良是十一二岁小孩。杨宇霆自居父执，视张学良为子侄，当年情势如此，无可厚非。现在张少帅长大成人，登基承业，执掌政权，继老帅成为东北之王，杨宇霆背后仍称他为“小六子”（张学良乳名），面称“总司零（令）”，或称“小伙子”，轻蔑无礼，似不知中国历史制度君臣大义。

张学良就任东北保安总司令之后，自知年轻威望不足，极力拉拢敷衍张老帅的这位重臣。首先请他做副长官，坐镇黑龙江，他不肯。再请他任东北政务委员长，亦不就。张学良处处敷衍，时到杨府请安请教。杨宇霆傲不为礼。

张学良安抚杨宇霆，想出走内线的方法，令于凤至同杨家三姨太太结拜为干姊妹。张学良亲自把于凤至的生辰八字写成兰谱，特备八项重礼，送到杨府，请求结拜金兰。杨三姨太已经面允，而杨宇霆说："辈分不对，不行。"将礼物及金兰谱退回。于凤至丢了面子，张学良碰了一个大钉子。如此内外两线全走不通。

张杨两家并无血缘亲属关系，说不到辈分，不可能分大小。杨宇霆自以为和张老帅同辈，自居父执，视张学良、于凤至为晚辈，狂妄无知，不知体制。

在中国，家族血缘论长幼排辈分。而君臣隶属、商界往还，无所谓辈分。老皇帝晏驾，三岁太子登基，七十岁前朝遗老照旧向三岁小孩三跪九叩，三呼万岁。中国礼法体制自古如此。不遵守这古制规章的老臣，不得不死也。

不愿在新朝称臣，理应辞官归里，是明哲保身之法。不事王侯高尚其志，严子陵富春江钓鱼，不向汉光武称臣，是一佳话。张良助刘邦创立汉朝天下，刘邦称帝，张良隐退，从赤松子遁入山林，也是一例。范蠡助勾践恢复了越国，功成身退，扁舟五湖，又是通俗的故事。杨宇霆对这些历史似乎茫然无知，既不愿在新朝称臣，又不肯功成身退。既不能令，又不能受命，妄自尊大，自掘坟墓。

## 张学良一语压倒林权助

张作霖死后，日本急谋控制东北，侵略满蒙。前日本驻华公使林权助是侵华老手，以吊丧为名，到沈阳向张学良说降，威胁利诱，力劝张少帅在东北独立，为日本傀儡，不可和蒋介石合作，完成中国统一。

林权助在沈阳住了很多天，屡向张少帅逼宫威胁，要求东北自主，依附日本。唯是张少帅爱国心重，而且日本人杀了张老帅，对日本有不共戴天之仇，自然不听从林权助的劝告。屡辩不果。最后林权助恼羞成怒，倚老卖老，说他和张老帅是朋友，老帅时代容易办事，“你还年轻，不知轻重，日后方知哪一边对你有好处”。张少帅说：“我年轻，但和你们天皇同岁。”

张少帅的一句机警反击，林权助面红语塞，无从作答，狼狈离去，不欢而散。

英美政治家在民主自由议会中多有应变善辩之才。英国首相丘吉尔和路易乔治（Lloyd George）均有这种善辩反击的口才。一句话使对方政敌哑口无言，狼狈败退。张学良有此天才，随机应变，一语败敌。如果他在英美民主自由议会中，他应是善辩领袖人物。张学良一语压倒林权助，是张少帅在外交中可记的一点。

林权助由沈阳返抵日本，向新闻记者发表谈话，述说他的东北之行。其中有一段说东北情形很像日本幕府时代德川家康谋杀丰臣秀吉少主的情势。张少帅看了林权助这一段谈话，极感兴趣，立要详知这段德川造反夺权的详细情形。他特到沈阳商务印书馆买得一本东洋史，反复详读，得了一些启示。杨宇霆被杀和林权助的谈话不无影响。

丰臣秀吉是强大的日本幕府政权缔造者。日本一切军权政权全在秀吉手中。秀吉死后，其子年幼无能，德川家康是权臣国戚，谋杀了丰臣幼主，丰臣幕府灭亡。德川幕府接掌日本政权，成为德川时代。

张作霖死后，张学良承继老帅的天下，权臣杨宇霆目空一切，把持一切。重臣幼主，其情势与丰臣幕府末期相似。国无二王，两雄不并立。杨宇霆随时可能把张学良杀除，自己称王。

独裁政治，争权夺利，残酷无情，中外如此。形势比人强，政治上的行动大半取决于政治形势。胜败之机，每决于谁先下手。先下手者为强，后下手者遭殃。张学良不杀杨宇霆，杨宇霆迟早要杀张学良。

## 一元钱

杨宇霆的威胁日加严重，张学良虽有杀机，仍然犹豫不决。而且杀人秘密不能向任何人讨论，惶惶终日，不知所从。他忽然想到用抽签卜卦方法一决吉凶。他拿出一块袁大头银元，向空中飞掷，心中念念如果银元落地，袁大头向上就杀他；反之，就饶他一命。连掷三次，每次全是袁世凯人头向上。天意如此，于是助长了杀杨的决心。于凤至在旁问他掷钱做什么，张少帅告诉她决定是否杀杨。于夫人惊慌失色，双眼流泪，大哭不止。

杨宇霆被杀以后，这块银元锁在帅府铁柜之中，久久被人遗忘了。一九三一年“九一八”事变，日军占领帅府，在铁柜内发现有一块银元，另有日本政友会本党党魁床次竹二郎向张学良领取五十万元的一张收据，其他一无所有。床次向“敌国”收取竞选贿款，罪大恶极，引起日本大政潮，政友会本党因此解散，床次竹二郎不久死去。日本政争不在本文论列之内，不必详述。一元钱决定了杨宇霆之死，事近传奇，不知这一元钱现落何方？

## 兵工厂擅自发枪

杨宇霆一九一四年以军械局局长起家，充任兵工厂督办十六年，兵工厂是他的大本营，他主持兵工厂一切。张老帅对他言听计从，要钱给钱，要权给权，耗资千万，老帅向未查问，任由杨宇霆用钱用人。拨发枪炮，均由杨宇霆一手包办。奉天省长王永江以为兵工厂开支太大，用钱太多，杨宇霆把王永江挤走了。他得意忘形，习于擅专。一九二八年少帅主政时代，杨宇霆积习难改，仍要一手遮天，不经请示，就擅自拨发枪支子弹。他越权擅专，迹近造反，引起张学良的疑忌。

常荫槐是杨宇霆的亲信。两个人粗暴鲁莽，狂妄自大，臭味相投。常荫槐充任黑龙江省长，黑省原有山林队，系朱庆澜时代招编，用为清乡剿共，保护山林之需。当时朱庆澜没有军队，山林队不无功用。少帅主政以后，黑龙江的督军万福麟拥有几万人陆军亲兵，残余的山林队已无存在的理由，早应裁撤解散。常荫槐图谋不轨，要自造势力，自立王国，把山林队扩充增编，加大兵额，加强军械。杨宇霆由兵工厂擅自拨给常荫槐两万支枪，并私自向捷克定购新炮。张学良闻及此事，问杨宇霆是何原因，杨说："你不必问，我已拨了。"关于向捷克买械事，杨说："不错，我答应买的。"狂妄擅专，越权犯上，任何长官都难于容忍。

## 办寿无礼

杨宇霆好大喜功，要场面，要排场。一九二九年一月六日是他父亲的生日。他要铺张，大举办寿。他的朋友李香斋劝他办寿应在法库蛇山沟杨家老家举办，杨宇霆要显摆大办，不听。而且大肆宣扬，堂会、赌局、牌九、麻将，应有尽有。他在东北主持军政十六年，声威烜赫，许多国内政要来捧场。东北一班趋炎附势要巴结杨宇霆者几十几百蚁集群来，称觞献礼，叩头拜寿。这一天杨公馆门前车水马龙，门内唱戏、打麻将、推牌九、喧嚷吹打，真是豪门盛会。

张学良精于世故，要安抚重臣，移樽就教，亲自到杨府拜寿。不意张少帅到达之时，杨宇霆不以为礼，视同晚辈普通客人，使之混入众客之中，令东北之王十分难堪。不久，杨宇霆正式出台，喊堂执事高声喊“督办到”，众客全体肃立，鸦雀无声，好像迎接天神。相形之下，东北新王张少帅竟被忽视。杨宇霆自高自大，光芒四射，目无长官。张学良失了尊严，未终席就走了。

情感、面子、光荣、名誉、尊严，是一般人的行为推动力。两人之间感情好，一切全好说。丢了面子，失了和气，一切全不好办。打斗杀人许多是因为面子问题。张学良到杨宇霆府上拜寿，本是善意。杨宇霆冷淡傲慢，张少帅丢了面子，失尽尊严，杀机起源于拜寿时杨宇霆之无礼。

清朝雍正皇帝“窃取”皇位，年羹尧很有助力，大有功勋。雍正登上皇帝宝座，派年羹尧为征西大将军，平定青海，雍正甚为满意。得胜之日，年大将军班师回朝。万马嘶鸣，烟尘滚滚，由大西北荣归皇都。雍正皇帝特别客气御驾亲迎，出西直门欢迎征西大军。

皇帝御辇旗锣伞扇，行至清华园附近，忽然被阻停止，不得前进。太监随从急问发生何事，何人敢挡御驾。原是征西大军先锋马队，未奉军令不准任何人通行。年羹尧军令极严，没有年羹尧的命令，任何人不准行动。太监说“咱是皇帝御驾”。于是飞马回报年羹尧，说皇帝御驾亲迎来了。年羹尧手中马鞭子一挥说“接圣驾”。万军听命一齐下马，一律跪下整齐严肃，寂静无哗。年羹尧呼万岁，全军同声喊“万岁，万岁”。万人之声远震山谷。年羹尧跪在道旁，恭请圣安，随驾入城。

年羹尧军律严肃，军威煊赫，使雍正皇帝诚惶诚恐。他向人说“我这个皇帝比不上年羹尧一个马鞭子”，杀机顿起。于是解除年羹尧军权，不久宣布九十二条大罪。

杨宇霆如果早知年羹尧被杀的故事，危行逊言，或不敢如此无礼。

## 无理要求自寻速死

杨家办寿刚过三天，一月十日下午五时，杨宇霆偕同常荫槐进大帅府，晋见张少帅。他们携带已拟好的公文和任命纸条，要求成立东北铁路管理总局。所有组织章则、委任人名单便条全已事前写好，要求张少帅立即签字。张少帅处此威胁之下，断然拒绝说“先研究研究再说”。

先是常荫槐充任黑龙江省长，兼充东北交通委员会委员长，想把中苏合办的中东铁路拿到手中，自做督办。因为中东铁路员工薪给用金卢布发放，中东路督办是优缺。常荫槐觊觎很久，想夺到手中。张学良向杨、常二人说：“中东路是中俄两国所有，事关外交，不能由我方单独行动，组织铁路总局就可收回。应先经交涉，研究研究，再说。”杨、常二人喋喋不休，直吵到七时未得结论。张少帅请他们两人留在帅府吃晚饭，饭后再谈。杨宇霆说：“我们还有点事，回家吃饭，吃过饭再来。”

杨、常二人离去之后，张立即召警务处处长高纪毅、亲随卫士谭海、警卫旅旅长刘多荃三人，下令立即枪杀杨、常二人。遂将高、谭、刘三人锁在楼上一室，以防走漏消息。

九时后，杨、常二人如约返府，双双走入东客厅老虎厅。承启官报告说杨督办常省长已到。

高纪毅、谭海、苑凤台同其他卫士三人共六人分为两组，各携手提式机关枪冲门闯入。高纪毅高声宣布：“杨宇霆、常荫槐通敌叛国，判决死刑，立即执行。”杨宇霆由椅中跳起，连说：“他妈的，你们反了？”说时迟那时快，话还未完，嘟嘟枪声之中，杨宇霆应声倒地，立刻死亡。常荫槐坐在椅中惊慌失措，方要站起，即被乱枪射中，倒于血泊之中。

老虎厅系张作霖老帅会客的大客厅。厅内有一个很大的东北老虎标本为装饰品，故一般人称为老虎厅。杨、常二人在血泊中的尸体用老虎厅的地毯草草包裹，连夜运送出府外，到南关姜公祠暂存。

张学良终夜未眠，立令刘鸣九草拟电文，历数杨、常两人罪状，通告全国。同时发给杨、常两家治丧费各一万元，并亲函杨宇霆之妻慰问。挥泪斩马谡，一场悲剧草草落幕。

中国专制集权制度政治上明争暗斗，以凶杀为本。打天下时，要杀人，得天下后仍要凶杀。新朝成立之初，功臣元辅或同打天下的伙伴同志常不能苟全性命。刘邦杀韩信、朱元璋杀胡唯庸、洪秀全杀杨秀清，均是史例。蒋介石杀汪精卫（错杀了曾仲鸣）是最近的杀例。天无二日，民无二王，一个槽子拴不住两个叫驴。两雄不并立，不是你死我活，就是我死你活，这是中国古制遗规。杨宇霆不通情，不达理，而且毫不知礼。狂妄无知，妄自尊大，血染老虎厅，似不值得一掬同情泪。

杨宇霆死后，张学良能容人善任，对于杨、常二人的随从同党未有任何株连。人事和谐，政局安定。三年中东北政通人和，社会安定，产业兴隆，教育发达，南北统一。为期虽短，却是张学良政治上的全盛时代。

### 改造兵工厂

杨宇霆死后，遗留了兵工厂一个大乱摊子。他主持兵工厂十六年，一手遮天，为所欲为，关于人事、厂务、工程、会计，张老帅从未查询。厂房加添，连年扩大，厂房、住所、办公室，东一块西一块，是历史上的产物。胡乱增加扩大，本已混乱，而财务账簿更是一塌糊涂。张学良委任米春霖为总办，周濂为会办，取消了督办名义。米、周两位老好人承接这个乱摊子，二十里的一大堆垃圾，不知从何着手。

张学良主张统一，停止中国内乱，一致对外，不要再制造杀人武器。他主张把兵工厂改为生产机关，屡次说要把兵工厂改为生产机关。至于生产什么，如何改造，没有人说出详细办法。

兵工厂是十多年逐渐长成的，东一块西一块，逐渐加添而成，没有预定的计划。张老帅要一个子弹厂，杨宇霆就遵命加一个子弹厂。明年要加一枪厂，就加一个枪厂。至于放在何处，得地便佳，寻得任何一块空地开工就好，没有全盘计划，自然谈不到有系统管理，更谈不到科学方法。十多年东加一房，西建一厂，年年添加，月月扩大，越加越多，越多越乱，十多年的乱加，加成一个大乱堆。枪厂、炮厂、翻砂厂、吊车房、会计处、工人房，各不联系，没有系统，没有和谐，一切设施多是急就章。当年一时需要，张老帅一句话，就因陋就简凑合在一起了。十多年造成二十里一大堆厂房机械，庞然大物，如何改造，如何使之合理化，似不简单。

一九二九年冬，端纳（W.H.Donald）顾问介绍一个美国投资公司，说是有兴趣来中国投资，可以商谈改造兵工厂。张少帅找我商议，令我和这美国公司接洽，改造兵工厂大难题令我解答。

美国投资公司名为司通韦博斯特（Stone and Webster），总公司设在纽约，对于中国很有投资意图。张少帅正拟引用外资，改支为收。另一方面美国如能来东北投资，与日本人竞争，以夷制夷，在外交上大有好处。

张少帅立即接受端纳的介绍，令我负责交涉。电报往还，屡经交商，美国司通纽约总公司派一代表名赫金斯（Harry Hokins）来华，长期驻在沈阳，接洽进行。

在兵工厂许多洋房之中，找一所空房，把赫金斯和他夫人安置住下，甚为顺利。这是小问题，不在话下。实际工作如何进行，不甚简单。

司通公司要先了解兵工厂内全部情形，再做进一步商讨。这是交涉中必有的程序。我去兵工厂多次，跑了很多天。屡和米春霖总办、周濂会办及财务处接头，均无详细图表数字。至于哪一个厂先改造，如何改造，要用多少钱，更没人说得清楚。赫金斯和我是财务经济人员，对于工厂技术工程所知很少，说不出主意，米总办、周会办更不知怎么办。

一九三〇年初，美方派一工程师郝尔博士（Dr.Hall）来沈阳协助勘察，做进一步的了解。郝尔博士是美国著名工程大学普渡大学机械工程系教授，是机器专家。他到沈阳以后，我陪他去兵工厂几天，对于这个庞然大物很像巨大的恐龙摸不着头脑。

最后他提议须先把兵工厂财务会计、工厂机务查清弄明，方可进一步研究如何改造及合作。现在一大堆垃圾，摸不着头脑，无从谈起。

他说要先组织一个四人考察团。四人之中，一个机械工程师、一个电机工程师、一个效率工程师、一个会计师，大约需时六个月，方能得一概念。四人考察结果做一报告，送请中美两方研究，再谈如何投资，如何改造。

他这个建议很合理，应是必有程序。但是四人考察团的费用多少，如何支付，屡经商讨，结论是需五十万美元，至少需三十五万美元。由何方付这五十万美元？郝尔、赫金斯都说应由中方支付，先初步得了考察详细项目，有数字详图可据，方能开始讨论何者应兴，何者应革，如何兴革，要用多少钱，需要多少时日等合约项目。美方所陈不无道理，先经考察，然后开始讨论。我向张少帅报告经过，详述各项理由，张少帅听了以后说："我们没有钱方找外人，这五十万考察费应由美方司通公司支付，好像他们自付旅费一样。而且他们要先说好一定要和我们合作。我们自己知道这是个乱摊子，乱七八糟。他们考察了六个月，发现这些混乱情形，臭骂我们一顿，我们花了五十万元买一顿臭骂，我们不干，必须要他们先说一定和我们合作，确有诚意才行。”

美方司通公司说他们对于兵工厂一无所知，须先弄清数字再谈。不能不问深浅，就跳下水坑，须要先知水坑的深浅，方能脱衣下水。

经过几次商讨，两方各说各话，不肯付这五十万元考察经费。一年来的往还交涉，无法继续再谈。赫金斯携夫人下旗回美，改造兵工厂的计划搁浅了，空劳往返。

一九三〇年冬，德国经济考察团东来中国，寻找生意。到了沈阳，张少帅派我接待。旧话重提，关于我们改造兵工厂计划问德国是否有兴趣。考察团中有一文德博士（Dr.Wendt）是工程专家，我同他到兵工厂看了两天，并告诉他和美国司通公司交涉经过，因考察费一节不能进行。德国不可再循这条不通之路。文德博士建议可先由兵工厂雇用一两位德国工程师为职员，在兵工厂工作。一年之后，这两位德国工程师摸清底细，得有可能改造的概念，向中德两方提出建议，以供参考，再说如何改造及中外合资合作的可能。

张少帅听了德国考察团文德博士的建议，认为可行。文德博士说等他回德国以后，寻得几位合适的工程师，开一名单，再函商推荐。

德国考察团离华西去，久无音讯。中国国内中原大战，内乱又起，张少帅军书旁午，政务繁忙。改造兵工厂计划止于空想阶段，未再进行。

“九一八”事变，日本攻占沈阳，第一个目标是北大营，第二个目标便是兵工厂。一九三一年九月十九日晨，日军占了兵工厂，日军霸占以后，仍制造军械枪弹，后来加制飞机。军事秘密使这一块二十里的地方成了禁区，内中情形鲜为外人所知。

张学良改造兵工厂的想法虽然未能实现，然而他用心良苦，方向正确，虽败犹荣。他主张停止内战，全国统一，放弃杀人放火行为，改杀人的枪炮厂为福国利民的生产机关。虽形格势禁，未能如愿，但他的失败是光荣的失败。他一生中有许多光荣的失败，例如西安事变。改造兵工厂未成，是他光荣失败中之一例。

《传记文学》第六十二卷　第二期

# 最新发现张学良早年史料　普赖德助张调停直奉战争

王福时译注

## 普赖德夫妇书信发现经过

传记文学社所编司马桑敦遗著《张老帅与张少帅》一书中，曾记述一九二二年四月起的直奉战争，说张学良透过普赖德和杨氏两名美国基督教牧师，以私人身份协助张学良到山海关前线斡旋停战。去年译者趁来美之便和普氏的儿子、住在宾州的退休教师戴维德·普赖德（David Platt）取得联系，从普氏夫妻遗留的书信中，发现当年普氏应张学良将军的恳求，亲赴山海关前线与秦皇岛直军总部，不避艰险，几次通过火线和直军联系安排媾和，他本人和他夫人艾蒂丝（Edith）的书信详述事件经过。他们自己的感受以及他们对青年张学良的印象和评论。其中特别是艾蒂丝给她美国亲友的家书，对事件从头到尾，即一九二三年六月七日信说，张学良几天前突然午夜造访普家，恳求普氏协助出促媾和起，直到六月十八日信，对双方达成停战协议止的连续几封寄美家书，她自己冠以“和平的使命”的标题。并在序言中描绘对青年张学良的印象，显示张本来想学医，成为救人的医生，结果倒成了杀人的军人，对和平的渴求和对战争的厌恶。为此，译者把这批历史文献取名“张学良的最早和平行动”译出。

普氏的信只有六月十四、十六、十八日三件。是在前线用奉天基督教青年会信笺写给他在奉天焦急盼信的夫人的。不如他夫人的信有头有尾的完整。年久字迹不清，有的内容已在他夫人的家书中引用。故译者把他夫人的家书全部译出，普氏的则部分从略。

与司马桑敦的书对照，叙述的事实经过有不尽同处，普氏当时是奉天基督教青年会总干事，不是教会牧师，同行的杨氏不是美国人，是苏格兰人，医生，英文名是 William Young，中文名是荣维连。曾任盛京施医院院长兼奉天医科大学讲师。信中谈到两方议和对手，奉方姓孙，直方姓王，但未提出其名。根据资料可能是孙烈臣与王承斌。司马书中未写明。但整个过程张学良是实际主角。在信中，有的地方称他作张将军，有的地方直呼张学良，有的地方则称张少帅。

一九九〇年张学良与日本 N.H.K. 记者谈话时，曾提到此事，说他青年时经常去沈阳的基督教青年会，普氏是他英语教师，过从甚密。普氏笃信和平主义的教友派。从这批信中也反映他们的关系非同寻常。以致在普氏夫人的信中把他们的关系描绘成形同兄弟。几本有关张学良将军的传记都提到普赖德对青年张学良在思想上的影响。

以下是关于普赖德夫妇的简介以及艾蒂丝和普赖德的来往书信。普赖德，名 Joseph，译约瑟夫，昵称 Joe，译作约瑟，夫人家书对普氏均用昵称。

## 关于约瑟夫·普赖德其人

约瑟夫·普赖德（Joseph Platt）生于一八八六年，一九一〇年毕业于宾州（Pennsylvania）大学工科，他本想凭技术就业谋生，但他在大学时听了基督教青年会（YMCA）领袖约翰·R. 莫特（John R.Mott）的讲演，使他改变了人生路途。由于对教友派（Friends 或称 Quaker）的信仰，他接受了到中国传教的号召。在第一次世界大战期间，他在东北从事基督教青年会的布道工作。战后回美国，于一九二一年和艾蒂丝结婚后，一起重返中国。新妇比他小两岁，也笃信宗教，普赖德再次在奉天基督教青年会从事布道工作，一九二四年在儿子戴维德（David）出生后，回到美国。

普赖德回来后，是帮助建立费城附近教友派学习中心的创始人，该中心名宾德尔山庄（Pendle Hill），从一九三〇年到一九四二年，他担任这个中心的业务主管，在那里走上轨道后他才离开从事其他工作。

普赖德夫妇的终生志愿是建立具有信仰的社区，即着手从宗教出发建立起来的发展基督生活的社区。一九四二年他们利用艾蒂丝哥哥的农场做试验，发展一个农耕社区。另有一对夫妇参加了他们的社区试验。

一九六四年宾州一个叫波科诺（Pocono）的山区科尔克里奇（Kirkridge）的地方建立了一个新的宗教退隐社区，使他们有机会在那里建立自己的家，并推举他做那中心的管理人。这样约瑟夫和艾蒂丝就成为接待各种团体前来从事宗教退隐的主持人。他们的新家多由普赖德亲手建造。

从一九四六年到一九六四年，约瑟夫和艾蒂丝在这个基督教的退隐中心工作，通过默想灵修和社会活动全心全意为基督生活而献身。继续他们在中国献身的工作，并进一步深化，以新的形式表现出来。

一九六四年他们半退休，迁居费城郊区。在教友派团体和族裔关系上做些工作。一九六七年他们加入 Foulkways 退休人社团，约瑟夫殁于一九八〇年，夫人则于一九八五年逝世。（根据普赖德子戴维德所提供资料）

## 普赖德夫人谈青年张学良

我们认识的张学良可说是我们在奉天发展中的基督教青年会的一位热心成员。他是督军张作霖的儿子，最初来时还有带枪的卫兵，但这样为时不久。他坚持要参加英文班和各种文体活动，使他父亲很不放心。他是一个招人喜欢、合群和开朗的少年，爱好体育运动。并愿和社区中外国人交往。他以能和来访的约翰 · R. 莫特、希尔伍德 · 艾地（Sherwood Eddy）、亨利 · 霍德金（Henry Hodgkin）和其他中外来访者相识为快。在众多官吏和社会人士中，他对这些事的热心颇为突出。也正是由于这样，使筹建中的青年会大楼获得了一座废庙作馆址，并获得相当一笔建筑基金。由于他是长子，他自然要跟随乃父的脚步——二十二岁就当上奉军的一名将军。下面一九二二年六月份一批家书，是报告他早期从军一宗重大事件，在这个事件上他取得约瑟的协助，他认为，约瑟作为一个中立的外国人，可以对奉军和另一个军阀军队间的纷争，协助安排，取得停战协议。从这位少帅来看，这种内战是毫无意义的，他一定要使它停下来。

## 普赖德从前线写给夫人的信

（一九二二年六月十四、十六、十八日三封信）

普赖德留下的有关他参与调停直奉战争的记述，保存得不如他夫人艾蒂丝的完整，而且有一大部分记述已见于后者的家书，这里只翻译其中一部分作为补充。

山海关，一九二二年六月十四日

亲爱的，在这里坐等可能出现的事，抽空给你写信。荣大夫和我这次出来对能否完成使命是没有把握的。无论如何，为和平解决而奔走呼号总是值得的。虽然由于误会和怀疑使进程拖拖拉拉，但事态正向那个方向发展，我们感到乌云在消散，结局在望。重要的是把双方拉到一起谈起来代替相互厮杀。而这里的人认为只要我们留在这里，便有助于达到这个目的。因此我们才又回到前线这里设法建立联系。我们昨午回来后就发现，在两天激战停下来以后，双方战线之间的所有交通已经中断。我们判断战事之所以暂时沉寂，是由于我们回奉天期间双方开始通过电报提出议和。在前线的双方军队无疑是受命慢慢来，等候是否可安排某种谈判。而两军相距是如此之近，有的地方相距还不到一两英里，这就必须设法防止他们火并。我们面对的第一件事便是穿越到对方建立接触，安排两军代表会面。这就是我们要做的事，所有电报电话既已切断，冒险穿过战线又防不测，整天就和距此几英里内的英国和意大利驻军打交道。他们有一种办法可和对方军队后面港口的本国人通讯。我们想通过在那边的一位朋友传话给那里的司令部。因为今天阴雨，又有过暴风雨，不可能把消息传过去，但我们现在（下午七点）刚从第二次访问英国兵营回来，这次有所转机。在那里碰巧遇到一位意大利海军官佐。传言明早将有一艘意大利军舰靠泊近此处的岸边。说我们不妨借用他们一艘汽艇过去，找那边的司令部。这是我们现在的计划。确实，他们对此这般热心，甚至答应设法不用等那战舰开来，就传话要那里明天一早开来一艘汽艇来接我们。搭一艘外国军舰或汽艇沿着海岸前去是再好没有了。我们曾想如果没有别的办法，就使用渔船开过去，但这另一办法从各方面讲都是最佳的选择，因此我们且等着瞧，如果做到，我们将设法请张将军和我们一起前去，在那个中立地带安排两军首脑会面。这是一件大事，在举行这样一次会面传出以后，任何一方将难于背弃任何安排。我们将俟事态的发展，随后再写信给你。

我们在此镇上是住在列芝（Leitch）先生家里。他是在铁路上工作的苏格兰工程师。他的夫人和孩子因为住在镇上距司令部太近，有点危险，就搬到几英里外的海滨去了。他对我们的和平使命很感兴趣，尽力协助我们。对方的军队有一架飞机，曾飞过来向镇上和车站投下几颗炸弹，但这里的高射炮火把它吓跑了，再也不来。这使我尝受一点战争的味道。又一天当我们在司令部的时候，飞机飞来，而天晓得，地面的一阵炮火多么猛烈。昨天下午和夜里，双方曾发生多起激烈炮战，不时还听到机关枪连续的扫射声，但前线距离镇内有相当距离，这里没事，是十分安全的。你可以摊开地图看看，山海关车站位于万里长城打从在海边的地方，临海靠山，山海相连，是防御的理想位置。特别是使海军无法破坏。沿着海边到北戴河只有两三站。那里我们曾去过避暑，也是现在对方司令部所在地。现在由于战事使铁路停运，所有的车皮、机车都被双方军队征用了。火车不通，他们曾试图每天开一列车从此地到奉天，但所有货运都停止了。工商陷于停顿，如能停止战争、恢复交通，人们都会热烈欢迎。现在看来是有希望的。昨天发生一件趣闻，对方军队开始驱赶一个牛群越过双方的火线。目的是让它们走过触发任何可能埋藏的地雷，他们想如有埋藏地雷，则牛群经过必能引爆，但牛群顺利地通过了。这边的人开了一个大玩笑，把所有牛都收下来！隔离一处，以防有毒，确定无事后，在前线饱餐一顿牛肉宴。所有地雷都是用电线接通，要通电才能引爆，因此牛群过来安然无恙。我们希望不要等人走过那些地雷被触发引爆，就能把事情结束。

六月十六日，第六天。自从上次搁笔后又发生一些事态。在我采用所有办法企图把信息传到对方都失败后，我们昨天决定找一艘中国小渔船，沿着海岸搜索前去。由于双方的战壕都延伸到海岸，有些风险，但我们可以往外躲开，所以风险不大。被子弹击中的可能性极其微小。我们在上午十时出发，这艘小渔船由三人操纵，我们使航线既不能靠近，又不能远离，因为沿岸是禁止航船的，我怕有的士兵可能向我们开枪。我们就把一面破旧的英国国旗系在桅杆上，走一段后，又扬起一张破帆，沿着海岸前进，假如你对航海不在乎就很不错，但由于风浪过猛，很快我把早饭都报销了。过一会不再那么难受，大约下午两点钟我们到达了目的地：十英里外的秦皇岛。另方军队的司令部离此很近，因为港湾是外国的码头，属于一个外国煤矿公司（按：指开滦煤矿公司），是一个没有士兵的中立地带，而它是如此之中立，我们一时对我们在此多留一会是否明智有些犹疑。在那里的外国人已接到使馆通知，不准以任何方式介入，特别是被告诫不要与和平使团发生任何关系。从官方的角度，在华的外国人是应采取这一立场。我们在离开奉天前，荣大夫和我曾去拜会各自的领事。他们也对我们这样说，但他们也说，如我们自行负责来为此事跑腿，而不正式对他们说什么，则他们不会阻拦我们。此即此事的来龙去脉。但来到这个秦皇岛，我们就怀疑对在这样一个超级中立地带，乘一艘小船前来是否会招致麻烦，我们访问了一位我们认识的大夫，他介绍了一些情况。我们决定立刻离开这中立区，去到附近的司令部。心中也担着我们会受到怎样的接待的疑虑。自从上次我们到那里提出双方会面言和以后，发生了两天的激战，伤亡惨重。他们对此均归罪于奉军，称他们背弃诺言。我们来到司令部，递上名片，对将出现的情况感到纳闷，他们一见我们深表惊奇，但还是礼貌有加，虽然我们看出他们十分恼火而且准备迎战。但有一种情况，这种情况除在中国，别处却不能做到，我们被邀参加一个重要的参谋会议。全体参谋和重要将官都出席了，开了一个小时，讨论议和以及究竟能否与奉军言和的问题。整个问题集中到一点上，即每一方对对方讲话是否相信，这是这个国家人民最大的弱点，他们缺乏互信。这里对峙的两军都渴望停止战斗，愿以和平方式解决纷争，但假如一方保证在后撤时不予进攻，他们却不予信任。问题是怎样使他们互相后撤。而这正是我们出面对和平有所作为的理由。我们来回跑把他们拉到一起，协助建立互信，并做出一种安排，使双方信得过。好在中国人对外国人充分信任，好像我们一说就可以相信似的。自然，我们也非常慎重。对我们不能绝对肯定的事不能放空炮，我们力称奉军司令部确实诚心求和，打开重开会谈之路，而这次是由两军统帅出席，地点将是一个中立地带，在港口里停了好几艘外国军舰，我们提议为此目的借用其中一艘。他们说在这样一个地点他们会高兴与会。于是我们向一艘英国军舰求借。经过多次往返磋商之后，最后决定今天举行会议，用军舰开往山海关把张将军接来。事到如今，下一步是看张将军能不能来，假如不来，这件事便等于白忙一阵，我们丢脸。我们肯定他一定会来，现在我们已借好军舰，军舰预定明早九时到山海关接张将军，我们须先把消息传过去，没有别的方法，还是使用那艘小渔船，那时已是晚上九点钟，我们吃点东西就动身，幸而海上无风，潮水顺着航行的方向略涨，我们从牧尔（Muir）大夫那里借得一个油灯，用来出港，然后把火熄了，不多工夫月亮出来，我们回来一路顺利，在离开岸边一英里距离的航路上摇桨航行，寂静而轻快，有一艘中国军舰停在那一带，曾不时向奉军阵地开炮轰击，但该舰这晚没有出动，因此我们平安无事地划到家，于凌晨一点半靠岸，径直到司令部，当即获得张学良将军对安排的首肯，我们于凌晨三时入寝。

上午八点半我们已和我们的将军一起来到海边。那里已有一艘军舰等候我们，这是充满趣味的一天。我们过来后又花了一两个钟头才把另方的将军接上船，这时美国军舰也进来插手这个和平勾当。为此他们情愿护送另方将军到英舰上。他们开会约莫两小时，这是值得的，我想他们主要是就双方对求和的愿望取得共识，决定立即停火。并安排明天再开一次会，以便对两军撤退的细节，特别有关长城外的奉军做出安排。这可以表明气氛很好。可以感到获得重大进展，并为下一步铺平了路。要一连走几步我们才会感到任务完成，可回奉天。在中国做什么都要花费时间，但是一个重要的联系已经建立，缺口由于桥架起来通了，事情接踵而来，当然，由于奉天和保定府的总司令部都有所活动，就使事情更是水道渠成。无论怎样，这里需要某种在缺口上搭桥来把战斗打住，现在一切沉寂，我们将再留一两天看看形势，然后回奉天工作。当我写到这里，我耳闻一些枪声，但这并不严重，战线拉得那么长，控制是困难的。一个炮位一些人感到不耐烦时放几炮，可以挑起更多麻烦。我们匆匆吃完晚饭就想去司令部提出问题，看他们能否想办法停止射击，在中国这种军事行动是极其可怕的，许多无知的士兵不守纪律，我们要停止这种战争使他们参加建设性的工作。

六月十八日。今天凌晨二时在英国军舰上签署了和平协议，这是我最幸福快乐的生日。我们现在只等候回奉天的火车去会我们的妻子和赶我们的工作了。我再将两天前搁笔丢下来未讲的事说一说。昨天早晨按着预定把张少帅和其他两人接到军舰上会见对方王司令的代表，来做最后的安排，我们最大的希望是把两位大头头，这边的孙和那边的王集会在一起。

（以下整段已见于普氏夫人的家书，从略）

他们今天希望我们多留些时日以待协议的实施，这边确实在贯彻他们应做的，整天有络绎不绝的车辆满载军械和弹药沿途后撤。他们说我们要走可随时提供我们乘坐的车厢。这是一次有意义的经历，在幕后影响事情进行的究竟是什么样的势力我们是不知道的，我们知道的是两军已经后撤，现在战事是停止了，我们对前途抱有希望。现在我们要回到工作岗位上，艾蒂丝确实是勇敢的，她很坚强。我明天就可和她团聚，我们在去日本度假前还将忙上两周。

## 普赖德夫人寄美国的家书

（一九二二年六月七日至十八日）

### 和平的使命

六月七日。发生了一件非同小可的事，几天以前，我们的青年朋友张学良将军，奉天督军张作霖的儿子，突然午夜来访，他恳求约瑟去山海关，在那里另一位叫吴佩孚的南方军阀领兵进犯，正与奉军交战。情况使人有理由相信，如果由某种完全中立的、非官方的，而且最好是外国人来出面调停战争，则双方会愿意停火，这像是一件极难做到的事吗？经过一番考虑之后，约瑟表示同意，并提议由这里奉天医科大学的苏格兰同事荣维连大夫参加协助前去，昨天他们便一道去前线了。

一想约瑟企图完成的事，我的心几乎停止了跳动。但是，这事即使是失败，对于停止这场可怕的杀戮，我们也会感到尽了我们之所能。这样没完没了地下去，我们坐等毫无办法的情况下，内心实在沉重得要命。我暂不发这封信，希望不久有所奉告，虽然我不知约瑟什么时候能够回来以及邮件是否能寄到我手。不用说，几天来没有隔几个钟头就听到约瑟在窗前愉快吹口哨的声音，日子过得空空荡荡寂寞乏味，但我努力去想他企图完成这样伟大的事业，我应该多么高兴。因此昨夜我睡得还好，醒来时也不感觉怎么孤单。每个人对我都又亲热又关切。乔汉尼和艾琳住我们隔壁，他俩为我哪怕世界上什么事都会伸出援助之手。一早在我和女孩子用早餐的时候他们就过来了，他们吃中饭的时候我过去，他们让我共进他们的甜食，是做得非常可口的草莓。我们青年会的忠厚老用人每天来看我们两次，他带来邮件和信息，看有什么要他帮忙的。因此，我除了少一个丈夫外什么也不缺。他走时说他两三天就能回来，我却看不出他怎么能做到。今天下午教会的团契开会，我现在必须穿好衣服赶去赴会。

六月八日。事情发展得这样快，让我必须把这桩事情继续讲下去，简直是不可思议。今天一早六点半来了一封电报，说两个人今天要回来，我们猜想也许是他们到前线为时已晚，而一事无成。可是，不一会，约瑟果然登上楼梯，风尘满面，他说门口还有一辆车等候接他回去。他要开始讲讲经过的事，我建议因为人人都急着想听听，把女孩带着一起到乔汉尼和艾琳那边讲。他们是昨天午夜之后到达山海关的，当即叫醒张学良并和他及两位统率奉军的将领会面，他们俩表示如果能和对峙的军队（按指直军）建立接触，并做出安排时，他们是极显合作的。因此，摆在面前的第一个问题是如何打通到对方。那时电线联系已中断，铁路是唯一可供联系的，于是开出一节专车驰向无人地区，从驻防在附近的兵营借来一面英国国旗挂在车上来表明中立，这样车开向前去。对方前哨命令这辆看去奇特的车子停下，他们发现车上乘坐的是两个不携带武器的前来议和的外国人，就让他们通过。他们发现那边的将官对奉军求和诚意非常怀疑和不信任。但经过一再讨论后，他们同意如果能找到一个满意的中立会谈的地方，双方可以见面交换意见。带着这样一个承诺我们的人才回到奉天向张作霖报告。事情就是这样，现在又要他们回去一趟来安排谈判，这么一来，他们仅仅和我们一起谈了三刻钟便又出发了。约瑟一再说不会有什么危险。

但是，即使是有危险，我们也应照样去做，当成千上万的人性命攸关的时候就不能考虑个人的安危了。就我自己来说，如果事情圆满结束，那将是最大的诉求，自不待言，我虽然在这里，每天食于斯，眠于斯，学习中文于斯，但我的心却系于前线。

六月十一日（礼拜天）。上礼拜五我感到极度不安，好像约瑟遇到危险似的。我带着沉重的心思入睡，醒来后越发沉重。从五点半起直到九点钟，我听着每个响动和脚步声，学起中文来糊里糊涂，可怜的老师一再纠正我，时间像蜗牛那样拖长着，最后一个电话传来，说约瑟一小时内就可到家，我简直像得救一样喜出望外，我高兴地连张先生说什么都未留心听。约瑟真就到了！他讲的有关他们第二次出使的情节是更出乎意外，这回甚至铁路也中断了。在这种情况下他们怎样穿过去到对方呢？他们弄到一个手推车，由三个人推着，把他们由缺口送到对方，一天之内，他们使用这种方式，来回往返四次，最后谈出一些基础，他们一夜之间再赶回到奉天报告。

再回头来谈我们家里，吃顿饭之后我叫约瑟松松腰背，休息休息，之后又出去散步，顺便把乔汉尼和艾琳请过来共进晚餐。乔汉尼和我谢绝了今天所有对约瑟的约会。他一直睡到十一点半。厨师为我们准备一顿野餐，我们在城外一片小树林里进餐，只有我们两个人，真令人高兴，多么快活的一天。我想约瑟已经睡足了，他平平安安硬硬实实地回来比什么都好，我想不起来从前有过像昨天那样的快活。我对做女人的有丈夫去从军打仗，成年累月地望眼欲穿地忍受等候和焦虑实在感到惊奇。就我们这次来说，约瑟应当去是一清二楚的。而且实际上是比较容易，我还没有对你叙述所有约瑟不在时候我所有的事情。这些天幸亏天天是实在太忙，设法履行他的一些职责，招待和接谈一批批的来人。

六月十三日（礼拜二）。约瑟昨天像往常一样一早去青年会，但近中午传话来说他不能回家吃午饭，我想一定是又有什么事了，实际上，我早就料到会发生。像个老太婆对暴风雨来临之前骨节就有所预感那样。我焦急地盼着听信，下午四点半他闯进来，进门没有五分钟他接一个电话，要求他立即启程，隔了两个小时有人来电话告诉我，说他当晚必须上路，并请我为他打好行囊。他那晚直到九点钟才回来，同督军、省议会以及我不知道的一些人，花了好几个钟头对问题进行研讨，才算把对和平的愿望形成明文。他还不清楚他是否还要前去。用过晚餐以后，他由我和乔汉尼陪同去看一些人，特别是去看一下张学良，我们看到省议会已把我们期待的议和条件用电报发出去，张学良恳求我们的人在当夜和他一起回去，我们的人建议再等一两天，必要时然后前去。但张学良对此如此之失望，对他们能有所帮助是如此之肯定，最后我们还是决定他俩最好是应命，自从他们上次离开后，战火又再度爆发，他（按，指张学良）认为如果他们待在那里则可以避免。对于由两个不带武器的人能使互相敌对的两军停止接触，简直是不可想象的。但是，不是这全部故事都是令人难以置信的吗？当所有安排仲裁的繁文细节在政府进行的时候，有一个刻不容缓的前线武装到牙齿的两军对峙，一触即发的问题。

这个可爱的青年小伙子——张学良，刚刚二十二岁，就肩负了如此重任。他和约瑟要好，把约瑟视为兄长，他需要那些持有理想的人的支持，把他从这可怕的战争的深渊中拯救出来，他实在是希望做正义的事来停止战争。

就这样，我们的人最后说好，就用督军的车子把我们送回家，并停下来等候把约瑟接回去。午夜他们在黑暗中离开，把我和乔汉尼撇在路边，我感到多么担心、悲痛和孤零零呵！好似把我的心脏割下一块那样，但我并不是你想象中那种在战争中受折磨，而是在一种更有价值的事业上。我们确确实实把我们小小心灵之血献给了中国，而有一种感谢和国内和平作为回报。这两个人应邀去从事的确实具有历史意义。我从来没有和战争沾边，这次我们却有机会从内部观察到它的心理状态，而一一体验的是怎么一种经历啊！哦！让他回来不再奔向那可怕的前线吧！但是他们精疲力竭般的奔忙，假如使中国重新恢复和平将得到多少倍的回报，但是，亲爱的呀！我确实不安地怀疑什么时候约瑟才能回到家里，他们可能必须待到两军撤退的时候才回来……这样他们也安全。这并不太困难，虽然再等五天就是约瑟的生日，一个月后你收到这封信时，这些情况在你听来多么奇怪，报纸上的消息不可能报道这些在幕后进行的工作。

六月十八日（礼拜日）。今天是约瑟的生日，在家中只有我孤零零一人。早晨我强打精神，为这个生日请客吃饭我已经张罗好一会。老厨师精心制作了生日蛋糕，准备了蜡烛和冰淇淋，但寿星本人却不在，今天对我来说，似乎不再那么意识到为和平使命而献身的事。我并不在乎那种陈规旧俗的生日庆寿，但我要的是约瑟。我为思夫而不能正视一切。后来，当我克服这一阵颓丧，想通了，我还是应该好好地使这一天美满度过并努力来欢庆一番。我不知道我能否做到，但我动身主持约瑟每礼拜天早晨主持的查经班。参加的人只会一点英语，他们热心地尽力协助我，我们一半用英语，一半用中国话进行，讨论了诸如我们对异族应持的态度、生命的真谛、个人一生的影响等问题。有一个少年特别好，但是这以后我又陷入沮丧与失望，我们的人将近一周没有片纸只字了，我怀疑我还能否再看到约瑟，午宴的滋味像吃苦受难一样，于是我决定不如靠在房门前等候有什么事出现，竟然就出现了！一连两封电报像报喜那样爆炸了。

这是那个对我说是最黑暗的那天下午收到的电报，不可能在奉天庆祝他的生日，而是在一个万里长城伸到海边的山海关港湾里的英国军舰上度过他的生日，而生日的礼物不是别的，它给予不仅是对约瑟本人，而是对咱们所有的人最令人惊奇如珍贵的：再没有比它更好的生日礼物，即中国的和平。

以后的信（按，此处没有写信日期），随后一段时间事情接连发展，约瑟和荣大夫在第三次南下时，发现战火再起之后，通过无人地带建立接触的所有可能都没有了，为此只有海上一条通路。有人建议求助于在该地区的意大利巡洋舰，此议行不通后，只剩下一种选择，就是找一个渔夫用的手划桨木船从事此行。这样做必须避开战线延伸到海岸的步枪射程。他们在礼拜五下午动身。在傍晚到达后就和那里对峙的将官会商，他们对再度见到这两位不折不挠的外国人十分惊讶，由于最近的战火再燃使他们对奉军的媾和诚意更加怀疑。但最后他们同意再来一次尝试。剩下来最大的障碍是确定一个合适的谈判地点，在这节骨眼上我们的苏格兰同事建议求助停在港湾内的英国军舰上举行（按港指秦皇岛），他问："那不是够得上中立的地方吗？"对方回答："可以，假如你们能安排到。"这样，荣大夫就为这件事奔走起来。舰长满口答应，但是说必须上级批准。那夜较晚获得了许可。对方将官同意合作，决定翌晨提早进行。先去接奉方长官。那时舰长愿意把我们两人带回去，但由于对方需要事前通知计划进行的情况，在此不能有所行动之前只好再度使用那条小船，幸而，当时海上风平浪静。在月光倾泻的海面的午夜完成了一路平静的旅程。在半夜两点钟他们叫醒了张学良，向他报告并约定以六月十六日，礼拜五，为谈判日期。

六月十八日，约瑟从前线来的家信，继续谈这桩事情（以下均用普赖德的信）。第二天早晨，我们八点半到达海边。那里巡洋舰在等候我们，张将军和一些其他人以及荣大夫先对主要会谈全面商量一遍，假如我方的孙司令先上船，而对方的王司令只派一个下属代表他，则将使他太丢脸，为此我留下来陪孙司令，等船回来时载有王司令在舰上才成。原来预计他们可于十一点回来，但我们在海边上干等不见船的影子，到下午二时，孙司令对这个计划感到不耐，就回驻地去了。那里距海边有两英里。事情显得十分不妙，我继续留在海边以备无论出现任何事态。大约下午四点，消息传来，说军舰载着王司令来了。我急忙回到驻地，接回孙司令，但船一到，上面并没有王司令。那一天孙司令接到奉天总部的电报，他拿出这封电报，就在海边和他部下讨论，来电说北京和奉天对和平建议都采取了行动，现在由中国总统出面命令停战，并准备采取步骤达成某种协议，同时授予王司令全权与我方孙司令在英国军舰上会面安排协议，在这个指示的基础上，由于王司令也得他的总部的指示，孙司令同意登舰，此时荣大夫因整日奔走辛苦，已经疲劳不堪。而我是闲着在海边度过，我在他们的要求下，就和他们一起去，因为那里没有人可做和船长间的翻译。

在另一边，还得去接王司令，又拖延了一些时间，终于由于事情已经有些满城风雨，一艘美国巡洋舰的舰长也愿在这个非同寻常的会议上占一份，就用他的军舰把王司令送到我们的船上，这样，在舰上的船舱里，大约晚上十点钟，我们两位高级司令员才一块落座品茶交谈。他们原来是彼此相识的，你不会猜想他们间存在什么世仇。其他军官也都就座。英美两国的舰长让我坐在他们当中，翻译这种说来又奇怪又友好的经历。舰长对中国人办事这样慢慢腾腾很讨厌，谈判拖长到深夜，感到很不耐，而两位司令则对事情进行详细的讨论。对撤军许多细节做出规定。最后在凌晨二时终于完成全面停火协议并签了字，我们在四点钟回到山海关，小睡后我们打电报给奉天家人报告这个喜讯，说我们很快就要登程回家。

《传记文学》第六十二卷　第五期

# 张学良突袭中东铁路
## ——上海密勒氏评论报主持人鲍惠尔回忆录之一六

John B.Powell原著　尹雪曼译

一九二七年因国民党的分裂而引起的华中、华南反俄空气，很快地便传播到华北。而俄国人发现反俄态度最坚决、最激烈的不是别人，乃是跟南京政府并不合作的奉军头子，东北的独裁者张作霖。

一九二七年的四月六日，张作霖的警察，在北京东交民巷外交团的卫兵协助下，突击搜查俄国驻华大使馆。那时外交团的主要负责人，是美、英、日、法、荷、西、葡等国的公使。在这一次突击搜查后，除中国方面斥责俄国利用东交民巷的外交特权，作为散布共产思想的中心外，外交团方面对俄国使馆也大吐苦水，说他们发现俄国的一项阴谋，那是俄国大使馆的军事随员曾企图挖洞偷入英国大使馆，盗取情报。俄国大使馆跟英国外交团本来是比邻而居，中间只隔着一堵墙。据说俄国人已在这堵墙下面挖了个洞，准备从这个洞中爬到英国使馆里，攻击英国的卫兵，且不惜因而引起一个突发事件。但是，这时的苏俄驻华大使加拉罕，恰巧回国去了，不在北京。加拉罕是苏俄派驻中国的第一任大使，只是在此事件发生前一年，张作霖已要求苏俄把加拉罕调回去。

在对苏俄大使馆的突击行动中，曾搜出大量的共产党宣传文件和书刊，而且捉住了几位躲在俄国大使馆中的中国人和俄国人。当消息传出去后，俄国政府立即抗议这项突击是“空前未有的，违反国际法基本原则的暴行”，但是张大帅对此抗议相应不理。不但不理，并把所有从俄国大使馆中搜来的文件，一一加以影印，分送新闻界和外国使领馆参考；以证明俄国具有赤化中国的“阴谋”。在这些文件中，更指出苏俄大使馆的馆员，牵涉在这个阴谋案件内。这么一来，这件事就变得相当严重。因为根据一九二四年的《北京协定》，苏俄政府表示不在中国传布共产思想；而这些文件却证明俄国违反了《北京协定》。俄国在这种情形下，因为无话可说，所以就只有把它的驻华大使馆代办召回了事。而中国这边，经过军法审判后，也把那些被捕的共产党予以枪毙。

但由俄国大使馆中搜出的文件显示，俄国人是利用横越东北北部的中东铁路的收益和便利，来推动赤化整个中国的“阴谋”；张作霖因之对俄国愈加憎恨。本来苏俄在一九一七年的布尔什维克革命后，曾向中国表示愿意把中东铁路和沙皇在东北北部所获得的特权，一律归还中国政府。但是过了没好久，苏俄却又撤销了这项意图；并且在第一次世界大战末期，不顾中东铁路原由中苏两国共同管理的事实，进一步地，将全部行政大权纳入俄人之手。此后到了一九二四年，苏俄虽然跟中国政府签订了一项共同管理中东铁路的合约，但这项合约却始终未能实行。原因是，据中东铁路的中国人说，中东铁路的俄籍总经理，根本不理中国籍的副总经理，拒绝与他商谈任何有关该路的重要事务。

后来，大批的俄国间谍，在工程师和铁路技术人员的伪装掩护下，又纷纷来到哈尔滨。这些间谍的任务，便是更进一步地赤化中国。中东铁路局在哈尔滨和铁路沿线十千米以内的城市所办的学校，也都成为共产党宣传品的集散中心。而这一切，当然是违反一九二四年《北京协定》的行动。

但是，最使张作霖愤怒的，还是当他获知他的死对头冯玉祥已接受俄国的武器和金钱资助。冯玉祥是一位著名的西北军将领，原隶直系吴佩孚将军的麾下，一九二六年前往俄国，接受了一年的俄国军事训练。一九二七年，当他再度回到中国后，便在甘肃省建立起他自己的势力。那时，甘肃附近已有中共控制的地区。而在俄国的金钱和武器供应下，冯玉祥遂成立了他的所谓“国民军”，并宣布服膺南京的国民政府。但是没过好久，他跟国民政府又告决裂，并联合其他势力，与南京对抗。结果，他被蒋介石将军击溃。于宣布下野后不久，再度宣布服膺国民政府的领导。奇怪的是，那时俄国供应冯玉祥的步枪，箱子上都漆着雷明顿军火公司的标志。这些步枪自然都是美国制造，原是第一次世界大战中，美国供应沙皇的武器。但在一九一七年俄共革命后，俄共就把这些军火据为己有。

这时，虽然蒋介石将军已把南京定为中华民国的首都，但外国的公使们，包括美国的公使在内，却仍旧把他们的公使馆设在北京，并且一直是以当时的北京政府为对手。这些外国公使们很不愿意放弃北京东交民巷的舒适环境和旧有的特权；虽然有些国家的公使馆已派出非正式的代表前往上海，以便跟南京的国民政府联系。

一九二八年六月，当张作霖死后，他的儿子“少帅”张学良，继承张作霖所有的军政大权，很快地便宣布服膺南京的国民政府。只是张少帅仍旧在华北和东北继续执行他父亲遗留给他的反共活动。

当少帅张学良在沈阳宣布就职后不久，他听说共产国际要在一九二七年的五月二十七日，在哈尔滨举行一个秘密的地区会议；于是到了这一天，当会议正在进行时，中国警察便前往突击，当场捉住了大约四十名的俄国领事馆的官员以及相等数目的，来自东北各地的中国共产党员。另外，并搜出两卡车的宣传文件和书刊。接着，由于中国方面宣称从搜出的文件中证实中东铁路的俄国官员，主动地参与共产主义的传播活动，因此，便采取了相当激烈的措施。

一九二七年的七月十日，张学良派出部队占领了中东铁路局，解散了所有苏俄的铁路工会，并逮捕了约一千二百名中东铁路局的工作人员和工会头目。这些人当时都被拘留在距哈尔滨数里外的铁路局的一些空房子里。这可说是中国政府第一次采取如此有力的果断的反外行动。

在这个事件发生后一星期，我和别的几位新闻记者，包括《纽约先锋论坛报》的福洛士，美联社的何奥，斯克里浦士、霍华报系的西密士，一同到了哈尔滨。这时，中国人已控制了中东铁路的电讯系统，苏俄远东贸易公司的全部办公室和纳夫瑟信托公司以及苏俄贸易汽船公司。这家苏俄贸易汽船公司，原为中东铁路局的一个附属机构，拥有不少大型的明轮汽船，专门在松花江和黑龙江内行驶；那情景使人不禁想起密西西比河、密苏里河上的风光。

苏俄政府对中国方面的此一举措，反应相当有力。这时，原任驻华公使的加拉罕，刚被任命为苏俄外交部副部长。于是他抗议中国方面此举实系“全盘违反条约”的一项行动；因此，限中国政府在三天内给予满意答复。否则，苏俄威胁说：“将采取有效措施以保障它的合法权益。”

三天当然没有答复，战事于是在东北的东西边境，沿中东铁路线爆发。在满州里，中国部队受到很大的损失，大约有八千名士兵被杀。

在中东路东端的一个中国城 Pogranichnaya，几乎被俄国大炮和飞机整个炸毁。松花江口的另一个中国城拉哈苏苏，正在黑龙江的伯力对面，被俄国飞机轰炸后整个地烧掉。两艘驻防在那儿的中国炮艇，也被俄国飞机炸沉。

我对松花江和黑龙江汇合处的乡村景色，十分感兴趣。那儿附近有很多村庄，居民都是些东北亚最原始的种族。我们去访问的一个村庄，居民都是韃靼人，他们的衣服大部分是用鲟鱼皮制成。这种鲟鱼就是制造著名的俄国鱼子酱的那一种鱼。而这个特别的种族，则被当地的中国人称之为“鱼皮”韃靼。

我坐在一条古老的中国明轮汽船甲板上，采访中俄双方的拉哈苏苏之战。这条汽船，自我从哈尔滨乘坐起，已载着我走了大约六百里路。跟我同行的，还有《芝加哥日报》的莱特和代表路透社的瑞典贵族陶白。这个时候的天气已经十分寒冷，河面上也结了冰。我们一边在河里航行，一边担心会不会为冰所阻，因而被俄国兵捉了去。后来，我们在一个名叫福清（译音）的河边小城靠了岸，但因风闻俄国兵在头一天晚上占领并烧掉拉哈苏苏后，现在正向这儿推进，船老大于是赶紧重新生火，把船朝上游驶去。果然，五个小时后，俄国大鼻子就到了福清。

据当地的中国人告诉我们说，俄国大鼻子每当占领一座中国城镇后，就把当地商店里的货物、谷仓里的米粮，全部拿出来，分给老百姓，以便使中国老百姓相信共产党就是这个样子的“有饭大家吃”。

在我们的那艘汽船后面，另有一艘汽船，船上乘坐的全是中国政府官员，结果受到苏俄飞机的扫射，死亡惨重。我们侥天之幸，总算平安地到了哈尔滨。但由于我们这艘明轮汽船上的明轮和方向舵上都结了厚厚的一层冰，致使我们在航行时感到十分的困难。

但由于采访这次的中俄之战，使我熟悉了两样重要的东西，因而使我后来的西伯利亚之旅，得到不少帮助。这两样重要东西，一样是毛毯，是用一般羊毛或安哥拉羊毛制成的；从前以波兰华沙的出品为最著名。这种毛毯厚约一寸，质轻而柔，大风和雨雪都无法把它浸透。在哈尔滨一家店铺中，我以五十元美金买了一条。另外一样是西伯利亚皮靴。这种皮靴是一位俄国皮靴商在中国天津制造，鞋面用两层皮革，中间夹着骆驼毛制成，而一英寸厚的靴底内，还夹着一层石绵。靴底除用细麻绳缝缀外，还钉着木头钉。据那位皮靴商向我们表示，他所以不用铁钉，是因为铁钉容易使凉气从靴底钻入脚部。但这种皮靴仍有一个缺点——那便是走起路来，声震云霄。然而这一点，据说在俄国人看来，十分稀松，无足介怀。那位皮靴商在广告宣传中甚至说，声音大是不习惯的关系；习惯了，便听不见声音。

苏俄远东军在这次进攻中国之战中，作战地区始终在中东铁路两端每一处大约二百里的范围内；就是被俄军占领和受俄机轰炸的城镇，也都不出这个范围。但是俄军所以始终没有越过兴安岭，据说是受日本关东军警告的影响。日军警告俄军不得入日军在中国东北的势力范围内，所以俄军的攻势没有越过兴安岭。

中俄双方的这次冲突，大约持续了六个月。之后，大部分不同隶属的游击队和张少帅的部队，都被迫停止作战，并把中东铁路的管理权再度还给俄人，原因是蒋介石将军无法派兵前来支援。后来，中俄双方虽曾在莫斯科举行和谈，但在达成任何协议前就告决裂。因此，当我撰写这本书时，中俄间的许多主要问题，仍旧是些未决的悬案。

在中俄战争后三年，日本兵强占了中国的东北和内蒙古，并且一再威胁西伯利亚。俄国于是就以约五千万美元的价格，把中东铁路卖给日本。这个价格是该路真正价值的四分之一。之后，到了一九三七年，当日本人认真地在筹划攻打俄国的战略时，俄国才拟议要跟中国缔结反日军事同盟。但这个中俄军事同盟的拟议，最后又因俄国准备对德作战，不得不讨好日本而告胎死腹中。

我过去从未见过东北北部如此广大辽阔的田畴和草原，它的森林，松花江和黑龙江的流域，都足以与密西西比河上游和支流媲美。我发现这是一块值得为它一战的土地。因此，对于中国两大强邻对它的虎视眈眈和难以坐视的肥沃的土地大动脑筋，丝毫不觉得惊异。

东北的广大辽阔，足以容纳相当多的，显然已达饱和的中国沿海各省份的人口。长城南面的河北省与山东省的农民们都知道，很多年来，这两省到东北各省去谋生的人，大约是一百多万人一年。东北最北面的黑龙江省主席对我说，中国内地的农民刚到关外时，都是身无长物，一文不名。但他们都能在不到十年间，自行购田置产，并偿还贷放给他们购买农耕机具的款项。当我乘坐中东铁路的火车，横越北部平原，从安杆旗（译音）站到黑龙江的省会齐齐哈尔（当时的黑龙江省会是齐齐哈尔）时，在这四十里的路程中，我一直想着美国密苏里州北部以及伊利诺伊、艾奥瓦等州肥沃的良田和那深深的黑色泥土。美国驻哈尔滨总领事汉生对我说，照他的看法，单是东北和内蒙古这两个地方，已能生产足够的玉米、小麦、大豆和家畜，供应东亚大部分的人民食用。为了要使这个区域达到预期的农业生产，一家大规模制造农耕机具的美国厂商，已在哈尔滨建立起它的分公司。就中华民国来说，这是它唯一能够使用农业重机械操作的地方。

哈尔滨是东北北部的一个大都会，它的建立，远在沙皇尼古拉二世扩建横越西伯利亚大铁路，准备越过东西伯利亚和东北的高山和森林，到达日本海的时候。一九二九年，哈尔滨的繁盛尚赶不上中国内地一些工商业发达的极欧洲化的港口都市，但在许多方面，对我来说，它却是一个使我极感兴趣的中国城市。有些地方，哈尔滨跟当年美国西北部的边境小城极为相似。譬如猎具就是哈尔滨的主要商品，皮货店的数量在各种零售店中也居第一位，所以在哈尔滨可以买到各色各样的皮货：从蒙古松鼠皮、银狐皮，到俄国黑貂皮、西伯利亚熊皮，或者朝鲜老虎皮，等等，应有尽有。在哈尔滨附近的一个小城中，我看见一所大院墙内关了许多蒙古狗。这些蒙古狗有一嘴大而凹凸不平的牙齿，一身长长的像细丝一样的黑毛。于是我问那个看狗屋的俄国人，为什么把这些狗关在这儿？他用不完整的英语回答我说："卖狗皮，纽约一张值美金五十元。"

我曾在哈尔滨和中东铁路沿线城镇里，观察过很多蒙古人，这些伟大的成吉思汗和忽必烈汗的追随者的后裔。我发现他们是属于戈壁的，他们的祖先一度曾统治从中国海到欧洲多瑙河这么广大的地域，现在可能仍旧是世界上最优秀的骑马人和最精明的做马匹买卖的商人。当他们在定期的市集上做马匹交易时，他们从不需要说半句话。买者和卖者面对面地站着或蹲着，每人都把自己的手插入对方的袖口里。买的人愿出什么价钱，他就用手指在对方手臂上加压力予以表示，卖方同意或不同意这个价格，也用手指来表示。在一连串的点头或摇头表示中，买方和卖方最终就达成了协议。这种交易方式的好处是：站在一旁观看的人，无法知道这笔买卖究竟是以什么价钱成交的。

蒙古人非常喜欢用他们的小马举行赛马活动，这种赛马活动跟美国早年的赛野马活动有点相似。但是看蒙古人赛马，无法从头看到尾；这是因为他们的跑道在大草原中是一条长长的直线。蒙古人在赛马时，先把他们的小马排成一长条，等大家下好赌注，一声号令，万马立刻奔腾在一片尘雾中。

今天的蒙古人大约仅有五十万，大多数仍旧是逐水草而居的游牧者，但散居的土地却相等于美国最大的德克萨斯州的四倍。在一九三一年日本侵略东北和内蒙古以前，这五十万蒙古人大约一半效忠于中国，一半受俄国的统治。当日本人占据了内蒙古后，日本就把原有很多蒙古人放牧的东北西部地区，并入内蒙古。

在蒙古，实际是无一事不跟“人类最伟大的统治者”成吉思汗有关。譬如离哈尔滨几里外的两座小山的斜坡对面，匀称地散布着许多温泉。这些温泉，据蒙古的民间传说是伟大的成吉思汗常到之地。温泉里的水流到那两座小山的斜坡后，就汇成一条溪流，那样子，在十分迷信的蒙古人的脑海里，很像一个人的脑、脊髓和神经系统。而这些不同温泉中的水，有的热到沸点，有的只是微温，但都含有浓重的矿物质，分别从那些火山岩中流出来，流到地面上。蒙古和俄国的农人们，认为这些温泉水，都具有神奇的医疗效力，但是相信第一次使用温泉水的人，必须特别小心，最好是听从当地医生的指导。譬如说这山谷对面两处温泉中的水，对于蒙古人普遍感染的眼疾具有非常有效的医疗力。但是无论任何人必须非常谨慎地去使用山右边的温泉水医治右眼，山左边的温泉水医治左眼。治疗的方法是把那接近沸点的温泉水，从一只生锈的洋铁皮水壶中直接浇到患者的眼睛里。在这种情形下，通常是害眼病的人，仰天躺在地上，由两个壮汉一左一右地把他牢牢地按住，另外一个人就拿那生锈的洋铁皮水壶，从几尺高的空中向病人眼中浇水。所有的这些温泉蓄水池，都有石头墙围绕着，病人在石墙里面接受治疗时，通常是脱光了衣服，而且男女不分。

一九二九年的哈尔滨，居民有五十多万人，一半中国人，一半俄国人。但不像中国其他的通商口岸城市，中国人和外国人都混居在外国租界里。哈尔滨的中国人居住的地区，是离松花江很近的中国旧城；而俄国人则居住在新城里。这座新城为沙皇时代的城市专家所设计，有宽阔的街道和广大的公园绿地。哈尔滨自沙皇时代起迄今，很少变化；居民大都是白俄，虽然赤俄人员以中东铁路的工作人员名义不断地进入。因此，哈尔滨实际是一座俄国希腊正教城市，但使我稍感惊异的，是它也有新教、浸信、美以美等教会的活动。浸信会的一位牧师，是来自美国南卡罗来纳州的连纳德，连太太在哈尔滨以她的拿手菜——美国南方炸鸡和道地的南方玉米面包出名。连纳德牧师原在中国山东传教，后来跟随着他的山东教友一同移民到东北北部。哈尔滨有一所办得很完善的男青年会，这所男青年会原设在俄国的圣彼得堡，一九一七年俄国革命后，迁到哈尔滨。

此外，哈尔滨还有一个很大很繁盛的俄国犹太人社区。这些俄国犹太人大多是经营零售店的店主，特别是那些生意兴隆的皮货店。他们大多数也都是一九一七年俄国革命后才跑到中国来的。

哈尔滨的许多白俄，因鉴于当地政治情势的不稳定，都把他们的公司行号，在美国德拉威州登记，所以都悬挂着美国旗，当作美国人的商店。这使美国驻哈尔滨的领事大感困扰，因为这些冒牌的美国公司行号，很少或者根本没有美国人的投资，却借此不断要求美国方面的保护，以减免中国方面过度的税收。

居住在哈尔滨和中东铁路沿线城镇中的白俄，约有三十五万人，他们虽然逃亡到中国，但仍旧过着一九一七年前他们所熟知的生活方式。哈尔滨没有宵禁，有六七家夜总会都有上打的俄国舞女——人人都是“公主”——通宵达旦，歌舞不绝。此外，哈尔滨还有少数的吉卜赛艺人。最著名的“现代大饭店”，是那些脑满肠肥的俄国人和其他外国人的社交中心。店主是一位俄国移民，由于他迷信每年如果不把这座饭店重建一部分，他就会破产。因此，这座饭店里经常有木匠和泥水匠在做工，致使那些前来游乐的客人大感烦恼和不便。

《传记文学》第十七卷　第四期

# “九一八”前后与张学良的接触

顾维钧

## 赴欧小住张学良急邀去东北（1928—1929）

张作霖死后，少帅统治着东北。张学良无疑是个爱国者，对日俄两国的政策都特别怀疑。根据报纸上的报道和从我个人所收到的书信来看，张少帅关于苏俄对他在东北的积极政策可能做出的反应的估计是相当不现实的。记得有一次我和贝特洛先生谈话，他是法国外交部的政务司长，对法国外交政策有很大影响。不论政府发生什么政治变化，换了多少个外交部长，他能够多年继续保持职位。可以说，他是制定并执行法国外交政策的最重要人物。他在回答我提出的关于苏俄的潜力问题时，他明确地告诉我说，他完全知道东北当局和莫斯科之间的争端，也知道少帅对苏俄的态度。然而他暗示，中国应当小心谨慎，少帅更应该特别小心，因为他首当其冲，并负责处理涉及苏俄的问题。他说苏俄的军事潜力还很小，不能用欧洲任何一个强国的标准来衡量。但是考虑到中国的情况特别是东北的军事准备情况，如果采取任何行动挑起与苏俄的战争，那就是个错误。由于西欧和美国对苏俄仍旧抱有成见，苏俄必然采取克制政策，在西方苏俄一定不会挑起任何冲突。但是苏俄对远东特别是对东北的态度就不同了。据他从官方和非官方所得到的报告，苏俄的现有实力，在远东特别是东北制造任何出人意料的局势是绰有余裕的。但是，就莫斯科的心理方面而言，如果苏维埃政府由于任何刺激而被迫行动的话，它是会毫不迟疑地做出明确有力的反应的。因此，作为一个中国的朋友，他要我理解：少帅方面以保持小心谨慎比勇往直前为佳。他告诉我一些关于苏俄的军事、经济和政治形势的情况，结论是苏俄国内现在比以前更加巩固得多了。

我的一些朋友肯定了他的意见。我觉得少帅正在迫使苏俄做战争尝试，这种尝试不是故意的而是为了准备对付敌对行动的爆发。因为我担心任何这种可能发生的事件的后果，便给以前的同事罗文幹博士发了一封电报，请他转告少帅千万小心。我本想事情已经到此为止，但是当我离开法国去加拿大避暑时，抵加后不到三天，罗博士就给我一封信，说少帅邀请我立刻回到沈阳会商，并且要我迅速答复。罗博士又说，他本人建议我应该尽快赶回。我不愿意去东北，因为我感到需要再休息一些时间。我写信给罗博士和少帅，说明我不能立刻回国的理由。在这封信没有到达之前，我又收到一封电报，说少帅非常急于和我见面，而且已经叫人把住处都预备好了。鉴于这封电报，我才离开加拿大去沈阳。

我随身带的护照是北方的中国政府发的。那是外交护照，即使在北京政府已不复存在，国民政府业已建立的情况下，我还是能使用它。

我记得那时候没有什么有关护照的麻烦，当时对护照和签证不像现在这样认真。但在日本，我遇到了一些困难，原因是日本有一条非常奇怪的规定。下关的检查员来到我搭乘去朝鲜釜山的船上时，要看我的证件。我认为一切符合规定，可是他要我填一张每个在日本的旅客都必须填的表。他坚持要我在表上签中文名字，不签英文名字。这使我感到生气，因为这次我不想让别人知道我是谁。我确信这位检查员明知故问，简直是有意刁难。他说那是规定。我拒绝用中文签名，他说那么我就不能在朝鲜登陆。我觉得更加气愤，问他别的手续是否无误。我说如果他弄不清我的英文签名，他可以向东京查对，因为他的外务省收到了我途经朝鲜的通知（那时外相是币原喜重郎男爵）。我说他应该打电话给东京向外务省查问 Wellington Koo 是谁。大概他也觉得他的傲慢并不妥当，于是把问题撂下就突然离开了。这时来了另一位官阶较高的人，他一脸目中无人的神气，说我必须签中文名字。我仍然拒绝。他说所有东方人必须用自己的文字签字。我说我走遍欧洲、加拿大、东京，从来没有遇到过困难（这张表一部分用日文一部分用英文）。他还是一味坚持。因此我说，或者由他打电话给东京，或者安排让我和外相通话，他就会知道我是谁。我坚持要他打电话。他说他不愿意打，如果我要打我可以自己打。我请一位和我一起旅行的加拿大朋友何士先生去看看是否他们能够上岸打电话，并且问一下他们能否安排在釜山打电话。他回来说他们可以试一试，但是那是十分困难的。当船在釜山靠岸时，我原来以为会被拘留，但是一个检查员也没有出现。这件事表明日本人对中国人的态度。

### 中央使张学良陷入对苏俄的困境（1929—1930）

我应张学良之邀，经陆路如期到达沈阳。当天晚上和他见面。一起谈话的有罗文幹博士，我想还有汤尔和先生，他曾经在王宠惠博士内阁中当过教育总长，那时我当外交总长，这时他像罗文幹博士一样，是少帅的高级顾问。少帅要我详细说明我对苏联的印象和我对苏联的估计以及苏联的国内国外形势。我对他说了我在欧洲的外国朋友们谈论的要点，我并不指望我的说明会得出任何结果或结论，也没有自己做出任何结论。我谈话的目的只是要使他知道我所听来的一切。他非常注意听，但是我认为他并不相信我的欧洲外国朋友们估计的准确性。他要尽可能和我多见面，要我也当他的高级顾问。我当然婉言谢绝了。第二天，他派秘书长王树翰送来一封聘书，邀请我当他的高级顾问，并且带来口信说少帅已经发出指示为我准备住处。这在他固然是好意，但是我没有接受。我说考虑到我们的私谊，少帅不必给我官衔，任何时候只要想和我谈话，我都乐意去谈。至于住处，我告诉他我自己找到一处私宅，已经安排好了，谢谢他的盛情厚意。

几乎是每天早上，肯定每周有三四次，他都邀请我和他打高尔夫球。通常是四个人一起打，除我以外还有端纳先生，他一度当过墨尔本和悉尼几家报纸驻北京的记者，后来他接替著名记者莫理循当了伦敦《泰晤士报》的记者。第四个人是少帅的英文秘书，我们径呼之为李。他人很健壮，在这四个人中球打得最好。那时少帅身体不很强健，所以在高尔夫球场上每进两三个洞之后，他总要在为他个人使用而特别修建的有游廊的平房里休息一会儿。

我们打球时，我和端纳配对，少帅和李配对。端纳常常和我说起我应该对少帅更郑重有力地谈谈苏俄的政策。据他所知，不久就会发生大事。少帅深信他的情报人员的报告，这些人把苏俄内部描写成为困难重重。少帅不断对端纳讲，这是中国对俄国过去在东北的不义行径报仇的机会。他确信会有出头之日。端纳感到少帅的情报是不正确的，他断定无论如何武装冲突的结果不会对东北有利。他力主用一种方式对少帅说明，使他感到必须改变他的政策。端纳知道我在国外给少帅的信电的全部内容。他说他同意我的意见。

一天，在打进几个洞之后，少帅请我们到他那所平房里小憩。我们四人围着一张摆着果汁饮料的木桌坐下，谈话由我开始。我说在打球时我看到几辆满载军队的火车，一辆接着一辆向北方开去。我问道："那些军队开到哪里去？"他说："去哈尔滨。"我说："去干什么？"他说："啊，这次我要吓唬一下苏俄。"他表示曾经得到报告，苏俄向东北边境和东北里派遣军队。我说："我看见军队时就猜到了。他们看起来很好。我对你的虚张声势觉得好玩，因为你是打扑克牌的能手（在北京我和他打过几次）。那也是玩牌的一种方法，虚张声势。但是，假如你发现你的对手手里真正有好牌，你怎么办呢？"他转过身去用手撑着头，显然是认真思考了一会儿，然后扭过头对我说："我自有对策。"

很明显，他只想到了一个结局，就是在武装冲突中彻底获胜，而没有想到可能出现相反的结果。因此，他不能回答我的问题，只给了我一个实际不是答复的答复。见他如此，我不想逼他。他说："咱们继续打球吧！"我们就继续打球去了。端纳说他很高兴看见我说得这样直截了当。我说："不错，为了劝导他我说了我要说的话，为什么你不对他说呢？"他说他一再说过，但是少帅毫不理会。

我不知道在少帅的顾问中是否有人可以算作关于俄国问题的专家。莫德惠先生是他亲近的合作者之一，曾经一度当过中东铁路督办。有一位张景惠将军是哈尔滨特区行政长官，中东铁路局就设在哈尔滨。第三位是刘哲。第四位是蔡运升，官阶较低。担任驻哈尔滨的北满特派交涉员，他负责处理俄国问题。刘和蔡都懂俄语，特别是刘哲，后来代表奉系当了北京大学校长和教育部长。

南京在沈阳的对俄政策上是否起过作用是个疑问，实权集中掌握在少帅和他在东北的同事手里。我在沈阳时，我的两个朋友吴铁城先生和张群将军作为蒋委员长派往东北的两个代表在那里待了相当长一段时间。偶尔李石曾先生也被派去和少帅联系，讨论或解决一些南京政府与东北当局之间的问题，主要是关于海关的管理、任命东北的法官、东北盐税收入的分配和其他行政事务等。

很可能张之所以卷入对俄问题乃是南京对付不听号令的所谓四大集团军的不同战略的一部分。第一种方法据说是用财政手段对付冯玉祥的第二集团军，因为冯有财政困难。第二种方法是用政治手段对付阎锡山的第三集团军。第三种方法是用军事手段对付李宗仁的第四集团军，就是以武力摧毁它。但是对付少帅则用外交手段。中央政府打算把少帅诱入圈套，因为少帅妄自尊大又无充分外交经验；吴铁城、张群甚至李石曾可能设法使他陷于对俄的困境，使之必须依赖南京，这样中央政府就能控制他了。

## 杨永泰献策少帅因过于自信而吃亏

这种战略如果是杨永泰向蒋委员长提供的，那正合乎杨的权术和机智，此人精通中国历史上战争时期的哲学和战略。我在北京认识他，那时他是国会中政学系的领袖。由于熟悉他的政治哲学和当政治顾问的敏锐观察力，并且也了解蒋委员长统一中国的坚定政策，我个人认为很可能杨永泰先生在某个时候用函件提出过他的见解，委员长可能曾把它搁置一旁并未立即实行。虽然如此，他必定在制定他统一中国的策略时充分考虑过它，我认为委员长甚至有可能发现有必要用不同的手段来对付不同的集团。这往往是各朝各代的开创者，在对待傲慢专横的军事将领时都要考虑的课题，尽管这些人曾经为新朝代的开创者立过功勋。

少帅过于自信的对俄政策，导致了在伯力城接受哀的美敦书。我记得当苏军进入东北，去占领东北里和扎兰屯时，少帅的一部分军队离开哈尔滨前往迎击。前线部队由梁忠甲将军和一位韩光第将军率领。他们指挥着两个著名的勇敢善战的旅。但在十一月十七日的战役中全部被俘，被送往西伯利亚。少帅和他的亲近的顾问们都大为惊骇，垂头丧气。少帅立刻召开东北政务委员会特别会议，到会的人有东北各部门的领导者，其中包括张作相、莫德惠、刘尚清、刘哲、王树翰（维宙）和一位王树常（庭午）将军，他后来当了河北省主席。我得到关于发生事变的紧急通知，少帅要我立即去见他。当我到达时，这些领袖们正坐在会议桌周围。看来他们开会的时间已经很长，显得有些疲惫了。他们极为热情地欢迎我。少帅告诉我已经发生的事件，指出讨论题目是哈尔滨特派交涉员蔡运升转来的最后通牒。此通牒有三个条件，要求：（1）恢复冲突前中东铁路的状态，（2）恢复苏联的经理和副经理的职务，（3）释放所有苏联被俘人员。我认为要求中国接受作为进行谈判的最后通牒中的这些先决条件是很带侮辱性的。

但是给我深刻印象至今难忘的是那鲜明的对比：当初东北当局，特别是少帅绝对相信“捉鸡”政策必胜的情绪和如今在这次会议上又完全沮丧的神态。所以我说这份所谓最后通牒所包含的内容是能够料想到的，并且作为战败的结果也不是不正常的。但是在接受这些条件时，我们应当表明，苏俄提出的那些问题是谈判内容，谨慎一些是应当的，但中国全权代表不能只同意俄国人的要求。然而所有出席会议的人都如此沮丧，以致怀疑在接受时是否应表示任何意见，更不用说提什么条件了。所以发给特派交涉员的指示是不加任何修改，完全接受最后通牒。结果签订了《伯力议定书》，时在一九二九年十二月二十二日。按《议定书》中的条款，少帅必须派一位全权特使去莫斯科接受详细条件，这些条件不仅涉及苏俄和东北的关系，而且也关系到苏俄在东北的权益。直到一九三〇年十月，被派为全权代表去谈判一个正式条约的莫德惠先生，实际只和俄国代表开了第一次会议。此后谈判拖延很长时间，并没有订出条约，待到次年九月十八日沈阳事件之后就不再继续谈判了。

## 九一八事变前我计划在黑龙江领地开垦

我以一个在野之身住在东北。由于我已退出政界，于是对经营开垦事业发生了兴趣。若干年前，我在外交部的一位同僚，也和我的家庭有点关系，由于需用钱，以二万五千元的代价把在黑龙江齐齐哈尔附近的两平方英里的处女地的所有权转让给我。他家在黑龙江拥有比这多得多的土地，准备开垦。我记得，他曾对我说，这处女地的地表下有六英尺深的黑土层，特别适于种植。少帅多少知道点我的土地，因此他命他的秘书长王树翰先生送给我同样数目的土地以供我开发，并且还送给我一栋房子，以便我住在东北与他经常接近。所有这些，我都以我个人对东北和东北人民并没有做过什么事，而数以千计的老军人和退休的行政人员比我更有资格加以考虑为理由而辞谢了。我说，确实，我是想搞点开垦工作，但我已经有了两平方英里土地了。他很友好，并说：他很高兴听到我的打算，但是在黑龙江，齐齐哈尔附近并不是最好的地方；最好的垦殖地点是在该省的西北部，他父亲早已指派邹作华担任靠近兴安的洮安以西一个山区的屯垦督办。一九三〇年二月，他派邹将军来看我，并对我说，他可以答复我向他提出的任何问题。他说，少帅曾告诉他选择这个地区最肥沃的土地由我领取。我问他在他管辖地区内申请土地的条件，他说，按照公布的章程，土地分为甲、乙、丙三种，甲等四元，乙等三元，丙等二元。以上系指每垧土地的地价数。一垧在东北当地的理解是十亩，但东北的亩比长江流域的亩要大，按照长江流域的标准，一垧大约等于十二亩。邹说，由于向这个地区申请土地的人太多，这个比数自一九三〇年初以来已经提高了一倍，换言之，即甲等每垧要八元。他说：不过少帅曾特别关照，我的申请仍按原价。我坦率地对他讲，这事系属私人性质，我要把开垦土地作为一个企业来干，决不掺杂官方的或政治的意图。我要按照现行规定去办，我感谢少帅的友好情谊，但我希望照规定价格付款。这样我便提出了申请，并且获准购买七千垧，这是很大的土地面积。我照实价付了款。我做了开垦计划，并且找了一位美国康奈尔大学农学系毕业的学生来主持其事。

我经常往来于北京、沈阳之间，后来则是往来于少帅暑期总部所在地北戴河之间。我在北京的铁狮子胡同房子，连同私人财产都被地方党部没收了，并把它改成孙中山纪念馆，他是在那里逝世的。房屋原来的样式颇像北京的格式，墙壁都上了红漆，但他们都把它涂上了胶水，所有墙壁都被涂上一层胶，并成了“中山纪念堂”。顾太太去到了那里，当她第一次去时看见房子变成了这个样子而大为震惊。他们甚至把大门全改了。因此，没有同我商量就给北京市长打电话，对没有同业主商量就占据私人房产等表示愤慨。她要去把这一切改变过来，并且恢复原状。市长明确表示，如果她要办，他绝不反对，她可以去干，但不要说是市长让她干的。于是房子恢复了原状，后来也没有任何人说什么话。

## 少帅倒向中央使国民党扩大会议垮台

一九三〇年华北政局出现耐人寻味的新发展。在一九二九年的大部分时间和一九三〇年初，蒋委员长先后卷入对冯玉祥和对阎锡山的战争。一九三〇年夏，反蒋各派联合形成由汪精卫、陈公博领导，郭泰祺和邹鲁等人支持的国民党扩大会议。我这时在北戴河休假，很喜欢游泳和钓鱼。有一天晚上陈公博和郭泰祺还有另一个人来看我，要和我进行一次严肃的会谈。他们向我公开了以下各派联盟的计划：即汪精卫的改组派、西山（会议）派、阎锡山和冯玉祥。他们还告诉我有一个组织政府的秘密计划，由阎锡山当主席，汪精卫当行政院长，他们要我当外交部长。我明确加以拒绝。但是，因为我们是朋友，他们继续催促我答应。最后，他们说："好吧，先别考虑外长了，不要马上做出决定，请到北京去，因为汪精卫要和你面谈。"因此，第二天我去北京。记得在火车站有很多政界人物迎接我：有国民党的领袖们，有阎锡山将军和冯玉祥将军的代表。我立刻被领到汪精卫家里参加为我接风的宴会。他对我谈了上述计划，并且说他们都在等我答复，然后公布人员名单。

但我在离开北戴河之前已经告诉陈公博和郭泰祺，我认为他们的计划不会成功，并问他们会达到什么长远目的。依我之见，我们的外国朋友如美、英和更多的国家可能只会对新建立的政府感到惊讶，新政府会引起人们注意到中国不统一。人们可以预料到，英国和美国所要维护的是一个统一的中国，而不是一个分裂的中国，因为任何分裂都会引起许多国际争端。我问他们已经取得什么国际承认的保证。建立一个不被列强承认的政府是无用的。他们回答那就是他们要邀请我参加的缘故。我说，自从一九二七年离开政界以来，我对政治不再有任何兴趣。我的兴趣在外交问题上。而他们要成立的政府是非常特殊的，除非他们已经做好一切必要的准备并且保证新政府会存在下去，否则试图组织政府是无用的。而我看他们的政府不可能维持下去。

我根据这个思路在会上发言。我说我无意使他们泄气，而且作为一个独立的、客观的第三者的想法，他们可以由此理解我为什么犹豫而不参加他们的活动。就我个人而言，我暂时还不愿卷入政治，宁愿继续过平民生活。他们要我好好考虑。我说，北京（其时正当八月）

太热，很想回北戴河。他们请我再待一天，因为阎锡山将军要和我谈话。次日早晨得到消息阎已经不见了。他看到当时局势不可能组织政府，就在八月十八日离开北京回山西去了。所以整个计划便成为泡影。

很明显，他们计划组成新政府时，并未与张学良达成谅解。那时张学良和委员长的驻东北代表张群和吴铁城过从密切，南京和沈阳之间经常互通消息。双方都请张学良担任同样的职位，即陆海空军副司令。此事使少帅深受感动。他已经改换了他的旗帜，但要尽可能保持他在东北的实力和实权，他的易帜原来只是为了对付日本。他要求中央政府支持他，并不真想把东三省的控制权交给中央政府。但是他倒向南京一边的决定促使扩大会议的计划垮台。

## 预感日本要采取激进的军事行动

我在北戴河时，少帅告诉我，他早已提出应当取消原来的通缉令，他觉得把我的名字列入那些恶名昭著的政客名单对我本人和对中国都是不公正的。他是一片好心，并未告诉我他正在促使南京政府采取措施。在一九三〇年中他告诉我业已安排妥当，工商部长孔祥熙博士已经任命我为中国展览委员会成员，要张学良劝我去南京就职。我确实去了上海，但不是为了去南京，而是为了母亲逝世，我要回原籍安葬，并且和家兄料理家务。上海市长吴铁城也来参加葬礼，他要我到南京去。我在上海时王宠惠博士来看过我，也力劝我去南京，他说蒋委员长和其他同事要我谅解那项通缉令是本不应有的事，因此它已经被取消了，并且要我不必误解政府的目的。（访问者在一九二八年七月十一日的禁锢令上没有发现顾博士的名字。）政府要起用我为它服务。但是当时我还无意干什么事。我打算离开政界，完全放弃外交和政治生涯。然而事情往往是不从人意的。

一九三一年夏天我在北戴河时，对于日本情况感到非常不安。我并没有什么特别情报，但报纸上发表的东西已把东北局势的发展充分告诉了我。日本政府一直紧逼的所谓中日三百件悬案，多数都与东北或华北有关，而东北各省和华北，全在少帅统治之下。七月中旬，我在北戴河看到来自日本的新闻报道，谈到有关日本政府，特别是军事当局的部署，相当激荡人心。有群众集会抗议中国当局特别是东北当局的行为，有军事当局，即所谓少壮派军人团体接连煽动群众集会抗议几个悬案，特别是一个野村上尉在兴安被杀事件。我首先对东北来的朋友们谈，他们是在那里避暑的。尤其是在少帅把他的夏令总部设在北戴河之后，这些人都到那里去。我看到他们当中的四位：刘尚清，他后来当了监察院副院长；王树翰先生，他是少帅的秘书长；臧式毅先生，奉天省长；一位“北满”特派交涉员。我提醒他们充分注意来自日本的报道和我的看法，我恐怕日本要把东北当局拒绝讨论、谈判和解决所谓三百悬案作为借口，关东军在日本军部的指示或教唆之下可能会采取激烈的行动。我告诉他们，我担心如果日本这次采取行动，可能要成为严重事件。他们问我日本人会采取什么行动，我说我不知道，但是大致可从所有消息来判断，日本人这次也许会用武力夺取沈阳，进行恫吓，迫使我们在处理那些案件时妥协就范。他们的态度是：“你认为他们竟敢那样干吗？”我说我不能肯定回答，但是我能够从最近几天出版的报纸上的消息整理出一个结论：我怕很可能日本人这次要采取军事行动。他们忽然领会我所说的事情的严重性。刘先生说我所谈的话给他的印象很深，并转向王说，他们应该邀请我去北京和少帅本人深谈。这时少帅在协和医院治病，虽然他并没有住院。我告诉他们这并不干我的事，我本来无须插嘴提出个人意见，但是我既然过去一直对外交问题很感兴趣，我认为应当提醒他们注意当时发生的以及可能会发生的事，因为我感到担忧。于是他们问我，如果我实在不愿亲自去北京，我可否把意见写出来交他们转递。我说那倒是个好主意。

## 九一八事变发生后建议诉诸国联并派人实地观察

这封由我写给少帅的信当天晚上就交给了他们，以便他们能够派人把它送给少帅。两天后的下午他们来访说少帅打电话邀请我当天去他那里。他派他的飞机来接我，他要我和他细谈那封信的内容。我去了，他不在。由于他运动后出汗，全身湿透，去洗淋浴了，请我等几分钟。后来他出来，我们就谈起来。谈话持续不久。因为我不想在盛夏耽在北京，又有午宴约会，就告辞了。他说他要考虑我的意见，问我能否多住几天，以便进一步讨论。我感觉到他并不像我那样看出局势的严重性，所以我留给他一封信，表示我怕会发生大事，但愿它不发生。这是七月的事。

到了九月我们都回到北京，但是我没有和他见面，因为没有什么事要去见他。随后在九月十九日早晨约六点钟，端纳打电话来，首先问我少帅是否已要我去见他，如果没有，他说最多五分钟后我就会得到他的通知。他说他自己刚开过会回来，开了通宵的会。因为日本人已经到达沈阳，攻打北大营，占领了全城，他们都在等待和我商量。我说我还不知道这消息，太糟了。谢过他的提醒后，我赶快穿好衣服。两三分钟后，电话铃响了，少帅要我立刻到他那儿去，因为他有极重要的事要和我商谈。

我去了，那是在醇亲王府，也可能是在医院里。与会的先生们都表现疲惫不堪。大约有十二位东北集团的领袖们。少帅坐在桌子的顶头，他简要地告诉我发生了什么事，问我该怎么办。他说他们从一点钟开始讨论，事情非常严重，他们很想听到我的见解。我说，我所害怕的事果然发生了，对当前应采取的行动我提出两个建议：第一，立刻电告南京要求国民政府向国际联盟行政院提出抗议，请求行政院召开紧急会议处理这一局势；第二，立刻派一位能说日语的人设法去找日本旅顺总督（我想此人是儿玉），并且也找当时南满铁路总裁内田康哉，他是前日本外相。

少帅和会上其余的人都立刻赞成第一个建议。至于第二个建议，少帅没说什么，但是有几个人说是个好主意，后来少帅说他认为那是无用的。我说当然它不会立即产生结果，然而也会起些作用。这时有几个人支持这个意见，并且也催快办，少帅说没有适当的人可以派遣。我提出一个东北人，他精通日语，叫陶先生。少帅说那是无用的。他不能见到总督，因为总督不会愿意见他。我的印象是少帅不愿意去找总督而只想依靠第一个建议产生某种结果；还有一部分理由，就是以这种方式把这个问题交由国民政府来负责而不是由他个人单独负责了。但是我对他解释说，虽然请求国联斡旋是必要的，但他一定不要指望能有多大结果或立刻产生任何效果，因为国联行政院这样的机构，对东北这样的局势，不能采取任何有效的行动。我说，诉诸国联只是为了引起世界注意和公众舆论，间接给日本某种压力，使之不再扩大在东北的侵略行动。

同时我认为要紧的是——事实上真正能使问题得到解决的唯一希望是——探听出当地日本负责人士的意向，因为很明显，此事已经准备了几个星期，他们的借口就是东北当局甚至拒绝会见日本派去谋求解决某些问题的负责人员。日本军事当局特别强调的案件就是野村事件。我对少帅说，关于“三百件悬案”的事实或细节，我了解不多，而且我怀疑是否有那么多，但是无论数目若干，问题性质如何，必定有些案件是能够经由互相妥协来解决的。解决几个案件就会缓和气氛，从而铺平更全面解决的道路。他不同意这种观点，我看出也许是由于涉及他个人的尊严，因为直到那时在他领导之下的东北当局全都不愿和日本人接触，他们的表现好像是能够应付可能出现的任何局势。

我回家时不知道有三个参加会议的人跟在我后面，包括王树翰和刘先生。他们说他们也完全同意我的第二个建议，要我再对少帅提出来。我说他们提比我提好，我毕竟是客人，他们直接参预了这件事情，又是少帅的亲信。他们求我再去一次，还说在我离开之后他们一再力劝未成，但是他们仍旧相信这个主意应当实行。我说我不单独去，但是如果他们下午和我一起去，我愿意再次去见少帅。结果我去了。这次尝试虽未成功，但是少帅似乎有点感到派个人去也不会有害处，不过他仍旧说想不出适当的人选。我告诉他略加访求定能找到，特别是这是个秘密使命而非公开任务，只是去观察和探听日本军事当局到底准备走多远，以之作为我们决定行动的基础。

《传记文学》第五十九卷　第三期

# 张学良与中原战争资料举要

蒋永敬

## 邹鲁自述来往沈阳与太原之间

近期《传记文学》连续刊载《张学良进关秘录》（刘心皇先生辑注，王铁汉先生校订）及徐永昌将军《求己斋回忆录》（赵正楷先生笔记，沈云龙教授校注）以及王禹廷先生以前连续发表的《中原大战》长文，对于有关民国十九年（一九三〇）的中原战争资料，大有发现。对于这次战争的起因及其影响，尤其是雄据关外的张学良率军入关参加这一战争，对于一年后的九一八事变，具有重要而密切的关系。因此，张学良与中原战争，及其与南京中央之拉紧，加以直接资料的陆续出现，显将成为热门的研究课题。

为了从多方面了解这一史实，径就所见，提供一些资料。

关于邹鲁（海滨）代表张学良与阎锡山“签字”对南京中央“打仗”事（《传记文学》二九九号所载徐永昌《求己斋回忆录》之十二），即是十九年（一九三〇）的所谓中原战争。此事即当时之徐永昌闻之，亦大为惊异。认为邹鲁与张学良并无深厚的关系，如何能代表这样大事？

今检阅邹鲁有关自述，此事亦并非无因。在邹的自述中，虽未提及代表张“签字”的事，但邹当时确实在张学良和阎锡山、冯玉祥之间来往奔走。其间邹与张之间联系的人物，似为罗文干。以下摘录邹鲁《回顾录》中有关此事的自述，并注释之。（“引号”内为邹自述，“按”为注释）

“冯玉祥先生派代表王鸿一先生到上海来见我（按邹自称，下同）和其他同志，说冯先生很愿意和我们会谈，坚请我们前往河南新乡一行。”

按：邹自西山会议后，在国民党内极不得意。上记时间，应在民国十八年（一九二九）春。

“于是我便前往河南新乡会冯先生。……于是我住了几天，彼此谈话感情十分融洽。”

“谈后我由新乡赴天津。……在天津住了不久，我觉得那儿终是个是非之场，决定前往日本。”

按：邹在日本，只记其“山居”，未记有其政治方面的活动。

“不久，东三省发生中俄事件，就是历史上所称的中东路事件，我静止的血液，复沸腾起来，便离日回国。临行的前一天，适居正先生寄了一包玉版宣纸来。……”

按：中东路事件，发生在民国十八年（一九二九）七月，八月以后，中俄即发生边境冲突。居正亦曾参加西山会议。此时闲居上海，与日本方面，素有关系。

“当时我由釜山搭火车，取道朝鲜到东三省。……在沈阳，我住的是一家僻静的旅馆。……那儿我的朋友中，过从最亲密的是罗文幹先生。”

按：罗文幹，字钧任，广东番禺人。民国十六年（一九二七）一月，任顾维钧内阁司法总长。十七年（一九二八）六月，革命军将入北京，文幹力劝奉军首领（时称大元帅）张作霖退兵关外。张韪其言。罗时任张学良之东北边防军司令长官公署顾问。十八年（一九二九）九月，复委为调查中东路事件专员。

“我旋往见张学良先生，表示此来系因中东路事件，愿往前线观察对俄战事。张氏坚决拒绝。并说：‘他人可去，你独不可去。’我不明白他的用意。回旅馆后，罗文幹先生来访，我便问他原因。他解释道：‘因为传闻秘密有赏格拿你，假使发生意外，恐怕外人要说他（按指张学良）故意想出花样，贪此赏格，所以不肯让你去。’”

按：据邹自述：在东北游历吉林、齐齐哈尔后，再回沈阳。大约在十一月间，中俄战争正紧。邹返天津。

“适逢冯玉祥先生率领第二集团军，联合阎锡山先生对中央作战。冯先生有个亲信，前来天津，邀我前往，正在车上遇着。我问他：‘此次你来，是冯先生的意思呢？还是阎先生的意思呢？’他答：‘是冯、阎两先生的意思。’我又问：‘这次用兵的意义怎样？’来人说：‘中央无缘无故与苏联闹出乱子，出了乱子，又不派兵出关抗敌，只是天天要裁异己的军队，排除异己的人才，迫不得已，才有此次的用兵。’……于是又问：‘冯、阎对中央的指摘，就是这些吗？关于他们的政治主张又怎样？’来人说：‘就是要请你去商量。’我到了太原见冯、阎两先生后，就提出党权归诸全党和订定基本法与民共守的原则。他们都满口应允。”

按：自十一月八日后，冯在太原被阎“保护”，不得自由行动。邹即陪冯住在一起，两人友谊更深。冯氏在河南的军队被中央军击败，退回陕西。

“阎锡山先生准备对中央兴兵，冯玉祥先生也赞成，且和唐生智先生（**时驻郑州**）约好，取一致行动。冯、阎两先生要我赴东三省晤张学良先生，请他合作。十九年元旦（**按：是农历元旦，即阳历一月三十日。见郭廷以，《中华民国史事日志》第二册，五四二页**），大风大雪，我从太原动身，经雁门关赴辽宁。既到沈阳，就约张（学良）晤谈。有一天，深夜十二时，张派人派车来约见。那时我患感冒，带病冒寒前往。……我们谈话的房间隔壁，一阵阵的兴高采烈的声音，由隔壁断断续续地送过来，好像在举行赌会模样。我们谈了约一小时完毕。我对张所说的大意是：‘我希望你帮的忙很简单。因为你处于强邻逼迫的东三省，对国内政治只要不偏袒何方，守着中立，把中国的国土保护得好好的就完了。我对内政的改革固切，而对强邻的逼迫，尤为注意。所以希望你这样。’张赞成我的意见。”

“我从东三省回到山西，阎要起兵，已约集汪派人物在一起。大家都以为张学良先生能够信守诺言。”（邹鲁，《回顾录》第二册，三一七—三二四页）

从邹鲁的自述看来，邹并未提到代表张学良与阎“签字”。如非邹鲁自述有所隐讳，即是阎氏以此话来坚定徐永昌等共同反抗中央的决心，而后者尤属可能。检阅邹的自述，这次中原战争的发动，阎之主动成分极多。彼等只求张学良保持“中立”，亦是近情合理的要求。此对张而言，既是惠而不费，也是符合张的利益和需要。故彼等相信张氏“信守诺言”，不派兵进关袭其后，似乎是顺理成章的事。唯张氏初虽保持“中立”，但后来竟然偏向中央方面而举兵入关。如非张氏改变了念头，就是受到其他更为重要因素的影响，或者是这两者原因都兼而有之。

## 蒋介石《自反录》中致张的电文

张学良之改变“中立”的态度而偏向南京中央方面，其中重要因素之一，可能是阎锡山与日本方面有所结合，冯玉祥与苏俄方面有所联系，这对于张在东北的地位有严重的威胁。根据民国二十年（一九三一）在南京刊印的蒋主席的《自反录》中有关电文，可以看出在中原战争中南京中央争取张氏的若干细节。《自反录》分一、二两集，流传不广。第一集以收集北伐时期［民国十五年（一九二六）至十七年（一九二八）] 文件为主，国内的图书馆藏有少数。第二集以收集民国十八、十九年（一九二九、一九三〇）内战时期的文件为多，计十六卷，一千七百多页。岛内的图书馆或资料机构未见收藏。此一、二集曾由吴相湘教授在美国影印一份，寄给岛内。其中尤多中原战争时期的文件。自十八年（一九二九）五月二十日至十九年（一九三〇）九月二十日致张学良的电报有二十九通，是有关中东路事件及中原战争的重要文献。

按照当时的情况，中原战争的发生，是来自阎方所挑起。他在十九年（一九三〇）二月十日首先致电国民政府主席兼中华民国陆海空军总司令蒋中正先生，要以“共同下野”。这等于是一项挑战书，以阎氏一向小心谨慎。非有制胜把握，决不轻举妄动。这次竟然挺身而出，必有其可恃的制胜条件。据当时的立法院长胡汉民氏在南京一项演讲词中指出：据所得报告，阎氏对外得了某种默契与暗示，才不顾一切地奋勇向前。因为某帝国主义者的浪人军人，向来是希望我国统二统三的，最近在我国南边走不通，北边也走不通，只好走阎先生的唯一的路。而阎先生又恰恰非有这种力量来壮胆不能有为，于是彼此又互相利用起来了（见拙著《胡汉民先生年谱》，四七六页）。胡氏所指“帝国主义者”，当然是指日本而言。

至于日本军人或浪人对阎氏活动的实际情况，在蒋主席十九年（一九三〇）二月十八日致张学良的电文曾指出：“迩来反动派及外人造谣挑拨，无所不至；甚或故做反面文章。确闻阎购日械四万杆。上星期政府曾向日方责问，彼或知其事泄露，故特做此反宣传以为抵赖之计。”此处所谓“反宣传”，是指北平阎方面传说：南京之“中日交涉极顺利，其极注意之处，与东北有极大关系等语”。张学良对此传说，极为注意，特派其南京办事处处长秦华（伯秋）向蒋主席打听。蒋主席告知张学良这是阎方的“反宣传”。蒋主席且告张氏：“日军部自去年板西（应为坂西利八郎）到晋与冯、阎晤面后，即派干部数人驻并（太原）联络。此次阎敢毅然出此举动，必系另有背景。此点亦应注意。”（《自反录》第二集，六一四—六一五页）

如果阎与日本勾结，此对东北的张学良而言，真是一大威胁；加以张对日本深怀杀父之仇，对此尤难容忍。此外，在去年五月东北方面搜查俄驻哈尔滨领馆时，已发现冯玉祥与苏俄方面有所联络。如此，张在东北，外有日俄之威胁，内有阎、冯与日俄之相结。就“远交近攻”的战略需要而言，在阎、冯发动中原战争之际，其偏向南京中央，对其本身的利益，亦较符合。此点应是张之以后举兵入关，袭阎、冯之后重要的因素之一。

当阎向南京中央抗争之际，张学良于三月一日公开拍了一个电报，居然以调人姿态要求“介公”与“百公”（阎字百川）双方息兵，电文曾谓：“二公救国之愿未偿，亡国之祸先至，非二公之所及料，亦非学良之所忍言也。”这是张把“介公”和“百公”二人同等看待，但对冯玉祥只字不提。而“介公”和“百公”对张均有复电，“百公”复电多堆锦、敷衍之词；“介公”复电，不仅提出条件，且希望张“谅不至视此为中正与百川兄私人意见之争”。尽管如此，张和阎的关系，仍然维持下去。据司马桑敦（王光逖）《张学良评传》记述：张之初步断去和阎合作的念头，是当冯玉祥由山西秘密回到潼关的时候，阎曾把各方联名“讨蒋”的电报发给张学良，请他过目签名后便由沈阳发出。岂知阎发出电稿后，因受赵戴文和徐永昌等的劝说，一时动摇起来，便又致电张学良，要张暂缓发出通电。张不解阎之用意，乃派王树翰到太原探问究竟，方知阎事不可为，由此初步断了和阎合作的念头。

在蒋主席自十九年（一九三〇）三月三日复张的三月一日通电后，在《自反录》中有两个半月以上的时间，未再有致张的电文。一直到五月十八日，蒋主席始有电致张，陈述对冯军的归德战果。其中说道："归德城垣至坚，逆敌集众死守，仅一昼夜围攻，即破城而入，实赖炮火之威。此兄之厚赐，中所铭感无已者。"张所供炮火，并非白送，而是中央备款购买的。所以同电中又说："所请各项炮弹，务希饬军械处赶速配运。未缴之款，当令即行汇奉也。"（《自反录》第二集，六二〇页）

当六月初，中原战争紧张之际，中央军来自晋军在山东方面的压力颇为严重。此时蒋主席即希望张学良进兵入关。特派李石曾先生赴沈阳，以"全权"与张"奉商一切"。其在六月一日致张电云："我军全部阵线，均极巩固。决俟敌氛再挫，即行反攻。唯鲁北方面，稍有顾虑，各军因此未便挺进。请兄即日调遣雄师入关讨逆，敌军决不敢顽抗，战局可早日解决，免使人民多受痛苦。"（《自反录》第二集，六二一页）张氏虽有复电，只是报告中东路对俄谈判问题。对出兵事，显无表示。到了六月中，李石曾和张学良的代表胡若愚离沈南下。二十日，国民政府国务会议决议特任张学良为陆海空军副司令，并任张之南来代表胡若愚为青岛市长。（郭廷以，《中华民国史事日志》第二册，五九一页）但张学良来电谦辞。蒋主席则以极恳切的电报劝其勿辞。并在六月二十三日电文中改称张的官职为"副司令"，过去的电文均称之为"司令长官"（即东北边防军司令长官）。电文中说："奉读祃电，深佩谦冲，唯我辈以身许国，危难不容避，责任不容辞。"又云："兄以盖世英才，负全国重望，实为党国众望所归。"这时张才三十初度，以今日眼光视之，算得上"世界级"的"杰出青年"了。同时，蒋主席在电文中，要张履行去年七月在北平的诺言。故云："犹忆去岁北平握别，承许以中正果有危难之日，兄必慨然相助；且谓交谊诚伪，于此乃见。今正其时矣！"（《自反录》第二集，六二二—六二三页）据司马桑敦《张学良评传》说：这年六月三日张学良的三十岁生日，南京中央方面方本仁、吴铁城，阎、冯代表贾景德、薛笃弼，石友三代表门致中以及为张祝寿专使的党国元老李石曾等，都麇集在沈阳，可谓冠盖云集，盛极一时！接着张群亦奉命携带副司令特任状及印信亲送到沈阳，力说张氏出兵入关。在张群和吴铁城等一再游说下，张学良终于口头上答允，待中央军拿回济南时，他可以考虑出兵。直到八月十五日，中央军始克济南。而这时张学良正和张群、方本仁、吴铁城在北戴河“度假”，却发生一件不愉快的事，即东北骑兵师长郑泽声、驻山海关之于学忠部旅长马廷福以受陶敦礼煽动，被张学良在北戴河拘扣。而其中马廷福则系受到南京方面的收买，准备进兵入关的（郭廷以，《中华民国史事日志》，六〇八页）。张为此事，对于南京颇有不满，他表示：“南京这样做法不应当，但我仍以国内大团结为重，不计私怨。”（《张学良评传》）事实上，这时的军人都视军队为私有，张亦不能例外也。

到了九月初，中央军在陇海路的战事极为得手，加速了张学良出兵入关的决心，这时东北方面的军政要人如万福麟（黑省主席）、张景惠（东省特区督办）、汤玉麟（热省主席）等多以张学良的意见为依归，唯吉省主席张作相（辅丞）始终反对参与关内的事（《张学良评传》）。所以在九月八日这天，蒋主席给东北方面两个电报，都请“司令长官”张学良转的，一封是转给万主席福麟、汤主席玉麟、张督办景惠三人的合电，一封是单独转给张主席作相（辅丞）的。前者较短，后者较长。后者说到“汉兄既拒绝参加伪政府（指阎等在北平组织之国民政府），以破阎之阴谋；尤望实行出兵平津，以阻冯之流毒。现冯逆部队，纷向后撤，我军正追踪跟进”。致张作相之电，特别点出冯玉祥，乃为前者所无，显然是针对张作相的心理而言。同时对于张作相的“保全”

东北主张，蒋主席亦告诉他说：“东北雄师一出，逆部必闻风瓦解。战事即日结束和平统一立可进行，其所保全，实至伟大。”因此也特别请他“敦劝汉兄克日就职（副司令），以靖乱源”。（《自反录》第二集，六二三—六二四页）

到了九月十五日，大势已定。这天蒋主席给张学良的电报，又以“副司令”称之了。要张“从速遴保一人，令其负责全权办理军政善后一切事宜”，而以“不为阎所利用者”为原则，并要他“先占领太原，再定善后处置”（《自反录》第二集，六二五页），显然张对阎氏仍有“保全”之意。九月十八日，张学良发出所谓有名的“巧电”，一般认为此电促成中原战争的迅速结束。特将此一“历史性”的文献，全文附录（如附录一）。

“巧电”的文字表面上，只字未提到东北军进关事。似乎仍是表示其“中立”态度，但紧要的一句话，则是：“凡我袍泽，均宜静候中央措置。”此外，张也取得了阎锡山的谅解，决定了以下几项军事范围：（一）东北军接收平、津两市和河北省。（二）以晋、绥、察为阎锡山之地盘。（三）山东省归韩复榘，石友三军移驻豫南。（《张学良评传》）

九月二十日，蒋主席对张学良的“巧电”亦有答复。文虽简短，而内容却很具体。特附录全文（附录二）。以与“巧电”互相对照。

至于中原战争结束，张学良初履南京情形，尚有若干重要资料可资参考，容再撰文补充。

## 附录一：张学良的“巧电”

窃以企图建设，首宜力弭兵争，绥定邦家，要在曲从民意。当国内战端初启时，良曾规劝各方，勿以兵戎相见，东电所述，中外共闻；其喑音苦口，未经宣示国人者，稿本之多，几于盈尺，卒以力薄言轻，未能挽回劫运，战端一起，七月于兹，庐里丘墟，人民涂炭，伤心惨目，讵忍详言，战局倘再延长，势必致民命灭绝，国运沦亡，补救无方，追悔何及，此良所为栗栗危惧者也。人之好生恶死，既有同情，厌乱思治，终无二致。以良所见，无论战区内之身遭祸难者，固已憔悴难堪，即战区外之幸免颠连者，亦无不和平是望。良委身党国，素以爱护民众，维持统一为怀，不忍见各地同胞再罹惨劫。用敢不揣庸陋，本诸东电所述，与夫民意所归，吁请各方，即日罢兵，以纾民困。至解决国是，自有正当之途径，应如何补救目前，计划永久，所以定大局而餍人心者，凡我袍泽，均宜静候中央措置。海内贤达，不妨各抒伟见，共谋长治久安之策，良如有所得，亦必随时献纳，借补壤流，众志成城，时艰共济，庶几人民生活，得免流离之苦，国际地位，可无堕落之虞，是则区区所企望者也。迫切直陈，唯希亮察。

（司马桑敦《张学良评传》，原录自《国闻周报》七卷三十八期，民国十九年九月二十日）

## 附录二：蒋主席复张学良的“巧电”

沈阳张副司令汉兄勋鉴：巧电及通电全文奉悉，无任钦佩，维持统一以巩固国基，缩短战祸以解除民困，胥赖兄之热诚毅力。闻阎已通电下野，但其企图尚未明了。冯尤未必遽能觉悟。我辈态度稍有游移，转恐予以徘徊观望之机，大局仍难收拾。务望兄即日就副司令职，并促于、王两军克日进占北平保定与石庄，所有大河以北一切善后事宜，

谨以全权托兄处置。临电神驰，伫候赐复。蒋中正叩。印。号巳。（十九年九月二十日）

（《自反录》第二集，六二五—六二六页）

《传记文学》第五十一卷　第五期

# 张学良驻武昌趣闻

蔡孟坚

民国二十三年（一九三四）豫鄂皖三省剿共总司令部迁设武昌，副司令张学良即住武昌徐家棚附近洋园（系民初修筑湘鄂铁路时外国工程师的住所），当时我奉命拆筑汉阳门至徐家棚的沿江马路。该路完成后，因居民儿童，初见汽车驰骋，甚觉稀奇，某日张氏自驾敞篷汽车赴总部办公，忽遇一顽童将一草鞋投入车内，张氏亲携草鞋，径来警察局见我，戏谓："面送礼物一件！"当交出该草鞋，面告勿予追究，望以劝导方式来取缔。又记得其时某日张氏卫队旅谭海旅长来电话，告以与张氏同居的赵四小姐的大部分首饰被窃，要我派警察勿动声色去侦察，速为破案。当时我派警员数名伪装成整理花园的园丁，在无形中侦察，不及二日即查出系张家女佣所窃，寄存外面，当通知张公馆派人会同提出赃物。当午张学良邀我到他官邸午餐，约有张的亲信秘书王化一作陪，赵四小姐亦同席。其时张氏当我面把窃首饰的女仆叫到身边，责云："我如果有权骂你、关你，我即刻就要骂你、关你，你以后不准再犯。"仍嘱其照常工作。在饭后，张与我及王君谈一有趣故事，他说："我去欧洲考察时，住意大利时日较多，请一位历史教授，每周来寓所数次，讲述拿破仑个人生活故事。据说：拿翁在其办公室附近，设有欧洲式大浴池，门口有一卫士看守，拿翁每天一定时间入浴。某日该卫士认为拿翁入浴时间尚早，偷着解衣自己入浴，料不到拿翁那日提前来下浴，看见该卫士赤身在浴池。该卫士惊恐万状，立即裸体跳出，举枪敬礼，拿翁大为动怒。英雄遇事，自必当机立断，立刻命令当他（拿翁）明日去参观某处博览会时，令该卫士明日照此裸体举枪敬礼姿式，站在该博览会门口，不准乱动，以示惩罚与羞辱。当然该卫士遵命接受此一处罚。翌日当拿翁莅临博览会时，警戒森严，无人能接近那位裸体举枪肃立的卫士，迨拿翁进入会场参观时，场外即管制松懈，一群围观儿童们免不了戏弄该裸体卫士下部，其本人无法控制，生殖器竟勃起高举，拿翁出场，发现该卫士下部异状，大叹气说：'我拿破仑能控制整个欧洲，但不能控制人的性欲。'"张学良讲毕，我与王君大笑一场。彼时张少帅似系体会英雄心理，他讲述这一故事，无形中表示他对这位行窃女佣的处罚做法，本可有所仿效，不过表示他宽容而已。这也是张氏有趣的作风。

其后他的亲信秘书黎天才，被戴雨农（笠）检举有"共谍"嫌疑，此事发生后，张氏约我到他的办公室，问我知不知道英国囚拿破仑于大西洋某岛上的历史。我答以当然知道。他说："拟将某一个人，交给你，你把他放在武汉大学附近东湖中的中正亭，让他改过读书，不能公开监视他，也不能让他逃跑。"我答："东湖为一小湖，中正亭仅建于一小绿地上，与大西洋岛屿无法比拟，若不派警察公开监视，我无法担保他不逃。”他当时表示此事作罢。后悉即系黎天才其人，闻后来黎仍逃往共区，这是张氏仿效古代，出自天真之处。

彼时驻在武汉的巨头，即为张氏与张岳军主席，加上总部参谋长钱大钧将军，他们三人均感武汉夏季炎热，一同在东湖学习游泳，我亦参加，聘请武大体育主任袁凌指导。张岳公与钱将军均按时前往东湖学习，独张氏与我以公务忙碌为名，而时常缺课。某日我随张氏一同下水，见其背部斑痕甚多，当询其由，张氏坦白告以可能系以往有嗜好时打针痕迹，足见其坦直天真。

近年张氏与赵四小姐正式在台湾结婚，张氏多年来深究明史，并为虔诚基督徒，因不知其住所所在，更无见面机会。一九六八年四月某星期日。我偕家人参加礼拜后，到台北馆前街中国饭店八楼吃西餐，有侍役忽来向我耳语，说：“那桌的那位先生问你是不是姓蔡？”我向他手指的那桌看去，那人好像是张学良，我接着让这位侍役问他：“是不是姓张？”张氏立刻站起来叫我：“孟坚！我们三十几年不见了！”我只好跑近他身旁与他及赵四小姐握手，他并介绍同席保卫他的人员，我发觉他已是秃头，然面容尚未多变，赵四小姐则已是“徐娘”状态矣。张氏开口就说：“我们三十余年不见，我初来台北时看台北市政、警察、交通的混乱，最好请你出来整理一番，曾将此意告诉过张岳军、王新衡两先生，他们告诉你没有？”我答：“他们提到过，谢谢你对我的好感。”张氏未言其他，仅询我是否信教，我指着瑞颐（内子）说：“她是我家最虔诚的基督徒。”因他们先到先走，挥手而别，我发现他在付账时，竟详细审阅那张小吃的账单，并与他夫人赵四小姐商洽后才付几元小账。

“张少帅”晚年的大众化作风，在台北的朋友常常会看到他做礼拜、吃馆子、看电影。他经常与张岳公、王新街兄及张大千先生等来往。

每遇岳公、大千先生因小病住医院时，他夫妇常去探视，我曾先后遇到过多次。年及八十，精神健旺。我每次看到他，只握手问好而已。

《传记文学》第四十卷　第一期

# 西安事变两主角：蒋介石与张学良

刘心皇

## 一幕紧迫追求统一军权之悲剧

近一年多来，为辑注《张学良进关秘录》，阅读了许多关于蒋介石与张学良交往的资料。得知他们：一个是志切统一，再谈攘外；一个是誓报父仇，决心抗敌。两个人的想法不同，做法自异，他们虽然在一条战线上，解决了国内最大的战争，经过也多彩多姿，但一开始，就仿佛是一幕悲剧在开演。

### 一、蒋张二人对救亡政策的不同

在蒋介石方面，他当时已是国民政府主席、国民革命军总司令。在北伐成功后的“宁汉之争”“蒋桂战争”“蒋冯战争”“蒋唐战争”以及“蒋冯阎战争（中原大战）”，都是蒋先生力谋军权、政权、财权统一所引起的战争。在蒋先生以国家元首又兼军事统帅的地位，自难容拥兵割据的现象，所以，那些战争是可以理解的。后来，他又提出“先安内后攘外”的政策，在他为保卫他所代表的政权而定出这样的政策，也是可以“理解”的。

在张学良方面，对“杀父之仇”的日本极端痛恨。他在《忏悔录》中曾说：

> 痛恨日本对华之侵略，年幼时亲见日人在东北之横暴，及长也，明国家之大义。先大夫之遇难，“九一八”之暴行，致痛恨无已，念自力不足，国力不强，对国事问题，遂致时生幻想。

张学良这种“国恨家仇”的观念，认为军阀内战，对国事无所补益。故在《忏悔录》中说：

> 过于同情他人，不审远近厚薄之一义，常有同情对方之感，而对于失败者更时生怜惜之心，化敌为友之念。
>
> 厌恶内战，良年方弱冠，屡参战事，亲见因战乱原因，满目疮痍，民生凋敝，自己同胞互相残杀，而有为有志之青年，多为牺牲，大伤国家元气，衷心时为忏悔。

张学良不忘“国恨家仇”，故厌恶内战，欲转“内战”而为“抗敌御侮”。这在当时，是全国的民意所向。

## 二、东北易帜与对俄事件

### （一）东北易帜

张学良在未就东三省保安总司令之前，七月一日，通电致国民革命军领袖蒋介石、冯玉祥、阎锡山，表示尊重民意，决不妨碍统一。七月四日，张通电就任东三省保安总司令时，又表示：停止军事行动，建议召开国民会议，以谋全国统一。

张学良派邢士廉、王树翰等人，前往北平交涉。国民革命军四个集团军总司令蒋介石、冯玉祥、阎锡山、李宗仁适在北平会合公祭孙中山（灵柩在北平西山碧云寺。一九二九年奉安南京后，改为“总理衣冠冢”）。邢等先会见蒋介石，后又集体会见了蒋、冯、阎、李四人。

东北代表在两次会见席上提出了下面五个条件：

①南京拟在东北所设的政治委员会，应指派张学良为主任委员。

②国民革命军队伍不进入东北。

⑦南京不干涉东北军政。

④南京不在东北设宣传单位的分支机构。

⑤热河省划进东北，成为东北四省。

在这以前，南京政府所提的条件是：

①坚持东北军完全撤出关外。

②东北悬青天白日满地红国旗。

③服从三民主义。

④东三省政治委员会主任委员由国民政府派委。

⑤东三省划归第六军区，军区长官由国民政府派委。

由于邢士廉等与四个总司令的会晤，南京方面的条件大为缓和。蒋介石告邢士廉，只要东北易帜，并服从三民主义，其他条件都可商量，四个总司令之间，冯玉祥和李宗仁是坚主武力北进，以击败东北军为目的，反对蒋、阎的与东北妥协的政策，至七月十七日，李宗仁亦转而支持蒋、阎政策，并拍电给张学良，促其早日决心服膺三民主义。似乎其他条件都可不必再计议。

张学良与南京方面的和平妥协工作，已大致完成。张学良保有东北四省的自主权，而与蒋介石的统一工作还相距甚远。但由于关内的统一工作还千头万绪，只有和张学良妥协，保持名义上的统一。

在此时，张学良对日本谋杀他父亲，念念不忘，决不与日本妥协；故不接受日本鼓动搞独立王国的阴谋，亦不为日本警告不要与南京妥协的恐吓所屈服，毅然宣布易帜。其经过是这样的：

一九二八年十二月廿九日，张学良和东北军将领联名通电，宣布奉、吉、黑、热四省易帜，改悬青天白日满地红国旗之一举，一方面使得张学良继承乃父张作霖成为“东北王”的事业，获得了一个来自中央政权的承认的基础，依此张学良对东北军内部也确定了他的“少帅”权威；而另一方面，中国国民党统一中国的事业，却也因此获得了形式上的完成，尤其蒋介石在国民党内的权力基础特别因此更有了进一步的巩固。然而，也就在这同时，在国际关系上面，却也预伏了对他们二人政治事业一个强力打击的伏线。盖蒋的统一事业，使得我们强邻日本感到极大不安，而张学良在易帜之前严词拒绝日本对他依附南京中央的威吓干涉，更使得日本军部对华侵略派大为惊慌失措，因此，也就种下三年后日本军人驱逐张学良和向中国发动侵略战争的祸因。

日本对南京政府所施的压力和交涉，记载的资料极多，也为世人所通晓，至于当时张学良在东北和日本周旋时所进行的种种抵抗，一因九一八事变前未为中国一般舆论所重视，二因张学良九一八事变后成了“不抵抗将军”，他的这段成绩便被对他的一片不满的空气所抵消，因之，也就被人忘怀了。

原来，一九二八年六月四日张作霖在皇姑屯被炸身死以后，日本首相田中义一即开始对张学良施用压力。田中压力的目的有二：一是要张不服从南京中央，反对统一，反对易帜；另一则是要张承认日本在满蒙伸张其铺筑铁路的权益。

据梁敬錞教授的记述，张作霖死后的六月廿五、廿六两日，田中义一曾两电日本奉天总领事林久治郎，要他警告张学良，勿与南京政府妥协。林久治郎于六月廿九日、七月十八日、七月十九日三谒张学良，传以田中义一下列劝告意旨：

一、南京政府有共产色彩，地位未稳，东北殊无与之联系之必要。

二、如南京以武力压迫东北，日本愿尽力相助。

三、东北如需财政援助，日本正金银行考虑接济。

张学良认为这是日本干涉中国统一，拒绝了这个劝告。

田中义一又借吊张大元帅之丧名义，派驻法大使林权助以特使身份到沈阳。林权助在吊唁之后，与张学良密谈四次（自八月四日至十二日），其中八月九日的一段谈话，威胁最为露骨，其措辞的颟顸，俨然未把张学良放在眼中。其问答主要内容如下：

权助：国民政府内部纷乱，且含共产党色彩，如东三省与国民政府妥协，日本在东三省权益，将受损害，故东三省宜暂观望。如东三省蔑视日本警告，率行易帜，则日本又有采取自由行动之重大决意。望贵总司令决心镇压不良分子，如有所需，日本愿以全力相劝。

学良：予为中国人，自应以中国人之立场为出发点。予所以愿与国府妥协者，实不过欲完成中国统一，实行分治合作之政治而已。日本劝告，予固愿考虑，但最后仍当以三省民意为依归，不过就国际关系言，日本当亦不至甘冒干涉中国内政之不韪；而日本屡以强硬态度，对于威胁，予亦不解。

权助：日本对此已有决心，即冒干涉内政之嫌亦所不避，愿贵总司令速下决意！

学良：予之决意，以东三省民意为定，予不能拂视东三省之民意。

林权助威胁张学良时，中国方面有王家桢，日方有关东军的佐藤少将，均在座。佐藤少将并从侧面插言说，此时非讲论是非之时，田中首相之决意，即是非之抉择，贵总司令如拂田中首相之决意，东三省将生重大事故。

梁敬錞教授在批评这段史实时说：此段回答，今人回读，应知当年日本外交使节所对待吾国地方长官者是何面目。其时关东大军迫在肘腋，学良年未三十，身家生命危如累卵，而能坚护主权不受诱胁，实有足取。而张学良实即在这种强邻压境的威胁之下，毅然于十二月廿九日午前七时通令奉、吉、黑、热四省同时易帜，田中对东北易帜的干涉到此完全失败。

然而，田中内阁对张学良的压力并未因此放松。一九二九年春间，田中更为了敦图、长大、吉五、延海、洮索等路筑路权益，曾令林久治郎与斋藤良卫对张学良进行过五次严重交涉，最后甚至公言要以武力支持测筑路基工程云云，但张学良均严予拒绝。他的回答极简，他认为所有筑路权益事宜应由南京中央做主，日本可向南京去说，假若日本以武力强测路线，则因此引起排日责任他不负担。张学良的坚强不屈的态度，终使日本侵略满蒙计划在九一八事变前未得尺寸进展。

（二）关于接收中东路的对俄事件

民国十八年（一九二九）七月，接收中东路事件，引起苏俄的诉诸武力，至八月二十八日，苏俄军已经分别越境占领了吉林省东境的汪清和密山。十月十二日，苏俄占了同江，十一月一日占富锦，十一月十七日，苏俄空陆联军攻占西部国境的札兰诺尔，旅长韩光第率部万余名战死，继而东北里守军梁忠甲也被包围，最后也奋战被俘。

这时，南京外交部长王正廷先曾表示“关于防俄军事，仍望妥为布置，中央对俄，抱定一贯主张，自有确实把握”。最后又公开表示，西北军事结束后，中央方有力量与俄决战。至此，张学良对于南京也失望了。他的代表，东北边防长官公署驻京办事处长秦华，替他表白了心中的苦水。秦华对往访的记者说：

关于中俄事件，张长官决服从中央命令：安内御外；昔中央曾云，对防俄事，中央可出兵十万，拨军费数百万元，现中央因讨伐西北军故，无暇兼顾，致一兵未出，一文未拨。报载：中央接济东北军饷二百万元，系编遣库券，并非现款，此项库券现存上海，拟设法变为现款，然数目亦甚有限。张长官所处地位甚为困难，一面须防赤俄，一面须与日本周旋。关于外交事件，完全听命中央，关于对俄军事应付，虽边疆已受重大牺牲，然为中央政府外交上争荣誉，亦不能有所顾惜。

这年十月中旬，南京外交部亚洲司长周龙光衔蒋主席密令来到沈阳。蒋授权给张学良，要张学良从权设法由地方向苏俄觅求和平解决，不必太拘泥于中央交涉的原则。这表示中央也是没有办法了。

这时候，张学良无论外交上或军事上乃至财政上，早已不寄望于南京，既然蒋授意他可以从权处理，他当然也乐得趁早把中东路问题擅自收场。

## 三、张学良发表巧电，使权力达到巅峰

（一）

民国十九年（一九三〇）九月十八日，张学良发表“巧电”，结束了中原大战。张学良的“巧电”电文如下：

（衔略）窃以企图建设，首宜力弭兵争，绥定邦家，要在曲从民意。当国内战端初启时，良曾规劝各方，勿以兵戎相见，东电所述，中外共闻；其喑音苦口，未经宣示国人者，稿本之

多，几于盈尺，卒以力薄言轻，未能挽回劫运，战端一起，七月于兹，庐里丘墟，人民涂炭，伤心惨目，讵忍详言，战局倘再延长，势必致民命灭绝，国运沦亡，补救无力，追悔何及，此良所为栗栗危惧者也。人之好生恶死，既有同情，厌乱思治，终无二致。以良所见，无论战区内之身遭祸难者，固已憔悴难堪，即战区外之幸免颠连者，亦无不和平是望。良委身党国，素以爱护民众，维持统一为怀，不忍见各地同胞再罹惨劫。用敢不揣庸陋，本诸东电所述，与夫民意所归，吁请各方，即日罢兵，以纾民困。至解决国是，自有正当之途径，应如何补救目前，计划永久，所以定大局而餍人心者，凡我袍泽，均宜静候中央措置。海内贤达，不妨各抒伟见，共谋长治久安之策，良如有所得，亦必随时献纳，借补壤流，众志成城，时艰共济，庶几人民生活，得免流离之苦，国际地位，可无堕落之虞，是则区区所企望者也。迫切直陈，唯希亮察。张学良叩巧印

汪精卫于九月十九日电询张学良，对巧电“愿闻明教”。电云：

沈阳张汉卿先生、全国各军政机关、各民众团体、各报馆均鉴：顷读张汉卿先生廿三日通电，爱护和平、绸缪统一，仁言利溥，无任钦迟。窃意今日最急之务，在于除去内战之原因，战端既弭，兵祸自熄。谨陈管见如下：（一）开国民会议，总理孙先生遗嘱须于最短期间，促其实现。十七年间，全国统一，即宜举行，延至今日决难再缓，万不能以维持个人军事独裁之故，不恤动全国之兵以遏抑国民会议之进行。（二）全国代表大会，为本党最高权力机关，既采民主集权制，不能不由党员选举代表，若以一人指派圈定为得计，则何须乎有党部，何须有党员？故合

法之全国代表大会不可不开，否则党的分崩离析，无从补救。（三）在国民会议未开以前，施政方针，须废除个人军事独裁，努力扶植民主政治，更须造成廉洁政治，使外交财政一切公开，在国民会议未开以前即须有约法，以保障人民权利，规定国家机关之权限，及其相互关系，此约法将来可提交国民会议通过……兆铭与中央党部扩大会议诸同志，日常讨论，意见佥同。值此机缘，竭诚披露，是否有当，及如何实现，愿闻明教。汪兆铭皓。（《新晨报》一九三〇年九月二十日第一张二版）

当日，汪精卫在北平怀仁堂接见新闻记者，佯称局势恶化，只有奋斗到底，次日报纸将其与记者谈话刊载如次：

问：先生对张学良廿三电之意见如何？

答：兄弟今天上午接张廿三电，其用意有两说：（一）为求全国和平而发此电；（二）此电发后，赓续派兵西进，此时尚不明其意旨所在，如张意和平，而能将余致张氏电中所举四项，谋其实现，则吾人原非为对人而作战，一切自无问题，如果时局恶化，只有努力奋斗到底。我们还有太原、西安可去。

问：阎之意见如何？

答：已有来电，表示与我们一致地奋斗到底。

问：阎何日来平？

答：尚未定，因阎不仅负政治上责任，且负有军事上责任，不能前来。我们当推举几位委员前去商量。

问：赵戴文有来平消息，确否？

答：有来平消息，但现尚未到。因此我们先想多去几位到石家庄，现在或者少去几位。

问：东北军队动员，现达何地？

答：东北军扣车动员，为已然的事实，现达何地，止于何地，此时均不得知。

问：冯玉祥有电来否？

答：冯每日均有电来，报告战事胜利。

问：各委员有电致阎、冯否？

答：已有电去，其内容系将致张电文向之报告。

问：其他委员有电致张否？

答：各位同志当然可以去电，但何人去电，尚不得知，东北军此次扣车，为已然的事实。但究止于何地，此时尚不得知。

问：张学良于廿三电外，有无其他表示？

答：闻尚有具体方案，但内容不知。

问：贾景德、薛笃弼对于此事有电报告否？

答：并无电来，大约已有电向阎报告。孔繁霨已回来，对东北大概情形，略言一二。

谈至此，遂与记者作别而出。（《新晨报》一九三〇年九月二十日第一张二版）

从汪精卫对记者的回答中，可以知道他已到无可奈何的地步。张学良对扩大会议的实际主持人汪精卫的电报，当然也未予置理。

九月廿四日：东北军接收平津。

九月廿五日：楚溪春军退向南口。（北平讯）中山公园来今雨轩（城防自治联合会正式成立），北平市城防移交东北军之手。

十月三日：冯玉祥下令停战。

孙连仲首先表示向中央输诚，孙连仲由韩复榘引介，归顺中央。廿日孙连仲代表到南京，接洽投诚事宜，蒋主席允于收编。

十月十四日：冯在郑州，军权已交鹿钟麟（瑞伯）。十五日，鹿钟麟通电“静候措置”。

“巧电之应声”：联军全体将领电：开封公电、联军师长以上全体将领马（廿一）日通电。联衔复张学良。原文说：

沈阳张副司令勋鉴：顷读巧日通电，本悲悯之怀，为息争之计，仁言利溥，敬佩莫名，窃维年来政象纷纷，民生涂炭，惧大乱之将至，期政治之改善，本匹夫有责之义，进忠言逆耳之谋。冀挽狂澜，免生浩劫，与我公和平救国之旨，正复相同。讵意事与愿违，兵戎复起，将士死亡，皆我袍泽，军需供给，悉民膏脂，战区内外，直接间接之损失，更非可以数计，钟麟等目击心伤，欲泣无泪，倘有正当解决之途，孰忍自相残杀，今我公慨念时艰，指导祥和，凡有血气，莫不同情，第事贵得平，纠纷自解，倘已往之乱源，则将来之隐忧靡已。我公既具排难解纷之热心，谅必公正主张，以顺人望，究宜如何循正当之途以定国是，谋目前及永久之计，以图永安，敬祈详示，但能有利于国，有益于民，钟麟等无不乐从，掬诚奉复，诸希谅察。鹿钟麟、徐永昌、石友三、邓瑜、商震、黄绍雄、刘郁芬、白崇禧、宋哲元、张发奎、杨爱源、孙良诚、张荫梧、李培基、孙连仲、杨腾辉、周玳、刘骥、熊斌、李兴中、秦德纯、庞炳勋、孙楚、张维玺、傅作义、任应岐、孙光前、郑大章、刘春荣、刘汝明、杨效欧、梁冠英、田金凯、赵承绶、冯治安、李服膺、马鸿宾、孙殿英、米文和、关福安、马麒、石振清、李生泽、苏明启、赵席聘、王靖国、沈克、井岳秀、岳相如、刘桂堂、杨耀芳、陈毓耀、张会诏、魏凤楼、冯鹏翥、高桂滋、吉鸿昌、张自忠、阮玄武、张印相、鲍刚、杨龙泉、段承泽、王和民、周士廉、秦建斌、王冠军、张德顺、刘凤岐同叩。马。

自张学良巧电劝“各方罢兵，静候中央处置”，同日，东北军第五旅董英斌为先锋入关接收平津，十月五日阎、冯、汪自石家庄通电张学良，随即下令各军退到黄河北岸。冯部鹿钟麟、宋哲元等发表通电，宣布遵命撤防，静候措置，宋等由陕渡河入晋。十月十五日，宋哲元、鹿钟麟、刘郁芬等发表删电称：

沈阳张学良先生公鉴：年来内战频仍，民生涂炭，今岁为图政治改善，以致兵戎复兴，元气亏耗，人民牺牲，至于不可纪极。钟麟不幸，躬与其役，目击心伤，欲哭无泪，自汉卿先生通电主持和平，当即首先赞同，以为永杜乱源，唯在民主政治之实现，本月江日当局江电，主张依法另行召集全国代表大会，并厘定约法，速开国民会议，悉本总理遗训，实现民治精神，凡我国人所需要，既见容纳，即我袍泽为民请命之目的可望完成，嗣奉阎、冯、汪三公微（五）日通电，万重汉卿先生促进和平之旨，接受当局以政权还诸国民之意，通饬各部罢兵息民，钟麟等始愿既达，乐观厥成，即日遵令撤防，分驻新乡、修武、博爱、沁阳、陕灵、潼关一带，以期实现和平，至于军事善后，如何妥筹收束，谨当静候公平措置。钟麟许身党国，无补时艰，但使国是能依照上述方针，早日进行，此间部队收束就绪，钟麟个人即当解甲归田，遂我初服，谨电奉闻，诸唯公鉴。鹿钟麟、刘郁芬、宋哲元、孙连仲、孙魁元、庞炳勋、刘骥、郑大章、刘汝明、马鸿宾。删（十五）印。

十月廿二日，蒋主席由京返奉化。同日任命李鸣钟为豫皖鄂三省边防清乡督办、第廿三路总指挥，辖吉鸿昌、葛云龙、张印相三师。张之江为江苏省边防清乡督办、第廿四路总指挥。梁冠英为第廿五路总指挥。刘镇华为陕甘晋三省边防清乡督办、第廿二路总指挥。刘郁芬为军事参议院参议。

（二）

张学良进关，中原大战胜负立分。蒋先生根据承诺，将收拾华北残局的全权委诸张学良。蒋遂决定南返。张学良向来反对内战，当进关逼阎、冯下台时，即有默契，宽大处理其部队。后来，与蒋先生陈述此项意见，亦并未遭到反对。后来在天津会见阎锡山，又与商震、徐永昌、宋哲元、庞炳勋、傅作义、杨爱源等将领开会，决定编为五个军十个师。二十年（一九三一）一月二十六日，蒋先生与张学良联衔发表改编各部队的军、师长姓名如下（按此等编制，系加入东北边防军的序列，其第一、二军军长为于学忠、王树常）：

第三军军长宋哲元（西北军辖两个师）

第四军军长商震（晋军）

第五军军长徐永昌（晋军）兼山西清乡督办。

第六军军长杨爱源（晋军）

第七军军长傅作义（晋军）

第一师师长庞炳勋（西北军）

第二师师长孙魁元（殿英，杂军）

第三师师长杨效欧（晋军）

第四师师长冯鹏翥（晋军）

第五师师长孙楚（晋军）

第六师师长杨澄源（晋军）

第七师师长王靖国（晋军）

第八师师长杨耀芳（晋军）

第九师师长李生达（晋军）

第十师师长傅作义（兼）（晋军）

以上所列的编制，为晋军将领所不满，旋增编孙楚为护路军司令，辖三个旅。赵承绶为骑兵司令，辖三个旅。周玳为炮兵司令，辖十一个团，另编三个独立旅。

至于西北军的大员如鹿钟麟、刘郁芬都乘机赴天津，弃了冯玉祥，冯的嫡系部队如吉鸿昌、梁冠英、张维玺、孙良诚、孙连仲也都先后叛冯投向中央。

而退入山西境内者，只有宋哲元、张自忠、刘汝明、赵登禹等败兵残将了。

十二月十七日，宋哲元抵平，与商震、杨爱源、傅作义、庞炳勋、孙殿英等晋见张学良，共商西北军与晋军改编问题，当时西北军各部由河南战场渡河，集中晋南，兵力尚有七万。

张学良决定的改编办法：

把西北军缩编为一个军，辖三个师，孙良诚另有任用。

以后中央核减一个师，只准一个军两个师。编遣费定为三百万元，正式任命宋哲元为东北陆军第三军军长，宋奉命后即于二十年（一九三一）二月六日就职。

东北第三军成立，其中以宋哲元资望最高，乃公推宋任军长、刘汝明任副军长、张维藩任参谋长、冯治安任卅七师师长、张自忠为卅八师师长。过之纲带来一万五千多人，反而身无一职，愤而离去。同年六月，中央整编全国陆军，才正式改编宋哲元部为陆军第二十九军。其编制及驻地如下：

军长宋哲元，驻解县，后迁运城

第卅七师师长冯治安，驻运城

第一旅旅长赵登禹，驻离石

第二旅旅长鲍刚，驻翼城

第三旅旅长李金田，驻解县

第卅八师师长张自忠，驻曲沃

第四旅旅长童玉振，驻曲沃、侯马

第五旅旅长张春第，驻曲沃

第六旅旅长张人杰，驻翼城

至此，西北军的名义，已被完全取消而成为历史名词。

民国初年，陆军第十六混成旅已干预政治，随后发展到囚曹锟、逐溥仪出宫的首都革命，曾经睥睨一时，为国人所侧目的西北军，声闻国际，深得俄援，都由冯玉祥一手所创建，到十九年（一九三〇）中原战争，也是冯一手所断送。西北军自兴起至瓦解，何其速也。西北军的五虎上将张之江于十四年（一九二五）失势以后，十六年（一九二七）四月黯然别去，归于中央；李鸣钟始终反对战争，战后蒋主席都畀以绥靖地方的重任。鹿钟麟、刘郁芬战后已无兵卒，乃通电下野，唯有宋哲元等依然留于军中，收编西北军残部。有感于内战之残酷，沉痛的心情，一改变十九年来追随老长官的路线，从不再为人做内战工具，唯有对抗帝国主义的侵略。所属陆军第廿九军，在训练方面依然秉承冯的衣钵，而成独立军旅，于抗日战争中，有显著贡献。

西北军各将领，分别离冯而去，冯也自此走下军事舞台。嗣后，而只有政府给予的位尊而闲的差事了。

（三）

东北军占领平津后，扩大会议立即垮台，阎记国民政府随之瓦解。

阎、冯失败下台后，蒋大封东北诸将，以第一军军长于学忠为平津卫戍司令，第二军军长王树常为河北省府主席。并授张以节制奉、吉、黑、冀、晋、察、热、绥八省军队之全权，将平、津、青岛三特别市划归副司令管辖。在南京政府内部，奉系军政人员红极一时，张作相、王树翰被任为国民政府委员，张景惠、刘尚清被任为中央政治委员会委员，刘尚清兼任内政部长，张景惠兼任军事参议院院长。

至此，张学良的权力已达到巅峰了。

## 四、张学良进京欢迎盛况前所未有

民国十九年（一九三〇）十一月，蒋邀请张参加国民党的三届四中全会。张抵天津时，蒋派文武大员各一人，武为国府参军长贺耀祖，文为上海特别市长张群，前往天津欢迎。津浦路沿线各车站遍贴大字标语，称他拥护中央，促进统一，大有功于党国。十二日，蒋命文官简任以上，武官少将以上，一律身穿制服，渡江到浦口恭迎。张下车登上专轮渡江时，狮子山炮台鸣炮十九响，本国军舰奏“迎上将”军乐，外国军舰均悬中国国旗欢迎。抵岸后国府卫队分段警戒，装甲汽车开道掩护前进。宋子文将铁汤池财长官邸腾出来为张的行馆，所有随从人员均下榻南京的豪华旅馆中央饭店。这种盛况，也为南京开府以来所未有。

张在南京逗留时期，每次在大庭广众之中出现，总是与蒋并肩而行，蒋妻宋美龄与张妻于凤至也是一样。外传蒋张二人已结盟为兄弟，我问过张的胞弟张学铭，则称并无其事。张在南京时，宋霭龄、宋美龄姊妹一定要张妻于凤至到上海一见其母，于偕张学铭、朱光沐同行。于到沪后，宋氏姊妹拜其母为干娘，从此她们便以姊妹相称。她们曾着同样服装合摄一影，于立于中间，伸两臂各挽一宋之颈，其亲昵之状，胜过同胞手足。蒋以年长不便与张结盟为兄弟，但通过其妻与张结为干亲，这也够得上说交友之道做得至矣尽矣了。

## 五、关于谁是不抵抗主义者？

九月十八日夜，日本炮火突然红遍了沈阳城，驻扎在该处北大营及郊外的我国大军，接受荣臻及张学良的不抵抗命令，避免与日兵冲突，立时退出，于是不到二十四小时，我国东北的七万五千余平方里的版图，立刻变了颜色。我关东三千四百余万的人民无辜的引颈就戮。我东北的物质、精神皆被日本兽兵扫荡而空之。我东北当局苦心所发明的“不抵抗主义”，遂弥漫了全国。

这是直指张学良是不抵抗命令的发布者，因为张学良是东北当局的最高负责人，对于戍守东北竟以不抵抗把大好河山拱手奉送日人，说他没有责任是说不过去的，说他是自发自动的不抵抗，也不是事实，但是在当时全国舆论界，甚至国家要员，都把责任推给张学良，都没有说到张学良受到命令，都说张学良的不抵抗是自主的甚至是疏于职守。再配上马君武的一首谤诗：

赵四风流朱五狂，
翩翩蝴蝶正当行；
温柔乡是英雄冢，
哪管东师入沈阳！

诗中所说的电影明星胡蝶女士，后来证明当时不在北平，且从未与张学良往还，亦未曾谋面。张学良在幽禁中曾向人表示，马君武完全是替汪精卫向他进行人身攻击，而作此诗。至于张学良之开罪汪精卫，系十九年（一九三〇）张发表“巧电”，搞垮了汪、阎、冯等反蒋的扩大会议，是其主要原因。但由于马君武的谤诗，更使人相信张学良是不理军务政事的荒唐者，更坐实了他的不抵抗！

从此，张学良成了不抵抗将军，全国人对他的冷嘲热骂，不遗余力。

从后来出现的《西安事变忏悔录》中，关于不抵抗政策的功过得失，只字未提。不过从一些旧资料记录上看，张学良对他自己负了这个不抵抗将军的污名，实在心有未甘。他曾对王卓然说：

> 不抵抗的责任不应由我张学良一人负担，就算是我一人的罪过，那么一误岂堪再误！一人误，岂可全国也误，一时误岂可永久皆误。国人皆骂我不抵抗，现在大家就应一致奋起，一致抵抗才是！

究竟这个不抵抗的命令，是怎么来的，一查当时的资料，便可了然：

原来，九一八事变前两个月，七月间万宝山事件发生时，张学良便曾向南京的蒋主席请示过对日和战的态度，蒋介石在七月十二日复张的密电中，戒告张学良谓："日本诚狡黠阴险，然今非我方对日抗战之时，除另电王部长外，吾兄亦应监视民众勿生轨外行动。"于右任就在七月十三日复张电中，强调以平定内乱为先，"希望东北同志体会此意切戒轻举"。事实上，张学良七月八日给东北政务委员会的训令中已有了类似的表示："一旦与日开战，东北必败，日本胜时必有索求。因之对日工作不论对方态度如何，我方只应限于据理力争。"

蒋介石又担心因万宝山事件导致全国性的抗日运动，曾在江西抚州给南京政府及张学良拍发电报，内称："发生全国的排日运动时，恐被利用，同时对于中日纷争，更有导入一层纷乱之虞。故官民须协力抑制排日运动，宜隐忍自重，以待机会。"张学良复电也说："努力隐忍自重，勿使日本乘其间隙。"八月间中村事件发生后，蒋介石又给张学良发来铣电，内称："无论日本军队此后如何在东北寻衅，我方应予不抵抗，力避冲突，吾兄万勿逞一时之愤，置国家民族于不顾。"张学良接铣电后，转知东北各军事负责长官一体遵照执行，并于九月六日电令臧式毅主席、荣臻参谋长："查现在日方外交渐趋吃紧，应付一切，亟宜力求稳慎。对于日人，无论其如何寻事，我方务须万方容忍，不可与之反抗，致酿事端。即希迅速密令各属，切实注意为要。"

关于不抵抗，冯玉祥在《我所认识的蒋介石》一书中曾有所揭露。"九一八"那一天，参谋长荣臻由辽宁打电话报告张学良，问他怎么办？张回答说："日本人要占什么地方，随日本人占，我们是不抵抗主义。"为什么这样说呢？因为张请示过蒋介石，蒋对张学良说："无论日本人占什么地方，都随日本人占，我们是不抵抗主义。"又说："这话是我说的，但你不许对别人说。"当时全国的舆论，因为张学良说不抵抗主义，大家都攻击张学良，但张学良有苦说不出来。在西安事变前，张学良自己也向群众公开说过："自从失掉东北四省，全国人民无论男女老少，无不骂我张学良，我何尝不敢打日本强盗呢？上级不许我打，这种隐痛是一时不能对人说的。"西安事变后，张学良在南京军事法庭上辩护说："过去国人都责怪我出卖东北，现在我要读一封蒋委员长给我的电报，请大家看看我是不是抗日？"说着从衣袋里掏出个小钱包，从中拿出蒋介石的电报宣读。大意是：沈阳事变，命令张学良不抵抗。另据当时任张学良机要秘书的郭维城证实，九一八事变当夜蒋介石命令张学良不抵抗的电文"一直到现在还保存着，蒋介石是无法抵赖的"。由此可见，张学良只不过是不抵抗政策的执行者，蒋介石才是不抵抗主义的发明人。

从以上的资料，证明是中央命令也就是蒋介石的命令，使张学良不抵抗的！

当时，一般人都认为蒋介石不想为东北而打全面战争，才令张学良不抵抗，是恐惧事件扩大，不仅东北沦亡，而且要扩大到关内，甚而引起全面战争，那就是"置国家民族于不顾"了。最重要的，还要由张学良负起不抵抗的责任。

张学良到这步田地，也只有听命令，从事不抵抗了。虽然舆论方面一直抨击张学良的不抵抗，但历史家却认为决定不抵抗政策的责任，南京中央政府应是责无旁贷的。

## 六、张学良奉命负起不抵抗的责任，下野出国

关于张学良负起不抵抗失去广大东北的责任，于是演出极戏剧化的"下野出国"的一幕。何柱国关于这一幕，曾有极传神的描写。他在《西安事变前后的张学良》一文中说：

> 热河失守后，华北危在旦夕，全国人民无比愤慨。国民党南京政府又把失地的责任推到主持北平军分会的张学良身上。张学良被迫引咎辞职。
>
> 张学良辞职电发出后，蒋介石从南昌电约张到保定会晤。一九三三年三月八日夜，张学良偕同顾问端纳以及汤国桢、王卓然等乘专车前往保定。张学良本以为蒋介石会来慰留他，因此还想请求调集全部东北军，补充弹药后反攻热河，收复失地。他们到保定后，蒋介石的专车还没有到达，宋子文已先到了。他传达蒋介石的意旨说："失东北、丢热河，委员长与副司令都是责无旁贷的。现在全国舆论纷纷谴责你们两人，因此你们两人中，必须先有一人下野，才能平息民愤。"这时张学良才醒悟过来，原来蒋介石约他会晤，是要他下台。他便答复宋子文说："既然如此，那就请委员长免除我本兼各职，严予处分，以谢国人！"于是宋子文立即将张学良的原话电告蒋介石。午后，蒋介石的专车到达保定。张学良与宋子文立即登车和蒋介石见面。不等张学良开口，蒋介石便说道："我接到你辞职的电报，知道你的诚意。现在全国舆论纷起诘责，对我们两人都不谅解。我们两人比如风

雨同舟，命运与共，必须有一人先下水，来平息全国人民的愤怒情绪，否则将同遭没顶。所以我决定你先辞职，待机再起。子文转达了你已慷慨同意，这是好的，好的。一切善后问题，可按照你的意见办理。有什么问题，与子文商量，他可以代表我。”

张学良当即率直地回答说：“我不战而失东北，早就应该引咎辞职。今又丢失热河，更责无旁贷。我当然应该先下水，请即免去我本兼各职，以伸国法，而振人心！……不过，日本早已野心勃勃，妄想吞并我全中国，希望中央迅速调派劲旅北上，收复热河，保卫华北！”

蒋介石说了几个“好，好，好”，便和宋子文下车去了。过了一会儿，蒋介石亲到张学良的专车上回访了一下，便登上他的专车走了。张学良返回北平后，即对公私作了安排。经过榆关和热河战役，东北军剩下二十六万人。他将部队编为四个军，由于学忠、王以哲、何柱国、万福麟四人分别统率。临行之前，他召集东北军主要将领，讲了一次话。他说：“我要到国外去走一趟，不久就会回来。为什么在国难家仇这样严重的关头，丢下你们，离开袍泽？这不用讲，你们都明白。我走以后，你们要好好干，要保存东北军这一点实力，作为抵抗日本、收复东北的基本力量。我们不收复东北，对不起先大元帅在天之灵，对不起东北三千万老百姓。中央给我们河北省这块地盘，交给孝侯（于学忠）负责。流亡在关内的东北乡亲很多，都已无家可归，要照顾好这些人。多给孝侯一些队伍的目的，就是为了顶住日本人的进攻，保牢河北省这块地盘。”

一九三三年四月十一日，张学良携带家眷和随从，由上海乘意大利“罗西伯爵”号轮船，出国考察。

关于张学良听到宋子文传达蒋介石的意旨说："失东北、丢热河，委员长与副司令都是责无旁贷的。现在全国舆论纷纷谴责你们两人，因此你们两人中，必须先有一人下野，才能平息民愤。"这时张学良猛然觉悟到蒋介石下令不抵抗以至失东北、丢热河，原来的目的是叫他下台的。于是他便以我不入地狱谁入地狱的精神，答复："既然如此，那就请委员长免除我本兼各职，严予处分，以谢国人！"张学良这种轻释兵权的风度，《大公报》曾予赞美。漱流在《张学良和西安事变忏悔录》里说：

> 一般而言，南京方面对东北军的印象本来不佳。"巧电"之后，张学良之跃居华北领袖，有人也只觉得这只是张的一种因缘际会，甚至认为蒋介石对张的"捧上九天"有些过分。黄郛夫人的回忆录中便公然认为东北军远不若晋军、西北军较可期许。但热河失陷后，张学良以"不抵抗将军"污名下野出国之际，天津《大公报》却对张学良喝了一声采，该报除替张叫屈，认为热河之失，责不在张，并历数张之爱国家识大体之美德外，同时更说："以拥众十数万之大军领袖，经保定车中一席谈（指与蒋晤谈），居然放下兵权，自请摆脱，又不可谓非中国军界之一创例也。"
>
> 张学良之轻释兵权和他的和平主义思想以及对权力缺乏积极热情似有关系。从张学良的一些言动上，甚至可以找出他对权力畏避的若干线索。

《大公报》社论的赞美，获得大众的认同，假如冯玉祥、阎锡山等有此种胸襟，何致在编遣会议后发生很多次的战争，历年的内战，把国力消耗殆尽，还怎么能谈到"攘外"呢？

名记者陆铿当时曾有评论："……谁都不能否认，中国没有一个军阀能像张学良那样，手握几十万大军的兵权，最高当局一声令下，二话不说，全盘交出，没有半点拖泥带水。为什么？国家民族在他心目中有了压倒的地位。……充分表现了识大体、顾大局的负重精神……"

## 七、对"东北四省被占"的石破天惊的解说

蒋介石口述、陈布雷记录、用徐道邻名字发表的《敌乎？友乎？》其中有一段是对"东北四省被占"的解说，直截了当、坦白无隐，其震撼程度，令人有石破天惊的感觉！他说：

> 日本如以任何理由对中国正式用兵，中国的武力比不上日本，必将大受牺牲，这是中国人所不容讳言。但日本的困难，亦即在于此；中国正唯因为没有力量，即是其不可轻侮的力量所在。战争开始，在势力相等的国家，以决战为战事的终结；但在兵力绝对不相等的国家，如日本同中国作战，即无所谓正式的决战，非至日本能占尽中国每一方里之土地，彻底消灭中国之时，不能作为战事的终结。两国开战之际，本以占领政治中心为要着；但在对中国作战，如以武力占领了首都，制不了中国的死命（**因中国尚在革命未成时期，俟下面再详论之**）。日本至多也不过能占领到中国若干交通便利的都市，与重要的海港，决不能占尽四千五百万平方里中国全土。中国重要都市与海港全被占领时，在中国诚然将陷于极度的困苦与牺牲，然日本亦何尝能彻底消灭中国之存在？即就东北四省被占为例，在中国国家丧失此重要之领土，当然为一极严重之损失；但以革命期内的国民政府性质视之，一时的得丧几无关系，且无宁谓塞翁失马。盖吾人曾听到中国国民党当局说："收复东北，革命党当然应负其责任；

> 但失去东北，革命党不负其责任。”作者不是国民党党员，对于此话，不欲断言其是否为国民党自圆其说。事实上，东北在“九一八”以前，仅名义上归属于国民政府，而军权、政权、财权俨然独立，至少可说非革命势力范围以内之地。不过从前是有名无实，而今则并丧其名；但表面虽属沦亡，实际自东北被占以后，东北军队反得因此而完全统一于中央，东北人心亦彻底认识民族主义的意义，精神上更密切归属于统一的中国之下。就此一段的证明，可以知道，日本若以继续侵略蹙削中国疆土为得计，其结果不过使中国踵行放弃欧洲退保亚陆时的土耳其的先例，缩短战线，出死力以争生存。彼时两国人民的生命牺牲，惨烈不堪预想，但兵连祸结，日本毕竟能否达到彻底消灭中国的目的呢？

这一段话，对东北的军权、政权、财权的俨然独立，很不以为然，而对其“被占”，“在中国国家丧失此重要之领土，当然为一极严重之损失；但以革命期内的国民政府性质视之，一时的得丧几无关系，且无宁谓塞翁失马”。总而言之，这么一来，“东北军队反得因此而完全统一于中央”了。

这种解说，竟认为失去东北，与极力谋“军权、政权、财权之统一”的政策，是有帮助的！这种话，出乎张学良的领袖之口，岂不骇人听闻！

## 八、论蒋介石的“安内攘外”政策

蒋介石自东征、北伐以及北伐之后的蒋桂战争、蒋冯战争、蒋唐战争、蒋冯阎战争，都是在蒋先生竭力从事军权统一运动时，所发生的内战。

一直到民国廿年（一九三一）九一八事变之后，在不抵抗主义政策之下，被日本侵占了东北三省，接着又侵占了热河。日本军阀食髓知味，侵略势力又蔓延到了关内。

在这种外侮节节进逼的时代背景中，蒋先生提出了先安内后攘外的政策——简称“安内攘外”，对日本的侵略，主张妥善应付，能拖延一些时间，将国内的问题解决后再来对付日本的侵略。

但蒋介石极力推行“安内攘外”政策，他撇开日本的侵略，要将所能调动的军队以及集中全国的人力、物力围剿中共。这时，他忽略了民意，忽略了全国民心的向背。说到蒋先生不大注意民意，尚有一例可以证明，一九五〇年国民党党务改造，成立改造委员会。在用茶会方式送过去的国民党中常委时，李宗黄说：“党务改造是一件前所未有的大事，总裁应该召开一次常务委员会讨论决定，现在总裁下个条子就改造了，总裁未免负责任太大！”蒋说：“李宗黄同志，你认为你还有群众！我告诉你，你的群众就是我！”这个“我”，就代表了一切，哪有什么民意？

当时蒋先生所提倡的“安内攘外”，中共当然是反对者。唯主张立即抗战的人，却绝不尽属中共。反过来说，日本侵略的气焰，逼使全国的人倾向立即抗战，认为内战不能再打了。这是那个时代政治的主流，中共认清了这个主流。蒋先生认为个人的意志可以改变风气。关于这一点，他深信曾国藩的话，曾国藩在《原才》(《求阙斋文集》)一文说：

风俗之厚薄奚自乎？自乎一二人之心之所向而已。民之生，庸弱者戢戢皆是也；有一二贤且智者，则众人君之而受命焉；尤智者，所君尤众焉。此一二人者之心向义，则众人与之赴义；一二人者之心向利，则众人与之赴利。众之所趋，势之所归，虽有大力，莫之敢逆，故曰：“挠万物者莫疾乎风。”风俗之于人之心，始乎微终乎不可御者也。

蒋先生为曾国藩的信徒，他便认为曾国藩所说的一二人之心可以改变风气是真理。所以，他对这个时代的政治主流，加以漠视，他认为他可以改变它。这种中流砥柱的精神，这种挽狂澜的气概，他认为是领袖应有的坚强意志。郭增恺说：

譬如张溥泉先生罢，在总理孙先生容共时期，他是一个反对者。但到一九三三年，有一次我去西京筹备委员会闲谈，那天因只有我们两人，溥泉先生即颇沉痛的问我："你想，人们是愿意做亡国奴呢，还是愿做穷人而不做亡国奴？"从这句话可反映忧时之士的彷徨了。再说，就军事和组织的实力而言，那时只有三万武装部队和三万党员的中共，实在已不成为能够长期抵抗政府的力量了。然而，它竟能挽救其危亡的处境，那就与当时的时代背景有关了。

举例来说，河北省高阳县是一个每年有价值三千万银元的布匹输出到蒙古去的县份，手工纺织和蒙古贸易使它成为异常富庶的地区。照理，这样的县份不该会接近"共产党"的，也不该成为"共党温床"的，但当"芦沟桥事变"一起，刘峙将军指挥平汉铁路大撤退后，四乡人民立即在自己的门前悬挂一条红布，表示抗战。他们对于所谓"红旗"也者是代表着些什么，说实话，是并不懂的。他们内心的想法只是：八路军是抗战的，因此便不求甚解的挂起了红布。他们所想的亦只是抵抗"日本鬼子"而已。教这样心理的人们去接受当局所理解的"安内"之重要和非安内不能"攘外"，那是不可能的，而安内攘外政策的基础，却正建立于这样时代背景之上！诸如此类的事象，是实实在在存在的！

如与高阳县的老百姓们比较起来，张汉卿将军和杨虎城将军似已持重稳健得多了。汉卿将军在一九二九（八）年的换易青天白日旗，是其热望国家统一的表现。欧游回国之后，他坚决“拥护领袖”也是不折不扣的。他教他的干部与复兴社合组“四维社”，这更明白表示了。他觉悟到必须要举国一致，方能洗雪他的国难和家仇。就是从这点，便可了解“西安事变”的设计，原本完全不是十二日在华清池经过那样的。

据杨虎城将军告诉我，“洛阳祝寿”前后，汉卿的内心非常的苦闷。其思想转变的过程，亦即对安内攘外政策的犹疑过程，这里暂且不去说起，唯其急望能够促成“共同抗战”的局势，则殆已痛苦的内决了。最初，他曾试图邀约几位重要的军事首领，分别的或共同的向蒋先生作坦率的建议，但因故未能实现。及蒋先生巡视西北，他又想单独向蒋先生痛陈所见，又因蒋先生之“严父”的态度，不获毕其所欲言。

关于张学良欲向蒋先生进言停止内战，促成“共同抗战”一节，在他的《忏悔录》中，曾有说明，他的“厌恶内战”的心理甚为强烈。他说：

过于同情他人，不审远近厚薄之一义，常有同情对方之感，而对于失败者更时生怜惜之心，化敌为友之念。

厌恶内战，良年方弱冠，屡参战事，亲见因战乱原因，满目疮痍，民生凋敝，自己同胞互相残杀，而有为有志之青年，多为牺牲，大伤国家元气，衷心时为忏悔。

这二款，很清楚地表现了他的政治感觉。而所谓“同情他人，不审远近厚薄”，也正就是他对待共产党的一种态度。他对共产党“总觉得同是中国人，不过是所见不同，权利之争，今日可以为敌，明日在某一目标下，又可为友矣”。

他把这种“不审远近厚薄”的态度，似曾对蒋介石有过较透彻的表白，在蒋的著作中也曾如下写到这一点，其内容也较《忏悔录》详细。

> 他（指张学良）又自述其从二十余岁起，担当方面军任务以后，参加内战，已是不少，乃用他自身过去的经历，来判断其利用共党抗日的看法。例如于学忠原系与他对敌作战的，但由他收编以后，乃成为他忠实的部下。宋哲元亦是同他对战很久的敌人，后来和谈后，就成为他的良友，而且他自己对我中央国民革命军亦曾对抗作战的敌人，但一旦为了国家的统一，归向中央，他本人就是很忠诚的服从中央，完成了统一。因之，他认为与“共军”停战以后，亦必如过去各种内战情形一样，他总觉得共党亦是中国人，今日在某一问题上，虽已成为敌人，但明日在某一目标下，亦尽可为良友。

不过，蒋的记述显然地漏掉了张自述中的几个重要字句。而这几个重要字句正是最代表张的政治感觉的。张的自述中认为“同是中国人，不过是所见不同，权利之争”。也就是说，张学良把现代中国的一些内战，统视为“所见不同，权利之争”的。既都是“所见不同，权利之争”，便没有什么绝对的是非曲直，因之，若有化敌为友的可能，也自然可听其化敌为友了。

张学良之能有如斯想法，其实并非偶然。正如蒋文中所写的，张学良在未归中央之前是和国民革命军对战过的，在此之前，张学良并非国民党员，当然也就没有国民党员所具有的孰为敌友或孰为正统与异端的政治感觉。而且，犹有甚者，在这之前，张学良所视为异端者恐怕正就是国民党和国民革命军呢！

一九二七年四月六日，当国民革命军的北伐部队方进出到京沪地带的时候，张作霖命令北京的东北军宪兵包围了苏俄大使馆，逮捕了中俄共产党人李大钊等六十余人，同时并检出关系苏俄重要文件无数。就是这批重要文件后来不久便汇编成为十一大卷的《苏联阴谋文证汇编》公布于世，其中便有《苏俄与国民党联系工作卷》和《苏俄与冯玉祥军联系工作卷》，而《苏俄与国民党联系工作卷》中，国民党和苏俄顾问间的会议记录以及蒋介石向苏俄所提的工作计划，支领经费的收据等便赫然在目。和国民革命军处于敌对状态的张学良方在苏北豫北一带前线指挥军事，北京方面的这一重大情报，他自然知之甚详，在他眼目中的国民党和国民革命军是一群受苏俄利用的“赤匪”，当无疑问。他后来听命于国民党中央，尽管形式上是为了国家的统一，恐怕也只是一种“权利之争”上的妥协，化敌为友的一类型而已。

张学良既有这样的认识，又身居“西北剿总”的副司令，实行“安内攘外”的政策，而又反这个政策。怎么能成功呢？

## 九、“领袖就是你们的父母”

民国二十二年（一九三三）年底，“闽变”发生，张学良奉蒋电命回国。《忏悔录》中曾写下此时他的心境：

> 为不心愿之工作而工作。良由国外归来，拟为将来抗日作预伏之工作。……到沪之后，本希冀为侍从室主任。其原因，良自思，从未作过任何人部下，未有过任何长官（先大夫父子关系，不可同论）。愿在蒋公左右学习学习，亦可加深彼此之认识，又

可同中央诸同志多有接触，以便为将来对日作战时易于共处。似先在杭澄庐时，良曾向蒋公道及，愿任侍从室主任之意，不幸之甚，此一志愿，未能达到。三省剿共副司令一职，本拟不就，王维宙（即王树翰）再三劝阻，嘱良不可有所表示。归国当时之志愿：一、本想为一超脱军人，不再统率东北军为私情所累。与他们仅保持超然关系，以备将来抗日也。二、不希望参与任何国内战。但其结果，事与愿违。

张学良在国外，看到意、德两国的法西斯蒂很能团结内部，增强国力。因而在他回国后，想做领袖的部下，建议拥护领袖，而发表拥护领袖之理论。

他于一九三三（四）年一月八日搭轮抵沪，第二天接待新闻记者发表游欧感想说：意大利与德国之所以复兴，因为他们民众能够万众一心拥护领袖，所以领袖有力量，能克服复兴途上的障碍。我们国家则不然，一个领袖刚刚表现出领导的力量，便有人妒忌他来拆台，于是内战连年，外患乘之。若是国民不甘做亡国奴，非得大彻大悟，信仰领袖，拥护领袖不可。我们国民应有耐心，要给领袖一个充分试验的机会。

这种拥护领袖说，马上便和当时国民党内的政治运动结合在一起。张学良就任豫鄂皖三省剿共副司令后不久，便以他幕中文人干部为骨干，组织了一个拥护领袖、信仰领袖的“四维学会”，学会的理事长奉戴蒋介石，张自兼副理事长。由“复兴社”请来刘健群做干事长，王卓然为副干事长；理事中则有王卓然、王化一、高崇民、阎宝航、吴翰涛、黎天才、韩立如等人。张并把这批东北文人干部分别派往南昌或庐山晋见共同拥护之全国唯一领袖蒋委员长，听受训话。

关于张学良这时期拥护领袖的工作，复兴社重要干部之一的刘健群有一篇回忆文章写得很够透彻。刘文不仅写出张当时的政治想法和态度，同时把他自已（也可以说复兴社同仁）的政治想法也有了客观透露。这是颇饶兴趣的。抄一段如下：

他（指张学良）认为中国的富强复兴,应该以德意为借鉴。言谈之下，常以此自负。他认为要以他在德意考察所得，再凭他充沛的精力，以此翊赞蒋公，为他分劳，使中国突飞猛进。他口头上常表示，不仅是以委员长为长官、为领袖，而是亲切的长辈。

的确，当年希特勒与墨索里尼，对于德意的振兴，是彰彰在人耳目，被人喝采的事实。他们公然指斥英美的民主制度，为一种无益的浪费，假如他们不是因国力进步发生对外侵略的野心，以致于一败涂地，到今日是非得失，也许还没有一定的结论呢？就中国而论，当时政治的趋势：（一）对德意的成就是欣羡的。（二）中国自民国以来,军阀割据，分崩离析，久苦吾民。有志之士，渴望中国统一，有一坚强巩固的领导中心，使中国早日由安定而建设，以迅速达到富强康乐的目的。（三）北伐以后，党政跟不上军事的成就，确系事实。当时所谓“党军北伐，官僚南伐”的议论，久闷在一般同志的心头，一旦领导中枢为众人信仰所寄托的人，提出复兴改革的主张，自是得人心之所共同，愿披肝沥胆效命,追随全力以赴。即如当时有名的学人钱端升，即公开发表一篇《民主政治欤？集权国家欤？》显明地主张中国要以集权制度图谋建设。此文颇脍炙人口。……当年的中国，应该偏重集权，巩固统一，改革建设，在政治主张上言，这是前进有力的主张。张汉卿之所云，倒不是肤浅的见解。

司马桑敦以笔名漱流发表的《张学良和西安事变忏悔录》中，认为张学良的“臣服姿态”影响了他“发言力量”，其实，蒋对张发言的“今非昔比”，不在他臣服姿态，而在他的实力“今非昔比”的缘故。又由于他说：“不仅是以委员长为长官、为领袖，而是亲切的长辈。”于是，引起蒋对东北军将领，高唱“领袖就是你们的父母”“反对领袖，即等于反对父母”。这种认识的后遗症，才使蒋在西安把张、杨“逼上梁山”。漱流说：

张学良这种“不是肤浅的见解”，确使他和蒋介石之间产生了一种更接近的关系。这种关系大不同于“巧电”以前的关系。“巧电”以前，张学良以东北一方之尊，在蒋、阎、冯三方之间，俨然以息争之中人姿态出现，而他也就以此姿态做了中华民国陆海空军的副司令，然而，如今他在拥护领袖的强烈臣服心理之下，“不仅是以委员长为长官、为领袖，而是亲切的长辈”，于是，他在蒋幕中可以“有资格穿房入户”，而蒋氏夫妇也待他“亲如父子”，甚至同在蒋幕中的别的将军们都有认为对蒋的恭顺似乎有些过分的了（《彭昭贤所知的蒋张亲密关系》，刊《春秋》一三〇期）。所不幸者，他对蒋的发言力量却由此远非昔比了。他这种强烈的臣服姿态，使他不仅失掉了权力上的地位，也失掉了作用。相对的，蒋对张的权力地位和作用却在提高了。老实说，蒋介石能对东北军将领高唱“领袖就是你们的父母”的大道理，认为反对领袖即等于反对父母者，而张学良以副司令资格，后来居然无从对总司令的蒋直陈其所欲陈之意见者，这都是张学良那种甘为人家晚辈的姿态有以致之。

## 十、张学良对领袖的失望

正当张学良积极拥护领袖，“不仅是以委员长为长官、为领袖，而是亲切的长辈”之时，由于任武昌行营主任，预备做抗日准备工作，事未成功，引起失望；后来成立“西北剿共总司令部”派张学良为副总司令，代行总司令蒋介石的职权，以晏道刚为参谋长，管辖陕西、甘肃、宁夏、青海四个省。西安绥靖公署主任杨虎城的十七路军、兰州绥靖公署主任朱绍良的第三路军以及青海马步芳的军队和马鸿逵的第十五路军，都归“西北剿总”节制。这时张学良所指挥的兵力在三十万以上，与红军对比，在数量上占绝对优势。张学良满以为这回可以取得“围剿”的胜利，得到蒋介石的信任，从而在西北站住脚跟，扩大东北军的实力，以便有朝一日，打回老家去，收复失地。

张学良在《忏悔录》中说：

> 方当边区共军逃窜至陕，在良心目中，预想可告一段落，留鄂练兵，殊不知入陕命下，当时良在峨嵋，曾向蒋公表露，有欲出洋之意，尔后再一寻思，刘志丹人不过数千，而陕政当局本系旧好，又曾托人对良有过表示，自能合作。而西北可作抗日后方根据，何不应命，所以良到陕，修建医院，筹设卫生材料厂。在平凉购地，大兴建筑，在西安为眷属建新村，兴建东北大学，开设训练机构，此皆未向公家请拨款项，而自作之抗日准备也。

张学良此时觉得南京中央在华北的对日妥协外交导致华北将不保，怎能打回老家去？文中提及的在峨嵋曾表示要出洋者，就是《何梅协定》之前，蒋介石与他会于成都，蒋征求他之同意，撤去于学忠河北省主席职务，改调为川陕甘边剿共总司令，同时张学良好友宋哲元，也因受日本军事特务土肥原的压迫被免去察哈尔省主席之职。《何梅协定》消息后，张学良公开对新闻记者批评中央的政策说：

> 国人早先骂我不抵抗，我现在很希望领袖给我变换任务，不叫我“剿共”，叫我去抗日，我觉得“剿共”牺牲，不如抗日牺牲更有价值。

宋哲元去职时，他又说：

> “九一八”后我们误信国际联盟及其和平机构，错认公理可以制裁强权，所以步步退让，总希望得到外来的帮助，现在这一切迷梦都可以醒了，我们唯一的道路，就是靠自己死中求活，政府应当发动整个民众与日寇拼命！

张学良既有了这种牢骚，再认真来看南京中央，就会越发感到失望。民国二十四年（一九三五）十一月十二日五全大会，他回到南京，有些事，使他的感触更趋复杂。他自己写道：

> 在五全大会后，良在京，耳所闻，目所睹，使心情上感受重大的刺激，今尚记忆者，略述如下：（一）友朋之讽劝，如沈钧儒、王造时等之鼓励。（二）少壮同志则责良不应同所谓亲日者辈，同流合污。（三）刺汪凶手孙凤鸣之行为和言词。（四）党内之纷争，多为私，少为公。（五）良认为中央负责之同志，不热衷抗日，而其反有内心为亲日者。而良个人之观念上认为贤哲者，或在外工作，或无权位。（六）汪兆铭之一面抵抗、一面交涉，良认为非是对外，乃系对内。

张学良正感到中央的种种措施是对内非对外，要反对中央的“一面抵抗、一面交涉”政策之时，前方的东北军，又被打败，并有师长殉职，于是他又写道：

陕北“剿共”失利，良立返陕，本先，一百十师曾遭覆灭，师长何立中阵亡（**一九三五年九月，甘泉劳山战役——笔者**），此则一〇九师又覆灭，师长牛元峰拒降而死（**一九三五年十一月，郎县直罗镇战役——笔者**），此两师长为东北军之佼佼者……两次惨败，使良心中倍增痛苦，更加深良素认为因内战而牺牲优秀将才之可惜，并对“共军”战斗力，不为轻视，遂触动用“和平”办法，解决“共军”之念生焉。

关于东北军两师覆灭及两师长殉职后的情形，何柱国说：

当一〇九师牛元峰部在直罗镇中伏全军覆没的消息，由“剿总”急电报告给在南京参加国民党第五次全国代表大会的张学良时，张又急又气。气的是董英斌违背他临行的嘱咐，晏道刚又擅自作主，致使部队轻率前进，惨遭覆灭，急的是他又损失了一个师。前者一一〇师在劳山被歼后，中央不但不给补充，反而撤销了番号，减少了军费。这次，张学良向蒋介石报告牛元峰师失败的情况，要求政府优抚何立中、牛元峰两师长及其他在“剿共”中死亡的东北军家属时，蒋介石、何应钦不加理会，拒不给予优抚。张愤怒地说：“我的名望已降低至不到二十万元了！”

此时，张学良对全师覆没不加补充，而且撤销番号，顿悟到“剿共”是削弱东北军，甚至是想消灭东北军，后面的种种蛛丝马迹，都足以证明张学良的这点醒悟。这又是使张学良失望的地方。

## 一一、对陕甘地区的“剿共”计划旨在消灭杂牌军队

（一）

董显光说：

> 此时，蒋“总统”对于盘踞延安的“共军”业已暂停用兵，欲借此以统一全国，以应付即将来临之对日战争，但不明真相的作家竟谓国民政府对“共军”之停战，系由西安事变时受张学良所迫胁。

为什么要“对于盘踞延安的‘共军’业已暂停用兵”，来“统一全国，以应付即将来临之对日战争”，而不把共军消灭而后再来对日战争，一如蒋先生所宣示的“安内攘外”政策呢？董显光续有说明：

> 那时候，中国的西北有三支重要的武力。第一是“共军”武力，虽因当年“长征”的损失而削弱，然在陕北与甘肃境内仍是一个危险性的游击分子。他们在延安的根据地实际上是不易攻破的。而且他们还可从其山间的“根据地”常向山西及陕西的不设防地区从事“掠夺”。

董显光又说：

> 事实上，在西安事变一年以前之民国二十四年，蒋“总统”已派其一位最亲信之同僚前往维也纳，作为他的私人代表，与俄国代表商议有无合力对抗日本侵略之可能。此举虽无结果，然亦足反映蒋总统在此时期的心情。他认识日本为我国最大的危险，甚至不惮考虑与所谓共党合作，以对付日本。

这篇文中所说之“最亲信之同僚”，就是指陈立夫。陈立夫在《参加抗战准备工作之回忆》中，曾有详细叙述。

关于此事，蒋在《苏俄在中国》中，亦曾谈到，他说：

中日战争既已无法避免，国民政府乃一面着手对苏交涉，一面亦着手中共问题的解决。……民国二十三年底，中央即指派陈立夫担当这一政治任务。

到了二十四年的秋季，陈立夫向我报告，周恩来在香港与我驻香港负责人曾养甫，经由友人介绍见面，希望我政府指派代表与他们进行商谈，而且他只要求从速停战，一致抗日，并无其他条件，周恩来又于九月一日致函陈果夫及立夫，申明中共要求停战抗日的立场。

二十五年五月五日，中共发出“停战议和”通电。随即由周恩来代表中共，潘汉年代表共产国际，到上海与张冲会商。当时我得到这个报告，对于潘汉年代表共产国际一节甚为怀疑。但据立夫考验后，知道潘持有他与共产国际通电的密码，及其来往电报无误。我认为此事真伪虚实，对本案不甚重要，故亦未再追问。潘汉年乃即到南京与陈立夫谈判。政府对中共所提的条件为下列四点：

一、遵奉三民主义。

二、服从蒋委员长指挥。

三、取消“红军”，改编为国军。

四、取消苏维埃，改为地方政府。

经过了长时间的谈判，最后他们终于接受这四项原则。一切条件大抵都达到协议，只待我回京作最后之核示。

根据董显光、陈立夫的叙述，尤其重要的是蒋自己的说明事实的经过，既然要“以政治方法来解决”，为什么要把“嫡系精锐部队约三十个师的兵力，统统北调”，说是“‘围剿’红军的好机会”呢？何柱国说：

一九三六年十月，蒋介石平息了“两广事变”后，把他的嫡系精锐部队约三十个师的兵力，统统北调。……他认为这时红军主力已集结到陕甘地区，是他“围剿”红军的大好机会。为了部署最后一次大“围剿”，蒋于十月二十二日从南京飞到西安，分别召见了张、杨谈话，宣布他的“剿共”计划，准备在三个月内将红军全部消灭在陕甘地区，并责令他们做好一切“剿共”准备。张、杨一致向他反映，东北军和十七路军的官兵一致要求停止内战，共同抗日，如再命令他们去“剿共”的话，势必造成军心涣散，难以完成任务。蒋介石听后，十分恼火地说：“在‘共军’未消灭之前，决不谈抗日的事。”

张、杨向蒋反映“停止内战，共同抗日”，并说明“如再命令‘剿共’的话，军心涣散，难以完成任务”。他们反映这个意见，一方面说的是实情，东北军被中共的“中国人不打中国人”“打回老家去”的宣传动了心，无心与共军作战。另一方面，是张、杨感到蒋的嫡系军队三十个师开到西北来，他们受到威胁，深恐蒋的嫡系军队把他们吃掉。

（二）

蒋先生原来要用政治方法解决中共问题，但又在准备在三个月内将红军全部消灭在陕甘地区，并责令张、杨做好一切“剿共”准备。这个布置骨子里是什么呢？

从郭增恺的回忆文章中，可以得到答案，他说：

蒋先生怎样用“安内攘外”政策来折磨东北军呢？赴洛阳祝蒋先生五旬大庆时，汉卿尝力请调赴百灵庙参战，蒋先生却说：

“阎主任会答应你们过境吗？”

汉卿的请求，便这样轻描淡写搁置了。

在西安事变前，蒋先生第一次入陕，召开“剿共合围会议”（十月廿一日——笔者）。一天，汉卿从会议归来，愤愤不平的告诉一〇五师唐君尧旅长：

“蒋铭三（鼎文）今天在会中，对拟定的部署，也提出认为殊不合理。他说：‘甘境既有于孝侯（学忠）指挥的东北军布防，何以重将朱益民（绍良）所部安置在其后背？新到中央各军何以不布置在原有前方各部间之空隙地带以资合围。而重复布防于东北军各师附近？’坐在他身旁的陈诚却在桌子下面止之以足，不要他再说下去。”

蒋先生这样的部署，怎能令人心悦诚服呢？此外，中央本来曾有通令：“凡因剿共损失各部，绝不取消番号，并且立即补充。”直罗镇战役中，东北军损失两个整师，汉卿却向中央要求不到接济，只得令东北军各师搜集其全部库存枪械上缴，才得恢复了一个一〇九师。其实，张学良何尝没有把这事直接向蒋要求过，只是蒋不愿听，责以烦琐相扰。张说：

“曾忆在京，某晨，蒋公偕良同车至宪兵司令部，举行毕业典礼，良向蒋公陈述共产党有投诚之意，并拟乘时向蒋公直述已同周恩来会面之事，不幸车已抵司令部门前矣……当日夜间本拟再续陈述，因东北军饷事，蒋公责良时以烦琐相扰，并催促速返，良遂未敢陈述，因之错过机会。”

> 东北军将领的成仁尽节，该无愧于蒋先生吧！而张汉卿那时已穷了，中央的抚恤金既少，发下更迟，这两师的军眷遂至流落平凉、固原，多数不得不操丑业以维持生活。

这种事实，还不能说明，所谓此次的“大围剿”不是内外兼施吗？

张学良既然觉悟到此次的“大围剿”有被消灭的可能，当然力谋停止内战，而张学良的急切抗日，以报“国恨家仇”之心甚热，更使他“一再要求抗日”了。蒋先生还是坚持既定政策，对张毫不假辞色，致引起言辞的冲突。关于这一点，何柱国有较详叙述。他说：

> 十月二十九日，蒋介石飞回洛阳“避寿”。张学良与我，并约阎锡山同往洛阳向蒋祝寿。想趁此机会再次进言，请蒋介石停止内战，共同抗日，并请求批准东北军出兵援绥。去前，阎锡山曾劝张不要向蒋提这些问题，但张学良没听，还是恳切地向蒋介石陈述了继续“剿共”不是上策，只有团结一致抗日才是上策的道理。无奈蒋介石还是坚持己见，根本听不进张的正确主张。由于张学良一再要求抗日，蒋不耐烦地说：“抗日，抗日，等我死了以后，你再去抗日好了！”显然，他们两人是谈不下去了。第二天早晨，阎锡山回太原去了。他临行前，劝张学良道：“你不必再建议了。光劝不行，只得另外想办法了。我是支持你的。”
>
> 当天，我随张学良同去洛阳军官分校听蒋介石“训话”。蒋介石在“训话”中，旁敲侧击地说：“勾结日本者是汉奸，勾结共产党者也是汉奸！”张学良知道蒋的话是针对他的，因而神色大变。会后，侍从室主任钱大钧对我说：“不知内情的人，听到这话没有多大关系，知道内幕的听了这话，实在感到太过火了！”他嘱咐我劝张不要误会。他还想从中弥补裂痕，替蒋解释

说："他就是这个脾气，发完火就算了。"张学良听完蒋的"训话"后，气得立即返回西安。我在飞机上把钱大钧的话告诉了他。他说："阎百川（即阎锡山）饱经世故，昨晚劝我不要再提停止内战的话，可是我今后还要谈！"他又说："不过今后我要干什么，连我老婆也不会让她知道！"

回到西安后，张学良催我赶快把东北军整编方案拟出来，以便请蒋批准。这时，张学良听到蒋介石以莫须有的罪名，下令逮捕了上海救国会的爱国民主人士沈钧儒、李公朴、邹韬奋、沙千里、王造时、章乃器、史良等人的消息后，十分气愤。十二月三日，他独自驾飞机第二次去洛阳见蒋。张先将整编方案交蒋，并要求蒋派东北军赴绥东前线去抗日。可是，蒋介石却说："没有必要去，现在重要的是集中力量消灭共产党。"接着张学良提出了"七君子"被捕的问题。他问蒋介石："这些人到底犯了什么罪？"又说："如果说他们有罪，那诚如沈钧儒所说的'爱国未遂罪'。我请求你释放这些人，以免失去民心！"蒋介石断然拒绝采纳他的意见。张学良气愤地说："委员长这样专制，这样摧残爱国人士，同袁世凯、张宗昌有什么区别？"蒋介石恼羞成怒，训斥张学良道："全中国只有你一个这样看！除了你张学良，没有人敢这样对我讲话和批评我！我是革命政府，我是委员长。我这样做，就是革命；不服从我，就是反革命！……"张学良看到话已讲到这个地步，无法再争论下去，便愤然离去。通过这场争论，蒋、张之间的矛盾，更加深刻、更加表面化了。

关于这一段叙述中，"张学良气愤地说：'委员长这样专制，这样摧残爱国人士，同袁世凯、张宗昌有什么区别？'"。这些话已不像部属对长官应有的态度。蒋先生在洛阳军官分校"训话"，蒋先生说："勾结日本者是汉奸，勾结共产党者也是汉奸！”张学良知道这话是对他的，因而神色大变。蒋先生旁敲侧击地对张学良，也不像长官对部属的态度。关于这一点，张学良在《忏悔录》中说：

> 尔后，蒋公至洛阳，又逢阎百川先生同在，良豫想此乃一好机会，不料蒋公在阅兵后训话……主张容共者，比之殷汝耕不如。良聆听之下，有如凉水浇头，良欲向蒋公陈请者，至是则绝望矣。沮丧万分，回至寝室，自伤饮泣。
>
> 良由洛返陕，答复共党，一时无法向蒋公请求实行停战计划，遂乃共相约商，局部暂停，仍由良负担向蒋公从容陈情。共党曾派叶剑英来见，并携有双方停战之计划和毛泽东之约书，愿在抗日前提下共同合作，军队则听受指导。良要求彼等须暂向北撤退，以期隔离，给予时间，容余酝酿，彼等认为河套地瘠天寒，需棉衣和补给，良曾以巨额私款赠之，令彼自筹。“共军”遂撤出瓦窑铺，向三边北行。该时共党在西安设有代表处，邓发已曾到过西安。救国会、学联会，皆有代表。上海日人纱厂之罢工，良亦曾以私款接济，彼时阴沉空气，已笼罩西安矣。

其实，此时张学良和中共间的联系，蒋介石不是毫无所闻的。于是，有人建议蒋先生说“西安局势不稳，可以暂缓赴陕”。蒋先生认为张学良不敢越轨，所以在答复建议者时便说：“谅他不敢对我怎么样！”蒋先生不知道张学良“处世接物，但凭一己之小聪明和良心直觉，热情豪放、浪漫狂爽、忿事急躁、有勇无义”。要举具体的例子，便是“杀杨宇霆、常荫槐”。杨、常二人是东北老一辈的政要，当时杨是兵工厂督办，常是黑龙江省府主席，说杀就杀，可见其鲁莽而且大胆。蒋先生假如当时想到了这一点，可能就不会掉以轻心了。

（三）

此时，张学良受中央种种措施之刺激，已到“忿怒不已”的程度。张学良在《忏悔录》中说：

恶缘种种，不啻火上加油。（甲）有关刺激军队者：①请求抚恤、补充，皆无结果。②援绥之军，未派有东北军。（乙）有关于良个人者：①陕人续某在总理陵前自杀未遂，良至中央医院慰问，彼之谈说。②双十节政府授勋，有冯玉祥而无良……认为中央有轻视和鼓励不正行动之意存焉。③对日方案，序列中有冯玉祥、唐生智而无良，把良置于后方，为预备队队长，此事痛伤良之心，忿怒不已。

良对中央数同志怀有不满，因之更加忿怀，加深必须实现良之幻想。即：①促请蒋公登用良心目中所谓之贤哲。②容纳共产党，如总理北伐时然，给政府加添新刺激，以图耳目一新，挽回国人之观念。③停止内战，团结作抗日工作，以免把有为之优秀青年自相牺牲。自认此念纯洁，遂力下决心，甘愿牺牲一切，不达目的不止。但该当时，尚无存劫持之意。不过屡想强颜几谏，不顾一切，能使动容，得其志而已。

张学良既有破釜沉舟的心，来谏诤蒋介石，放弃剿共，不打内战，共同抗日，以挽救国家的危亡，同时，在抗日之前，要保持东北军的实力，准备在抗日战场上和日军血拼。而蒋介石这方面呢，据何柱国的文章说：“在发动大规模‘剿共’战争之前，必须解决张、杨和这两支军队的问题。”其实，所谓此次“发动大规模‘剿共’战争”，就是要“解决张、杨和这两支军队的问题”的（前已说过蒋要用政治方法解决共党问题）。而何柱国当时不知道，以为是单纯的“剿共”问题。

不过何柱国所回忆当时的情况，因为有他亲身参加，可信度甚高。何柱国说：

> 蒋介石和张学良谈崩之后，深感西北的形势不妙。为对张、杨施加更大压力，他将原定在洛阳开的“剿共”高级军事会议改在西安举行。十二月四日，蒋介石偕同张学良，从洛阳到达西安。这时，国民党中央大员和高级将领，如陈诚、蒋鼎文、卫立煌、钱大钧、朱绍良、陈继承、万耀煌、蒋作宾、邵元冲、蒋百里以及东北军的于学忠、王以哲、缪澂流、董英斌、刘多荃、马占山、鲍文樾和我，西北军的孙蔚如、邓宝珊等，都陆续来到了西安。蒋介石从特务的情报中，得知东北军和十七路军的摩擦和矛盾逐步消失，并和红军秘密往来。他感到在发动大规模“剿共”战争之前，必须解决张、杨和这两支军队的问题。因此，他一到临潼华清池，就分别召见两军的军长、师长等高级将领，用叙餐的方式（张、杨均不在座）进行拉拢安抚。他说：“现在是取得‘剿共’胜利的最好时机。对于国家和你们个人的前途来说，目前都是关键时刻，每人必须为最后一战贡献力量。”当有的将领提出抗击日本侵略绥远和收复东北的愿望时，他说：“有我蒋某人在，一定能带你们打回东北去。你们要听我的命令‘剿共’，不可轻信谣传。”

蒋委员长十二月七日召开军事会议，并严令张、杨加紧“剿共”。而召开军事会议亦未令张、杨参加，引起他们的猜疑。十二月十日又发表蒋鼎文为西北剿共前敌总司令，卫立煌为晋陕甘宁边区剿共总指挥，益使张、杨疑虑不安。何柱国说：

接着，蒋介石向张、杨摊牌，提出了对东北军和十七路军调度问题的两个方案，对张、杨施加压力，逼迫他们选择去向。这两个方案是：一、东北军和十七路军服从“剿共”命令，全部调上陕甘前线，向红军发动全面进攻，中央派大军在后面支援接应；二、如不愿去“剿共”，就将东北军和十七路军分别调往福建和安徽，让中央军去“剿共”。第一个方案，是想驱使东北军和十七路军去打前锋，中央军在后面督战。这是置两军于死地，不论胜败，终归于尽；第二个方案，拆散两军，是蒋介石对付十九路军的故技重演，目的在于分别整垮。因此，这两个方案，不仅张、杨无法接受，就连我们这些将领也不愿接受。

蒋先生这样对“张、杨摊牌”，使张、杨深切了解将被覆灭的命运。张学良直接的反应，便是要抱着绝大的决心苦劝蒋介石“停止内战，共同抗日”。何柱国说：

十二月七日午后，张学良抱着破釜沉舟的决心来到华清池，他想以至诚来感动和说服蒋介石。张学良声泪俱下慷慨陈辞：“在目前这种形势下，无论是为国家、为民族的利益着想，还是为委员长的威信着想，都应该停止内战，共同抗日。共产党和红军的问题，可以用政治方式解决。不停止内战，不举国团结一致，就谈不到抗日；不抗日，就谈不到救亡图存。现在全国民心都一致要求政府抗日，若再继续‘剿共’打内战，必然丧失民心，绝对不会有好结果，请委员长三思！”听了张学良这片肺腑之言，蒋介石不但不为所动，反而大发雷霆。他训斥张学良“年轻无知”，受了共产党的“迷惑”。张学良的反复陈诉，最后得到的却是蒋介石的拍桌大骂：“现在你就是开枪把我打死了，我的‘剿共’计划也不能改变！”

张学良这次“哭谏”失败之后，当天晚上，即与杨虎城秘密商讨对策，他们商定：东北军负责在华清池捉蒋，并担任西安到临潼间的警戒；十七路军负责拘禁在西安城内的南京军政大员，并解除西安蒋系势力的武装。接着，又发生西安的大中学生们请愿的事。何柱国说：

十二月九日，西安的大中学生们，为纪念“一二·九”运动一周年，举行了一万多人的爱国游行请愿运动。游行队伍到南院门西北“剿总”、新城“西安绥靖公署”和北院门陕西省政府请愿，没有得到圆满的答复，即转向临潼去向蒋介石请愿。张学良听说后，使用电话报告了蒋介石。蒋介石下令叫张“严厉制止，格杀勿论！”与此同时，蒋还派中央宪兵第二团一部分人在中途堵截。张学良怕学生遭到杀害，立即从西安赶到灞桥，向学生们作了一次真诚恳切的讲话，学生们深受感动，整队回城。

当晚，张学良赶到临潼华清池，向蒋报告了学生们的请愿要求，并一再说明学生们的动机是爱国的、纯洁的。可是一心“剿共”的蒋介石不仅听不进去，还严厉地训斥了他！

蒋当时怎样严厉地训斥他呢？蒋在《西安半月记》十二月十三日的日记中，曾写到这件事。他是这样写的：

汉卿日前向余报告，在灞桥对请愿者说话，曾谓：“我可为你们的代表，有话可以代达；同时我亦可为委员长的代表，可酌量考虑你们的要求。”彼自以所言甚得体，言时甚得意。余当时即纠正其谬，谓一人决不能做两方面代表而站在中间，所谓信仰领袖应如此乎？

张学良听到蒋对他的训斥，使他极为不满，也极激动。关于此事，郭增恺曾记下杨虎城精彩的回忆：

副司令（指张）在六、七日接到全市各校学生将出动游行请愿报告后，颇感棘手。他来问我，有没有办法劝告学生们停止？我说，除非有理由说明不应该抗战，否则就很难为力，结果唯有相对太息。续又听说，宪兵团、省党部等机关都已决定以武力制止请愿，准备在各重要街口布设机关枪，不惜大量流血。这可令张先生冲动极了。那天他来时，脸儿也黄了，眉毛也长了（陕谚：形容焦急愤怒状）；他认为这是最荒谬的胡闹，徒然为委员长掘坟墓，除引起全国更痛恨蒋先生外无任何结果。后来商定由我私人约请教育界疏解，由张先生严戒各机关不准胡闹。八日，学生请愿队伍已冲出城关向临潼出发，同时他又接到报告，那边的宪兵团已在布置机枪阵地，急得他在顿脚，接连叫嚷："这怎么行？这是什么办法？更多件惨案对他（指蒋）有什么好处？"因此，他单人匹马追出城去，在灞桥把请愿队伍挡住，对他们说："你们不要去向委员长请愿。我是副总司令，可以代表委员长酌量考虑你们的要求。你们有什么话都可以对我说，由我代表你们转达。"我佩服他那股勇气，更佩服他的一番苦心。他单人匹马去挡住学生群众，使他们免于流血牺牲，也使委员长免于再多受一次屠杀青年的罪名；而他却没有顾到他自己是"不抵抗将军"，也很可能遇到意外。

关于学生游行请愿的事，张学良在《忏悔录》中也曾说到，认为此事，实是一关键性的问题：

当蒋公在华清池同良两次谈话之后，良心情上十分冲动，尤以十二月九日夜为甚。更有甚者，是蒋公数次召集将领会议，皆无良同杨虎城列席，致使良同杨虎城发生疑惧，而良则有甚于疑惧者，是思蒋公对良不加信任，已不重视矣。因之同杨虎城计议，遂决行强谏劫持之谋，而此时对于共党方面并未征询商议，知此者，除杨外仅少数人而已。

因为这件事，更增加了他“兵谏”的决心！但张学良还不死心，曾不避“厌烦”，又恳切地做了最后一次的谏诤。何柱国说：

十二月十一日，蒋介石为了要决定大规模“剿共”的军事行动计划，以便第二天发布第六次总攻红军的命令，电召张学良、杨虎城以及中央军将领们到华清池开会。张学良趁机向蒋介石做了最后一次谏诤，依然无效。

这一次的“谏诤”，在张学良说，他总算再三再四地警告性“谏诤”了。以蒋先生之聪明，一直不曾感觉到“异样”，不能不令人感到意外，何柱国说：

会后，张、杨邀请陈诚、卫立煌、陈调元、万耀煌、陈继承等以及东北军将领们在新城大楼宴会。

四时半，当张学良走出华清池大门时，正好遇上驻守在这里的卫队营一营营长王玉瓒，便叫王跟他一同进城去，布置捉蒋任务。叮嘱他“要抓活的，不许打死他”，“要有思想准备，要做好行动部署”。

晚上，在新城大楼的宴会上，主客之间，觥筹交错，谈笑畅饮，气氛十分融洽，至十时许，才相率离去。

这就是惊天动地改变中国历史的事件要发生了。

关于这个惊天动地改变中国历史事件之所以发生，实在是蒋先生要紧迫统一军权，而极谋消灭杂牌军队的种种措施，把张学良和杨虎城逼上了梁山。

当时风云紧急的情形，刘多荃曾有极真实的回忆，他生动地描写道：

西安事变的前几天——十二月八日，蒋介石约我和王以哲去临潼吃早饭，我坐在蒋的右边，王坐在蒋的左边。席间，蒋满脸怒气，三人都没说话。饭后，蒋随即站起身来，先对我说：“你对‘剿共’有什么意见吗？”我沉思一下说：“中下级军官全想留着力量，准备打回东北老家去。”蒋介石听后紧接着就对我说：“自从‘九一八’后，国人对你们东北军都很不原谅，现在‘剿共’战事仅剩最后五分钟了，我是给你们东北军一个立功的机会，你们要理解我的用意，服从命令，努力‘剿共’，方是你们应持的态度。”王以哲此时站立在蒋的身旁。蒋说到这里就连声催着我先走，然后要王以哲跟他到隔壁客厅去。刚一进屋，我就听到蒋很气愤地对王说：“你军部的电台经常和共产党通报，你还以为我不晓得，我早就知道你们这些举动……”刚听到这里，蒋的值班卫士表示不愿意让我听下去，我即到钱大钧办公室等候。约半小时，王出来了。

我们回到西安，就去向张学良将军汇报。王说：“坏了！咱们和红军的往来电报，委员长都晓得了，从今以后，他不允许咱们再和红军联络。委员长叫咱们服从他的命令，努力‘剿共’，将来由他领导咱们收复失地，打回东北去。”蒋还说，王是东北军中有希望的将领，以后要改过。张听完我们的汇报即回屋里去了。

当日下午，王以哲邀我到他家去，密告我说：“副司令要办一件惊人的大事，你无论如何猜不着。”呆了好久，他又说：“我昨夜整宿没有入睡，副司令已与杨主任经过多次密商，决心要扣委员长，准备闯一场大祸。”我听后，感到很震惊。就问王：“副司令真能这样做吗？”他说：“今晚或明早副司令还会找我们谈这件事的。今晚杨主任和邵力子主席的宴会我不能去了，请你替我称病致谢。”（**那晚杨、邵宴请中央随蒋来西安的要人，并包括东北军和十七路军高级将领**）由此可见，扣蒋的消息王是先我而知的，由于此举关系甚重，他当时的精神也是极紧张的。

九日晚六点左右，我去副司令公馆探听消息。副司令正要吃晚饭，一见我，就说：“蒋孝先这小子太狂了，他对黎天才说，你告诉张副司令，西北的‘剿共’任务如不愿担当，即请张退出西北，不要误了大事。如若还愿意干，就好好干。蒋孝先有什么资格教训我！”张恨极了，又说：“我一定要扣蒋，你快去把鼎方（**王以哲的号**）找来。”

王到后，张副司令向王表示了自己扣蒋的决心。王说：“副司令有决心干，就干吧！”十日晚九时许，我们被召集到副司令公馆。先到的有王以哲、缪澂流、我、孙铭九、白凤翔及刘桂五。副司令命我到米春霖家将于学忠找来。于一进屋，张就说：“我要造反！”于当时未明白造什么反，张说：“为了停止内战，我已决定要扣蒋。”于问张：“如蒋不同意，第二步怎么办？”张说：“我已和虎城谈过，此举成功则大家之福，如不成功，我张学良拿头去见他（指蒋）。”话到此处，形势已很明了，随后我们即分别按计划开始行动部署。

刘多荃将蒋先生对他说的“自从‘九一八’后，国人对你们东北军都很不原谅，现在‘剿共’战事仅剩最后五分钟了，我是给你们东北军一个立功的机会，你们要理解我的用意，服从命令，努力‘剿共’，方是你们应持的态度”这一段话告诉张学良。张是听命于蒋持“不抵抗主义”，使日本侵略者竟能借制造柳条沟事件，一夜之间占领沈阳城，一日之内攻城二十座，略地千余里。四个月零十八天占领东北三个省及一个特区，一口气吞下了相当于日本本土三倍的中国国土；并使张学良背上“不抵抗将军”的黑锅，而今竟毫不保留地将失东北的责任推给东北军，张怎不火冒三丈呢！何况张学良自认曾替蒋介石“解决许多困难，万怨不辞”，而今竟这样相逼，他怎能再忍受而遭“解决”？

总观蒋先生对东北军急于消化的布置，种种迹象和历次的训话，不啻是“阳谋”。迫不及待地对张学良公开斥责，能使张学良不提高警觉吗？例如蒋在王曲军官训练团讲话，他说：“日寇是外敌，共产党是内患，内患是心腹之病，外敌是皮肤之疾，内患危害大于外敌，内患不除，无法抗敌。”最后，蒋又气愤地说：“不积极‘剿共’，而主张抗日的人，是内外不分，缓急不办，是非不明，先后倒置；不积极‘剿共’而主张抗日的人，一定要危害国家，成为不忠不孝的人。对这种不忠不孝之人，国家有法纪，一定要予以制裁！”又据卢广绩记述蒋此次讲话，尤为生动，他说：

蒋就在王曲军官训练团召集受训的东北军和十七路军军官

> 讲话。张学良同杨虎城均出席。蒋独自立于台上，张站在台下头一行，杨站在第二行，其余军官列队于后，有五六百人。蒋主要说：“当前在我们身边的主要敌人是共产党，我们应该集中力量消灭他们；至于日本，是远在千里之外的敌人，我们将来要打。假如现在我们不集中力量打眼前的主要敌人，而大喊大叫要打几千里外的敌人，那是违反我的‘安内攘外’的政策，违反这个政策，就是反革命，反革命我就要打倒他！”蒋说这句话时，声色俱厉，激动异常。

这些话，实在是已声明要制裁“东北军”，“要打倒他”——意指张学良。事实上，蒋在当时不仅这样充满杀气地表明态度，还十分积极地在调兵遣将，加强部署，风云万分紧急。

就这样，把张学良逼上了梁山！他斩钉截铁地说：

“我要造反！”

## 一二、关于张学良送蒋回京问题

（一）

“西安事变”的发生，以当时张学良与中共的关系，事前定会与中共密商的，但事实并不如此。张学良曾应许中共，向蒋要求“停止内战，共同抗日”，不意张学良向蒋进言屡次均不得尽其辞，至在洛阳向蒋做极恳切之陈辞，又遭蒋痛斥。张学良回陕时，曾答复中共，一时无法说服蒋实行停战计划，遂乃共相商约，他们自动实施局部停战计划，并仍由张学良继续向蒋进言，争取“停止内战，共同抗日”。张自认此念纯洁，遂下决心，甘愿牺牲一切，不达目的不止。嗣后，屡谏屡遭训斥，遂演变成“西安事变”。事变的发动是为了他们的要求，张认为是达成要求之最后的方法，自无须向中共约商，更何况事属机密又急迫之至，按当时情势也不能与中共事先约商的。蒋先生在《苏俄在中国》中说：

> 但是这件震动世界的事变之真相，到了事后才得完全明了，此事最出人意料之外的一点，就是其主动者，实是张学良本身，而首先提出此一劫持主张者，则为杨虎城，且其事前，并未与共党就此事有任何商量。……而且首倡此意的杨虎城，其与共党“勾结”更深。……又因为他们在西安“勾搭”，恐易被我中央发觉，故张与共党的秘密接洽，乃在陕北的延安举行（当时延安守军还是张的所部）。

蒋先生研究“西安事变”的真相，了解是杨虎城“首先提出此一劫持主张”，这便是后来囚禁杨虎城，并在撤离大陆之前处决杨虎城的张本。

张学良在“西安事变”发生后，立即与中共联系，向他们发急电说明一切。

十二月十二日近午，中共干部在毛泽东住的窑洞里，阅读张学良的急电，其内容大致是他不得已实行兵谏，已将蒋氏及其亲信随员妥善看管，促其接纳抗日主张，不达目的不止。电报并说即派机飞延安，迎接共方代表周恩来等来西安共商大计，又说他和杨虎城的部队向西安、潼关线集结；希望红军向延安及其以南地区，衔接前进，以防不测。

周恩来较为冷静，他表示：“这件事不能完全由我们做主，主要是看张学良和杨虎城的态度。”张国焘说：“莫斯科对这件事会怎样看，我们不妨先推测一下。”张闻天、秦邦宪、王稼祥等都表示应去电莫斯科请示。于是，他们谈论，准备周恩来前往西安的事，一面草拟致莫斯科的电报。

大家讨论的结果，决定下列各点：①致电张学良表示赞许；②派周恩来、秦邦宪、叶剑英三人为代表，经延安飞西安；③电彭德怀等率部向延安及其以南地区挺进，沿途与友军密切联络；④电在西安的联络人员，除对抗日宣言表示某些具体意见以外，一切俟周恩来等到后再议；⑤周恩来等在西安亦应俟莫斯科回电后再做具体表示。

（二）

莫斯科的意见是，主张促使蒋赞成抗日，并在有利的和平解决的基础上，自动将蒋释放。张国焘在《我的回忆》中说：

> 幸好莫斯科的回电于十三日的晚间到达了。这是一张半打字纸的长电，内容分为三段：
>
> 第一段，肯定西安事变是日本阴谋所制造的；并说明张学良左右和他的部队里，暗藏着一些日本间谍，利用张的野心，甚至利用抗日的口号，制造中国的混乱，我们若听任其发展下去，中国将出现长期内战，抗日力量，因之完全丧失，日本便可坐享其利。苏联决不会为这种阴谋所利用，更不会给予任何支援；相反的，现已明白表示反对态度。第二段指出中国目前所急需的，是一个全国性的抗日民族统一战线，因此，最重要的是团结与合作，而不是分裂与内战；并说明张学良不能领导抗日，蒋介石如能回心转意，倒是能领导抗日的唯一人物。第三段指示中共应争取和平解决西安事变，利用这一时机与蒋介石作友善的商谈，促使其赞成抗日；并在有利的和平解决的基础上，自动将蒋释放。

同时，莫斯科的《消息报》的社论，对“西安事变”加以指责云：

> 西安叛乱，不论以任何口号方案为借口，这一行动……实代

表一项危机，不仅危害南京政府，而且危害整个中国。张学良虽高举抗日旗帜，其行动显然只与日本帝国主义有利。只要南京政府推行抵抗日本侵略者的政策，抗日的统一人民阵线便不应反对南京，而应与南京合作。

莫斯科《真理报》的社论，直指中国将领反对南京政府是受日本的怂恿。社论说：

日本军部正确计算到：中国以蒋介石政府为中心的团结进展，实为其沦中国为殖民地计划的致命危机。这便是他们怂恿中国将领反对南京政府的理由，在必要时并且不惜使用抗日口号。

苏联发出上述的电报以及《消息报》《真理报》两报的社论，都是代表斯大林意向的。张国焘说：

一年以后，一九三七年十二月，王明从莫斯科回到延安时，曾对我们说明上述这个电报的来历。他说西安事变后，英美各国驻莫斯科大使，曾询问苏联外交部，苏联政府对此事的态度。苏外交部答以这是日本的阴谋，苏联既未预闻，也不赞成。接着斯大林便亲自草拟这个给中共的电报，并向王明解释，其大意是张学良分量不够，怎能做全国抗日领袖，中共也一时没有领导抗日的能力。蒋介石虽是一个可憎的敌人，但他是中国唯一有希望的抗日领袖，在抗日中他也许可以成为我们的合作者。

这个王明的说明，是转述斯大林的真意，他的真意是说：蒋是中国唯一有希望抗日的领袖，他能领导抗日。张国焘说：

当然，在当时偏僻的保安，我们无法知道像王明所说的那些内情，因而这个电报之来，无异是一个晴天霹雳。我们都在沉思，毛泽东更是踱来踱去。有的表示西安事变分明是张、杨、共三角联盟酝酿而成的，如何能说是日本阴谋？有的表示长期内战倒是应该避免；有的表示如果将蒋释放了，他将会不顾一切的对付我们；有的表示西安事变如果得不着苏联的支援，哪里会有胜利的希望？毛泽东曾很急躁的表示："反了！天翻地覆了！从前我们向张、杨那么说，现在又要反过来这么说，张、杨不会说我们反复无常吗？"

中共既然"服从"苏联的命令，接下来他们的难题便是说服张学良的问题了。张国焘说：

周恩来曾向张学良表示，据他个人看来，在西安成立一个独立政府和对蒋制裁，都不能算是好办法。现在南京正在叫嚣讨伐西安，如果我们制裁了蒋，这将予人以口实，蒋的徒子徒孙们，将用报仇的名义与我们纠缠，这将是长期的内战，而且胜负未可逆料。周这些话，终于打中了张的心弦。

于是周进而表示，他个人有一种还不确定的想法，愿意说出来供张参考。周向张坦白说明，我们所需要的是全国抗日的局面，而不是偏处西安一隅的局面，因而我们所要的是团结与合作，而不是分裂与内战。现在南京方面，也有人不愿意打内战，更有人不愿逼西安方面去制裁蒋。我们可以一面备战，一面与蒋谈判，如果蒋明白接纳了我们的主张，那他将来也难反悔。

张学良听了周恩来这些话，并未发生反感，反而向周说，这件事不能让外间知道，也暂不向杨虎城提及。他们两人先研讨具体办法，一俟稍有把握，再对外发表。于是他们商定如何优待蒋的办法以及如何向蒋进言等。

十二月二十三日，张学良、杨虎城、周恩来、宋子文、宋美龄在张学良公馆里正式谈判，以张、杨提出的八项主张及共党提出的六项主张为基础，最后，在二十四日达成协议，做成了六项决议。张学良所坚持的是要蒋签字赞成所达成的决议。蒋则为了政府及个人威信，不能在挟持之下，有所承诺，坚持不允签字。经端纳、宋子文、宋美龄、蒋鼎文等奔走其间，多方调解，宋氏兄妹且表示蒋先生已应允了你们的主张，如果一定要蒋亲自签字，心理上留下痕迹，反为不美。如此反复协调，蒋终于接受停止内战，共同抗日的条件，并做了口头上的承诺和人格上的保证。

周恩来致电中共中央，报告他与蒋氏长谈经过。首由张学良说项引见，张对蒋说，委员长的一位旧属求见，请委员长予以接见，蒋氏未置可否。周恩来当即步入蒋氏的住室内，向蒋严肃敬礼，并仍依黄埔时习惯，称蒋氏为“校长”。蒋氏最初板起面孔不予理会，周即坐下来慷慨陈词，蒋氏则留心静听。周首先说明中共决无不利于蒋氏和南京中央的想法，并希望一切和平解决，中共愿拥护蒋氏做全国领袖，实行抗日。周也乘势说明中共政策改变的始末，力证化除成见、团结御侮的必要。

周恩来在报告中说，他的陈词曾使蒋氏的心情渐渐平静，似也相信周的真诚。周恩来根本没有说要蒋在八项主张上签字的话，只在气氛轻松的时候，请求蒋氏做些指示，并与蒋氏略叙家常，说到其子蒋经国在苏联颇受优待，蒋氏微露思子之意，周即满口答应将助他父子团聚。

周恩来在报告中，解释他对蒋介石，始终恭顺恳求，未露半点要挟之意，以便有再与蒋氏见面的机会。周也说到蒋氏态度甚为得体，他只提及他的儿子，似是属于私人范围的事，但也微露国共和解之意。周希望国共十年战争，至此能是国共和解的起点。

（三）

关于张学良送蒋回京的事，张在《忏悔录》中说：

> 因蒋公离陕问题，良同杨虎城发生歧见，亦为此点，良责杨，我等最初动机，是不顾一切，请求蒋公领导抗日，我等既已看过蒋公之日记，确知蒋公有抗日之决心，并已应允准我等把其他意见，提出中央会议讨论，我等目的可达，不应畏首畏尾，患失怕死，既然如此，你又何必当初乎？在此争论上，良言语急躁，几乎同杨决裂，乃系周恩来在座解围，劝良小加休息，容他会议商讨商讨，被周将杨说服。

可见杨虎城及其部下，是不赞成“释蒋”的，张学良几乎和他决裂，最后是由周恩来将杨说服，才没有发生很大的变化。何柱国说：

> 蒋介石终于被迫接受了停止内战，共同抗日的条件，但不同意在协议上签字，只作了口头上的承诺和人格上的保证。这就引起了不少人对蒋的反感。大家对他这种口头上的保证存有疑虑。提出在蒋没有作出更具体的保证以前，不能放他回南京。当时军内外杀蒋的呼声很高，张学良怕别生枝节，影响蒋的安全，决定马上送蒋回南京。这天晚上，他约我和王以哲、缪澂流、董英斌、刘多荃等开会。宣布他的决定说：“我要亲自陪送委员长回南京，向中央请罪，以便恢复委员长的威信。抗日的问题，等我

回来后再同你们商量。”我们大家认为，张学良此去风险很大，担心蒋一出樊笼会变卦，所以劝他不要去，但张表示一定要去。我知道张的为人，凡是他已经想好、决定的事，很难听得进别人的意见，便折衷地劝道：“那也只能送到洛阳后，乘原机返回西安！”他还是不听。只是嘱咐我们说：“我走后，关于东北军的事，听于学忠的命令行事；关于抗日联军总部的事，听命于杨虎城，有问题多和周恩来商量。”

第二天，就是十二月二十五日“圣诞节”那天下午，张约杨虎城同去高桂滋公馆和蒋介石、宋子文、宋美龄、端纳、戴笠等，乘车直驶西郊机场。我和王以哲等几个高级将领赶到机场时，已四时左右，蒋介石同送行者握手告别时，张学良便走到机师舱外要上飞机，我连忙拉住他的手，想阻止他上去，他却甩开了我的手，坐到机师旁边，我们眼睁睁地望着他的飞机向东飞去了。

周恩来闻讯赶到机场时，飞机已经起飞。他不住摇头叹息地对大家说：“汉卿不仅要‘摆队送天霸’，还要‘负荆请罪’啊！”

周恩来的语意，是赞成“摆队送天霸”就可以了，再去“负荆请罪”，恐无好下场了。

关于此事，白崇禧在逝世的前一个月，曾在宴会上和一位东北籍者，谈起张学良送蒋回京的问题时说：“张学良太天真了！他应该送蒋到潼关和蒋说，到此处已经安全，请委员长回京，他自己可回西安整理队伍。假如是如此的话，他不会判罪，东北军也不致成历史名词。须知半年后的‘七七事变’已发生，他的战区司令长官还是有份的。举广西的例吧，我和李德公在广西，遇蒋先生召见，没有两人同去的，一定要在广西留一人，等去京的一人返回，这一个人再去晋谒。所以，一直没有发生大危险，须知，蒋先生一直在做统一军权的工作，不是蒋先生的嫡系是应该小心的。”

其实，张学良对蒋介石，有他提倡拥护领袖，“领袖即父母”的一段事实，他始终把蒋先生当成父执辈。过去，在东北时，他的部下郭松龄叛变，几乎把他父亲张作霖的统治推翻，那也是惊天动地的事，迨郭松龄失败，老帅张作霖举起手枪要枪毙他，经张作相、吴俊陞跪下讲情，老帅还是把他饶了，并且所有的职务也没有撤除。

这一次，张学良想“兵谏”的动机，非常单纯，并且时时维护委员长的安全。何况，他的“送蒋回京”，也是在保护他，深恐他离开西安会成问题。他还想起郭松龄叛变事件，他老子不是对他宽恕了吗？他既认“领袖即父母”，那么，这一次“领袖即父母”不是也应宽恕吗？

蒋先生的《蒋委员长离陕前对张杨之训话》，虽系后来补写，但已昭告天下，表示宽大，如说“余生平作事决不计及个人之恩怨，且亲受总理宽大仁恕之教训，全以亲爱精诚为处世之道，绝不为过分之追求”。所谓“总理宽大仁恕”是什么呢？陈炯明叛变，炮击观音山，而后来总理所责陈炯明者，只是“悔过”而已。从蒋先生所昭示的看来，是不会太离谱的。

谁知父母就是父母。

“领袖即父母”究竟不是父母。

## 一三、东北军成为历史名词的经过

（一）

东北军成为历史名词，“西安事变”和平解决后张学良亲自送蒋回南京之举，实为提前成为事实的最大原因。张国焘在《我的回忆》中说：

周（恩来）接着说明张学良走后，西安一片混乱，张事先没有任何的部署，任何人也不知道以后的做法。杨虎城已在自作打算，准备将他的部队，向安全地带移动。东北军更是群龙无首。少壮派军人于失望之余，迁怒于中共，说中共害了他们的“少帅”。……周恩来面临着这种险境，施展出全身解数，幸而应付过去了。他态度镇静，措词诚恳，向会众说明：张少帅随蒋赴京，实出意外，他不赞成，但来不及阻止。他又说到如果我们内讧，张少帅的生命就会没有了，东北军也会完蛋的；如果我们团结镇静，蒋对我们的力量将有所畏惧，不敢为难你们的少帅；三角联盟也能继续存在，发挥作用。周并向那些愤怒的军人们誓言，中共决不出卖三角联盟，始终与盟友站在一条战线上，决不让少帅和东北军一方受害。那些暴躁军人终于在无可奈何之中不得不顾全大局。

至此，西安事变一幕便告结束了。被拘禁的蒋介石安然回到了南京。这一事变的首脑张学良，从此渡着长期不见天日的生涯。

其实，张学良在送蒋回南京之前，并不是没有部署，他曾命令何柱国、王以哲、缪澂流、董英斌、刘多荃等说：“我走后，关于东北军的事，听于学忠的命令行事；关于抗日联军总部的事，听命于杨虎城，有问题多和周恩来商量。”但在张走后，西安已获知张在洛阳已被监视，不要说张本无意到此即返西安，即使欲返西安已不可能了，因为他到洛阳已是在中央军的控制之下，不可有活动的余地。

当时，东北军的情形，张虽令于学忠做主，但少壮派军人岂肯听话？他们遂找上周恩来，抱怨他们上中共的当。而周在当时的紧急关头，很冷静地运用智慧巧妙说服了他们。

西安事变后发展演变的结果，是蒋先生使东北军成了历史名词。

蒋先生半生以来，竭智尽虑地从事军权的统一和政权的统一，至是，名义上军权虽似统一，实际上是表面拥护暗中摩擦，距离蒋先生心目中之真正的统一，尚远，尚远！

白崇禧曾批评蒋先生的军权统一是造成中央军清一色的别名，那是特别困难的，假定他在军事上的措施，允许杂牌军的存在，也就是新闻界常说的混一色，那他早就成功了，也不至连续内战多年，把国力消耗殆尽。

（二）

正如周恩来所说，张学良走后，西安一片混乱，为张学良始料所不及。张之所以敢送蒋先生回京，有两项心理基础。一是他与蒋先生之关系，他自己认为情同父子——蒋先生亦曾向东北军将领宣布："领袖即是你们的父母。"前已言之。二是在西安经过张、杨、周（恩来）、宋（美龄、子文）在十二月二十四日达成的协议中有"西北各省军政由张、杨负责"一项，并经蒋做了口头上的承诺和人格上的保证。张有此两项心理上的屏障，便召集何柱国、王以哲、缪澂流、董英斌、刘多荃等开会，宣布他的决定说："我要亲自陪送委员长回南京，向中央请罪，以便恢复委员长的威信。抗日的问题，等我回来后再同你们商量。"可见张学良之送蒋，并没有打算不回西安。二十六日晨，蒋自洛阳飞南京，张也亲送。张在南京有被迫做请罪表示，不料竟军法会审，开庭时，要摘下张之佩剑，张知事已变卦，乃大骂不守信用的政府，说："剩我张学良一人也要革命。"（自己把自己造成阶下囚，夫复何言？）

于是，南京方面对张学良经过"会审""特赦""管束"的三幕戏剧化的表演，便将东北军的领袖"严加管束"，也就是软禁起来。而对于在西安方面的东北军和十七路军，一方面进行政治分化，一方面加以军事威胁。

蒋先生到西安开军事会议，说是对共军展开大围剿，骨子里实是消灭杂牌军队，前已言之。而今在西安的两支军队——东北军和十七路军的领导者，发动西安事变劫持了领袖，虽说和平解决，但秉持“兵不厌诈”的军事古训，乘此千载难逢的时机，用国法和军纪解决这两支军队，实是顺理成章的事。何柱国说：

一月五日，东北军、西北军八名高级将领杨虎城、于学忠、孙蔚如、何柱国、王以哲、董英斌、缪澂流、刘多荃联名发出通电，抗议南京政府扣押张学良，揭露他们妄图重新挑起内战的阴谋。

为了抵御蒋介石的军事进逼，红军、东北军、西北军三方面的高级领导人，在杨虎城主持下，共商作战纲领，并由我参谋团拟定如下：

联军为拥护和平统一、团结御侮起见，在不得已时，决以一部钳制西线胡（**宗南**）、关（**麟徵**）、毛（**炳文**）、曾（**万钟**）、李（**家钰**）、万（**耀煌**）各敌。集中主力首先消灭东线由潼关西进之敌，停止其进攻，巩固西北，开展时局。其作战纲领：

（一）东线一带：（1）在渭南之赤水直至长安，选择有利地带，构成七道强固防线，配置六师兵力，巩固正面。（2）集中步兵三师以上及骑兵两师于渭北地区，准备从渭北实施坚决的突击，歼灭该敌于渭河以北、黄河以西之背水阵上。为此目的，另调杨部一旅，配合渭北各县民团，配置在孝义镇、龙阳镇、蒲城之线，坚守围寨，以抗击并迟滞该敌及冯钦哉（**西安事变后叛杨投蒋**）师行动，以便主力突击。（3）在蓝田、商县之间，由杨部两旅及陈先瑞部，依托秦岭，以运动与游击动作相配合，迟滞李（默庵）纵队前进，以掩护红军主力得余裕时间转向渭南方面，突击该敌。（4）红军行动目前宜秘密集结于淳化、栒邑地区，准备能以三天行程，经三原赶到高陵的机动位置，依情况：①或参加渭北决战；②或经蓝田突击李默庵，然后以主力向潼关迂回。

（二）西线：（1）以王以哲、于学忠两军从胡、关、毛、曾诸敌之东西两侧，红军一小部从胡敌后尾，积极监视钳制之；（2）以杨部一旅、骑炮一团在凤翔、宝鸡、陇县地域监视汉中之敌。

（三）北线：以孙（蔚如）师一旅警戒洛川、三原线，红军一部对瓦窑堡、清涧线警戒，一部集中富县，准备必要时向韩、澄游击，吸引冯部。

（四）以咸阳、平凉线为后方。沈克师维持交通，并实行粮食资财的统制。西安多余物资，必要时向咸阳、邠（彬）县输送。

三方面联军从一月五日到十二日，进行军事准备。东北军缪澂流的五十七军、霍守义的一一二师、刘多荃的一〇五师在渭南一带布防；刘桂五的骑兵第六师（原师长白凤翔事变后调“总部”）、檀自新的骑兵第十师分别在高陵、蒲城一带布防。十七路军主力，除少数留守西安外，其余大部分集中在渭北各县，在三原县城设立渭北警备司令部，以赵寿山为警备司令，红军主力迅速从陕北、甘肃开到关中地区。一月七日，彭德怀、任弼时、贺龙、左权等红军将领率红军两万余人抵达三原、富平一带。红十五军团从甘肃开到咸阳。咸阳是我骑兵军的驻地，周恩来邀我乘车同往咸阳迎接红军，并向部队介绍西安事变经过以及和平谈判的情况，分析了张学良送蒋介石去南京后的形势。周指示部队星夜兼程向商县、洛南一带进军，与陕南红七十四师陈先瑞部一起，威胁由潼关西进的中央军的侧背。我也指示我骑兵军参谋长安俊才协助红军办理进军准备。安俊才并与徐海东合影留念。

这是在西安方面，东北军、十七路军和红军已组成“西北抗日联军”，来迎战中央军。意思是中央军假如进攻，不惜“内战”。同时，国内外的舆论也一致反对内战。蒋先生本来要军事解决西安问题的，在这种情况下，也“不敢贸然进攻西安”。

（三）

蒋先生看军事解决西安问题行不通，于是改用政治手段解决。何柱国说：

一月九日，蒋介石派东北籍亲蒋的吴瀚涛、王化一，拿着蒋介石和张学良给杨虎城的亲笔信，到西安来。蒋介石企图以接受改编后，给以种种优厚待遇为诱饵，要杨虎城和东北军各将领罢兵听命。张学良则在信中嘱咐，东北军和西北军团结一致，不要造成局势的破裂，给人以可乘之机，拆散我们。并让吴、王两人给东北军将领带来口信说：“我能否回陕，全在大家能否团结一致。”当时我们一致表示要听从张副司令的嘱咐。不久，西安方面就决定派代表与南京方面重开谈判。

我和王以哲、高崇民、董英斌等，商请杨虎城派前“总部”办公厅主任米春霖，前往南京面见国民党军政部长何应钦，并探望张副司令。米于一月十三日到京，正值张学良被转移到奉化，他也跟着一同去了。一月十五日，米春霖返陕。带来了何应钦对和平谈判的甲、乙两项方案和他的亲笔信。还有张学良给杨虎城及东北军、十七路军文武官员的亲笔信。

南京提出的两项方案如下：

一、甲案

（一）东北军调驻甘肃及陕西邠州以西地区。

（二）十七路军调驻泾河、渭河以北地区。陕西省政府主席，由十七路军方面的人选充任。

（三）红军仍驻陕北原地。

（四）中央军进驻西安，沿陇海路线上驻十二个团兵力。

二、乙案

（一）东北军全部移驻安徽和淮河流域；安徽省主席由东北军方面的人选充任。

（二）十七路军调驻甘肃省。

（三）红军仍驻陕北。

（四）中央军进驻西安和关中地区。

何应钦在信中劝东北军接受乙案。

张学良在信中说："关于两案，盼兄等速即商讨，下最后决断。如有意见补充，盼虎城派人，更盼来一军长。如兄等认此两案之一案无问题，那是更好，盼即刻表示受命。委座告弟十六日为限。盼诸兄为国家、为西北、为东北，请详计之。凡有利于国者，弟任何牺牲，在所不惜。盼勿专为我个人谋计。"

杨虎城收到张学良的来信后，立即召集有关人员商讨。并于一月十六日派李志刚（杨虎城驻南京办事处主任）和鲍文樾为代表去南京，十七日转奉化，向蒋交涉。主要提出两个问题：一是要求释放张学良；二是要中央军撤出潼关。蒋不但不放张学良回去，反而说张自己不愿回去，要跟着他"读书、学习、修养"。至于撤军问题，蒋仍坚持"西安必须照南京提出的甲、乙两案，择一执行"。于是，鲍文樾气愤地单独先回到西安，在绥靖公署里向大家汇报了见蒋的情况。听者无不气愤填膺。此次奉化之行，鲍还见到了张学良，张对他说："只要西安能撑住，我是能回来的。"

鲍文樾所说的"张对他说：'只要西安能撑住，我是能回来的'"这句，考之张学良反对内战的态度，是不会说这样的话，鲍如此说颇有煽动之嫌。例如在"双十二"发动"事变"时，何柱国说的一段话，可以作为注解。何说：

午夜二时，当白凤翔、刘桂五等出发去临潼后，东北、西北两军的高级将领于学忠、孙蔚如、王以哲、马占山、董英斌和我等，随张、杨在西安绥靖公署办公厅内等候稍息。张学良在室内来回走动，神情紧张不安。当接到刘多荃从临潼来的电话，得知蒋介石已逃离五间厅，正在搜索时，张学良郑重地对大家说："若找到了委员长，能说服他停止内战，共同抗日，我一定拥护他，并亲自向他请罪，维护他的威信；如果找不到他，真的逃了，势必要引起更大规模的内战，那就割下我的头来，请虎城兄送往南京，了此公案！"当白凤翔来电话说，在山上还没有找到蒋介石，张学良焦躁地向白凤翔下令说："如果到九点还找不到委员长，就把你的头送来！"

以张学良这样反对内战的态度，他会煽动着叫"只要西安能撑住"的话吗？但是，经过鲍的煽动报告，在少壮派中起了影响。何柱国说：

第二天，王以哲病中在家里邀集我和董英斌、缪澂流、刘多荃、高崇民、米春霖和几个"少壮派"青年军官开了一个会。王以哲的意思是：先要求和平解决西安问题，然后争取张副司令回来。我们老一辈将领们都同意他的意见。由此，我们与主战的“少壮派”青年军官之间出现了矛盾。

一月二十日，李志刚从南京飞回西安，带来了蒋介石给杨虎城的信。杨虎城立即召集东北军、西北军的高级军政人员开会。在会上宣读了蒋介石的信，然后由李志刚报告再次见蒋经过。蒋介石在信中对杨虎城又威胁又拉拢，说东北军即拨给杨管辖，要把东北军分开驻防。并且许愿说，“有何具体困难，我尽量给你解决，必要时可再派李志刚来谈”。到会的人听了以后，纷纷责骂蒋介石背信弃义，恩将仇报，说他是想分化东北军和十七路军。我们不能上当！

一月二十一日，杨虎城又召集东北、西北两方面负责人开会，周恩来也被邀请参加。会上分析了形势，决定派李志刚再去南京、溪口同蒋会谈：一要张学良回来；二要阻止潼关顾祝同部（中央军）西进；三要看蒋是否有所转变。当天，李志刚就衔命到南京转奉化见蒋。这次会谈仍无结果，在蒋的允许下，李到雪窦寺见了张学良。他将西安坚决要求张回去以及蒋的答复告诉了张。张感慨地说：“他是不会让我回去的。请告诉虎城，多容忍，要团结。我想，除非在全面抗日、东北军还在，这两个条件下，东北军还须我去发挥作用时，才有可能出去。”

一月二十五日，李志刚飞返西安后，杨虎城又立即召开会议，听取李志刚第二次见蒋情况的汇报。大家听说蒋介石还是不放张学良回来，更加激愤，议论纷纷。

又经过杨虎城所派代表李志刚往返二次见蒋，所得结论，仍然和第一次一样，对西安的要求完全没有接受。所谓“要张学良回来”，蒋仍然说是张学良不愿回去。所谓“要阻止潼关顾祝同部西进”，蒋亦未允许。所谓“要看蒋是否有所转变？”答案是没有转变。李志刚转达张学良的话：“除非在全面抗日、东北军还在，这两个条件下，东北军还须我去发挥作用时，才有可能出去。”到这个时候，张学良还说“东北军还在”的话，语气并不确定，是他早知道蒋要消灭“东北军”的啊！李志刚这样报告之后，当然会引起群情激愤的反应。何柱国说：

> 这时顾祝同已进驻潼关，所率大军已通过赤水逼近渭南，对西安形成包围之势。南京又电告西安，嘱派代表到潼关去见顾祝同，商谈解决事变后的具体方案。西安方面由杨虎城、于学忠、王以哲、董英斌和我开会决议：派米春霖、谢珂为代表，到潼关与顾商谈；杨虎城又派他的私人代表李志刚前去协助。西安方面的主要意见是，在张副司令回来以前，中央军不能进驻潼关。顾祝同的条件是：一、西安方面的二华防线，立即撤除；二、中央军开驻西安，由潼关至西安一线中央军要进驻十二个团；三、十七路军移驻渭河以北的三原、蒲城地区；四、东北军移驻邠县以西至兰州一线；五、红军仍回陕北，防区另定。（**与前甲案大致相同**）因双方条件距离较大，没有结果。
>
> 一月二十八日，双方又开谈判。双方一致同意使用和平方式解决、不用武力的原则。至于具体问题，另由双方参谋人员在和平的基础上商定。西安方面指派我，顾祝同指派他的参谋长赵启騄，双方用专线电话商谈。我和顾祝同、赵启騄，虽都是保定军校的同学，但为了留有回旋余地，我并不直接同他们通话，而由谈判的代表米春霖、李志刚等将意见转达给我。我根据电话纪录，同三方面代表商议，并请示杨虎城后作出决定。这次电话会议整整用了两天时间。所商谈的，只限于军事问题，是在甲案的基础上谈的。根据甲案，东北军、西北军和红军三方面，还是集

结在一起的。谈判结果，决定采用甲案。中央军进驻潼关、西安；驻军由十二个团减为三个团。对于划分部队驻地、移驻时间、军费、指挥系统等问题，都作了具体规定，共有二十余条款（内容记不清了）。西北抗日联军的撤军命令，正待发布各军的时候，西安内部在“和”“战”问题上发生严重分歧，谈判便中断了。

这样，前方在潼关和顾祝同商谈，后方在“和”和“战”的问题上，一直游移不定，老一辈的将领比较持重，偏向和平解决，“少壮派”则主张“战”，以战争为手段，救回张副司令。于是，在“和”和“战”的问题上，发生了绝大的对立，前方的商谈自然就无法进行了。

（四）

西安方面和中央军的“谈判中断”，是东北军内部发生了大问题、大分裂，“少壮派”竟然杀了张学良的“心腹大将”王以哲，所谓“东北军祸起萧墙”的悲剧就上演了。何柱国说：

从一月二十六日至三十一日，西北方面的东北军、西北军内，在营救张副司令的问题上产生了主和与主战的严重对立。“少壮派”孙铭九、应德田、苗剑秋、何镜华等，喊出了“打出潼关去，救回副司令”的口号，主张武力解决，不惜一战。老一辈的将领们，如我和王以哲、缪澂流、刘多荃、高崇民等，认为先和平解决西安的问题，后救副司令。我们认为如果再动干戈，势必引起更大规模的内战，从而断送了西安事变的成果和东北军的前途，我和王以哲等同“少壮派”军官们争论多次，企图说服他们；说服不成，便加以斥责。结果他们不但不服，反而散布出“王、何投降中央，受贿若干万元”“王以哲有野心”“何柱国想当主席”（后来的乙案中有东北军派人任安徽省主席一条）等诬蔑不实之词。

一月二十九日，东北军在“少壮派”的提议下，在渭南东郊张家堡，召开了有团以上军官参加的军事会议，于学忠在甘肃没有来参加，王以哲养病在家，我和董英斌参加了会议。我根据杨虎城主任的意见，中共代表团周恩来的主张，提出了我主和的意见：为副司令着想，为东北军团体设想，为团结抗日着想，都应该和平解决，不应打仗。“少壮派”坚决反对。在这次会议上，对和战问题，没有取得一致的意见。

会后，“少壮派”去找中共代表团，要求红军出兵打仗，救回副司令。中共代表团向他们解释说：打仗对营救张先生不利，所以红军方面不主张打仗，一打起来，容易造成混乱局面。只要红军和东北军、西北军紧密团结在一起，张先生的问题是可以解决的。结果他们不服，又去找杨虎城主任，问题还是没有解决。情况越来越紧急了。

张学良临走时指定于学忠为东北军最高负责人，所以，为解决和战问题，我们只好派飞机把他从兰州接来。一月三十一日晚上，杨虎城、于学忠、王以哲、周恩来和我五人代表三个方面，在西安粉巷二十八号王以哲家中开最高会议，决定和战大计。开会时，周恩来说：“我们今天是以你们双方的意见为意见，还是请你们先讲。”杨虎城说：“孝侯是副司令临走时指定的东北军负责人，现在就请孝侯兄发表意见。”于学忠说：“我刚到，不太了解情况。听说东北军内部，有的主和，有的主战，意见不一致。我个人的意见，还是应该和平解决，不应该打仗，打仗能够把副司令打回来吗？再说目前军事形势，我们不能只顾东面潼关的中央军，西面呢，胡宗南的部队已经到了宝鸡，正向凤翔推进，我们的西边还没有一点布置，加上我们内部的檀自新、沈克两师在蒲城、郃县一带有不稳的消息，这在军事上已成内外夹攻、腹背受敌之势，要打也不能打。因此种种，我的意见是不应该打仗，还是和平解决为好。”

于学忠说完后，杨虎城问我和王以哲的意见，我们都表示同意于的意见。这样，我们东北军的负责人都是一致主和的了。杨虎城说：“为了大局，大家一致主张不应打仗。我也同意大家主和的意见。”最后周说：“我们原来的主张是主和的，现在你们两方一致主和，我们当然赞同。不过请你们要注意，要说服你们的部下，否则会发生问题的。”会议就这样决定下来了。会后，杨虎城再派代表去潼关继续谈判。

五人最高会议主和的决定，出乎应德田、孙铭九等人的意料，因此矛盾就更加激化起来。主战的“少壮派”不顾大局，一面逼着杨主任下全线打仗的攻击令，一面威胁周恩来代表出兵。加之有些政治掮客和野心家们（**山西的张慕陶曾两次到我家中游说，主张打一仗再和，被我驳走了。**）从中煽动，形势就更加复杂危急。

二月一日，街上出现了“除奸”的标语。“打倒出卖张副司令的何柱国”的大标语，也出现在我住宅对面的长墙上。当时，我还收到了一封匿名信，是一张要杀的人的黑名单，列有何柱国、王以哲、孙蔚如等多人。我的前参谋处长何镜华，虽然站在“少壮派”的立场上反对主和，但是却不同意采取这种恶毒的残杀手段来制造分裂。因此他冒着风险，及时把有人要枪杀我和王以哲的消息透露给我。我感到情况太严重了，就赶紧去找正在家养病的王以哲，告诉他说：“他们要造反了，怎么办？咱们还是到杨主任那里去暂避一下吧！”他说：“新城里也有‘少壮派'，就是到他家里，也不一定没有危险！”我说：“不论情况如何，到他那里总有个商量解决的余地！”我一再邀他同去。他那时病情很重，加以对“少壮派”的估计不足，认为他们不过是闹闹而已，是不会动刀动枪的，因此，不肯和我同去。

午后，我回到新城，想到形势的激化，不只关系到我个人的安危，而且还关系到大局和中共代表团的安危，于是我派我的副官于贯宜，接周恩来代表到新城来。我又打电话请王以哲来，他说什么都不肯来。这时周恩来、于学忠和孙蔚如，先后来到了新城。

当时我家中只有参谋刘士玲，副官谢佩凤、李喜成、李郁棻等人和二十余名警卫。我内人贾成敬，因患严重的心脏病，早已携沈忠、榆忠两儿去汉口就医。二月一日傍晚，我带着副官于贯宜，携带行李，住到杨虎城主任的公馆里。我向杨谈了情况，交换了意见，他也认为局势非常危急，但又感到难以控制，十分焦急。

二月二日上午，我得到了“少壮派”孙铭九等派人杀害王以哲、徐方等人的消息，大为震惊。杨主任也得知此事。我问他怎么办？他只是“唉”了一声，说不出什么。随即我们和周恩来代表商量对策，以防止事态的继续扩大。

孙铭九等在杀害王以哲的同时，还派兵包围了我的住所。幸亏我已避往杨虎城公馆，使他们扑了空。他们缴了我家中卫士们的枪，关禁了我家里的工作人员，而后就跑到新城来抓我。我和他们在一个小会客室里会面，向他们说明主和的理由及其利害关系。他们大吵大闹，秩序极乱。我也气愤已极，不知打了谁两个耳光。他们说：“这是杨主任的公馆，咱们是东北军，应该到外面去开会。”几个人上来架我，我说：“好，咱们走！为了抗日嘛，死了也不算什么！”正在这时，杨主任来了，挡住了他们。他气得拍着胸脯喊道：“我这里不许抓人，把他留下！你们这是干什么？谁叫你们这样胡干！”这时西北军的将领李振西等人相继到来，孙铭九等看到情势不利，只好退了出去。事后我才知道，事前杨主任为了防止不测，提示他的卫队，凡是进杨宅的人，一概不许带枪。不然王以哲被杀，我岂能独存！事后我亲自书写“再生之德”四字，做了一个银盾，送给杨虎城主任，以纪其事，以志其德。

抓我的同时，又有几个青年军官，冲进了中共代表团周恩来的办公室，遭到周恩来的严词斥责。这些人自知无理，只得向周恩来认错请罪。

王以哲是张学良的心腹大将，参加过张学良与周副主席的会谈，在东北军内是一个有影响、有威信的重要将领。他的被害，激起了东北军广大将士们的强烈愤慨。驻防在渭南前线的刘多荃、缪澂流得讯后，准备调转枪口向西安进军，要杀孙铭九一伙，给王以哲祭灵。在混乱中，我听说六十七军的将士们，把杀害王以哲的卫队团连长于文俊，剖腹挖心，祭奠王以哲。刘多荃认为最先和红军接触的高福源，也参加了“二二”事件，便派人把他诱杀了。又听说愤激的将士们，还要杀掉孙铭九等。面对这种自相残杀、自毁股肱的纷乱局面，我们心急如焚。为避免东北军的进一步分裂，由周恩来代表出面，派刘鼎将孙铭九、应德田、苗剑秋几个肇事者送到三原红军地区，同时支持杨虎城用军事压力，迫使孙铭九的卫队团和“先锋队”开往邠州，避免了事件的扩大。

在“二二”事件发生后的极端混乱中，周恩来代表率中共代表团成员，首先去王以哲家吊唁。杨虎城主任、东北军、西北军在西安的将领以及西安的文武官员，也先后前往王以哲家中祭奠和慰问家属。二月四日，毛泽东和朱德发来唁电，对王以哲“力主和平，力求统一团结”而遭杀害，表示痛惜和哀悼。这对安定人心，扭转岌岌可危的局势，起了很大的作用。

东北军这样的混乱，正是蒋先生不放张学良回西安的“高明”处。他原来是要削弱或消灭东北军的，假如将张释放，不是又增加解决东北军的困难了吗?

（五）

东北军这样的“祸起萧墙”，再和中央军谈判时，已经不是和战的问题，而从前要求的条件，自然不被重视，也自然只有听从整编和调遣的摆布了。何柱国说：

西安事变中，东北军和西北军中，都有人叛离。“二二”事件发生后，骑兵军的骑十师师长檀自新与刘峙勾搭，并串通驻在武功的一〇六师师长沈克，联名通电叛张，同时还煽动我骑兵军参谋长安俊才撤离咸阳。檀自新于二月三日在蒲城叛变后，将西北军第三警备旅旅长孙友仁和民团司令韩世本以及杨虎城主任的母亲扣留在蒲城（**蒲城系杨的老家**）。

杨虎城得知他老母亲被扣，很是焦虑。他和我商量说：“听说檀这个人很坏。老母被困蒲城，时有危险。柱国，你有没有营救办法？”我想了想说：“我驻西安办事处处长杨大实和檀自新有旧交，可以先派他去看看情况。”杨表示同意。杨大实第一次去，檀不接受劝告。后来杨大实又和他几番周旋，并警告他，如不听劝告，在他周围的东北军、西北军部队随时可以解决他。他看到形势不利，才答应杨大实将杨老太太接回西安。后来杨虎城派杨大实接任蒲城县长，处理纷乱之局。“少壮派”孙铭九等离开西安后，我军部参谋长安俊才和骑十师的张庆弟、张景奎两团长等，相继率部归来。

由于檀自新和沈克的叛张，十七路军警备一旅旅长王俊投向胡宗南，警备二旅的沈玺团、唐得盈团叛变投蒋。再加上东北军的前线部队，为给王以哲报仇，擅自撤离渭南，使中央军得以乘虚而入，占领了渭南。这就更增了对西安的压力，使西安方面失去了在谈判中的有利条件。这样一来，摆在东北军、西北军面前的已经不是主战主和的问题，而是连比较有利的方案，也难以实行了。

从前东北军就受中央的渗透和分化。如今，东北军的少帅已被中央软禁，在群龙无首的情况下，更易渗透和分化。以上所举叛张的人，就是在这样恶劣的背景下，纷纷自谋出路。

到二月四日，东北军和西北军各将领由杨虎城、于学忠领衔发表“和平宣言”，其实，就是“投降宣言”。投降后，透过“整编会议”，把赫赫有名的东北军取消，使它成为历史上的名词。何柱国曾把这一幕悲剧，很冷静地叙述，没有一句伤感哀痛的话，而伤感哀痛自在其中。他说：

“二二”事件平息后，西安方面与南京政府在谈判中达成协议。二月四日，东北军、西北军各将领，由杨虎城、于学忠领衔发表了“和平宣言”，向全国人民申述西安事变的经过，说明事变的目的，在于“内求和平，外求抗战”。表示“但求抗敌救国之策，得以早日实现，对内固不惜最大之隐忍，对外更不惜一切之牺牲”。

按照和谈协议，从二月四日起，东北军撤向渭河北岸的大荔、蒲城一带，十七路军撤到三原、泾阳、耀县等地。

二月八日，中央军派宋希濂三十六师先进西安接防。二月九日，“西安行营”主任顾祝同进驻西安。

中共代表团撤离西安后，在西安设立了红军办事处，继续与南京政府商谈团结抗日的问题。

南京政府随即颁发的《陕甘军事善后办法》，对东北军及十七路军进行整编。杨虎城主任着手进行十七路军的改编工作。我代表东北军与顾祝同商讨善后，力争东北军不被拆散，留在西北。开始时，决定按照先前提出的甲案进行，东北军移驻西兰公路陕甘边区，以王树常为甘肃绥靖公署主任，于学忠仍为甘肃省主席。但东北军有些将领不同意这样调动，他们不愿再留驻西北，要求调出潼关。于是，我和于学忠多次往返于西安与南京之间，向蒋介石陈述东北军的要求，最后得到蒋的批准，调于学忠为江苏绥靖公署主任，王树常为开封绥靖公署副主任，刘尚清为安徽省主席，我为“西安行营”副主任，仍兼骑兵军军长，部队驻陕西邠州；五十一军军长，由于学忠兼任，调驻江苏淮阴。六十七军由吴克仁继王以哲任军长，调驻安徽阜阳。刘多荃的一〇五师，改编为四十九军，调河南省南阳附近。这些调动基本上是按照以前提出的乙案进行的。一九三七年二月上旬，在开封举行了整编东北军的会议。由河南绥靖公署主任刘峙负责召集，顾祝同主持会议。东北军的高级将领于学忠、万福麟、刘多荃、缪澂流、吴克仁、董英斌和我都参加了。在这次整编会议上，一些具体工作是由我负责做的。会议结果，东北军除我的骑兵军外一律调离西北，到上列防地进行整训。所谓的整编会议就此结束。没有多久，东北军除我的骑兵军外，全部陆续东调。临行之前，发表了《东北军移防致西北同胞告别词》（略），向西北同胞依依惜别。从此，东北军也就成为一个历史上的名词了。

回想东北军之创立，张作霖自清末编为统领，屡迁陆军二十四镇统制。民国初年，以陆军二十七师师长，代理奉天军务督理，兼署省长，升为东三省巡阅使、蒙疆经略使兼领热河、察哈尔、绥远，东北边防督办、东三省保安总司令。民国十五年（一九二六）任安国军总司令，称大元帅，进掌北方政权，对外代表中国政府。民国十七年（一九二八）国民革命军进抵河北，张作霖乘军返辽，在皇姑屯被日军炸死。迨张学良接长东三省保安总司令，统率东北军之后，于民国十七年（一九二八），东北易帜，完成国民革命统一中国。民国十九年（一九三〇），挥军进关，结束了“中原大战”，就任陆海空军副司令，负责黄河以北各省市的大权。民国二十年（一九三一）“九一八”后，又替蒋委员长挡住国人对“不抵抗主义”的攻讦。民国二十五年（一九三六）十二月十二日，又发动震惊世界的“西安事变——兵谏”。如此显赫的一支军队，到张送蒋返京被幽禁之后，正如何柱国所说的在群龙无首的情况下，被分割编遣，从此把东北军送上了历史。在东北军的立场上说“不能保持它光荣的历史，岂不可哀？”在中央方面来说，虽付了很大的代价，总算把它统一了。

（六）

关于东北军成为历史名词的实施经过，是如此的：

第一是调虎离山。西安事变时，东北军的部队，除五十三军率三个师，驻河北保定附近，炮六旅驻洛阳，炮八旅驻武汉外，其余的军队都集中在陕西关中和甘肃平凉、兰州地区。东北军本身既成一个整体，又与第十七路军和红军连成一片，而蒋先生最担心的是东北军依靠红军，他认为这对他有更大的危险。因此，首先提出必须将东北军调出西北，即为实行“分而灭之”的目的。

第二是西安事变后，将东北军整编为五个军，骑兵军仍旧。东北军原来每军辖三四个师不等，在陕甘共十四个师，除一〇五师八个团，其余每师三个团，统计步兵共四十七个团。调出西北后，东北军即改编为每军两个师，每师两旅四团，共八个团，则较原来的十二个团削减三分之一。

东北军各军被整编的具体情况及结局，是这样的：

①东北军第六十七军原辖第一〇七师、一一七师、一二九师和一一五师，共四个师。西安事变后，于民国廿六年（一九三七）三月初，开到安徽亳州、蒙城、涡阳一带地区，改编情形如下：

军长吴克仁、副军长贺奎、参谋长吴桐岗。下分为两个师：一〇七师和一〇八师。一〇七师系由原一〇七师和一一七师合编的，师长金奎璧、副师长姜保德、参谋长邓玉琢。下属三一九和三二一两个旅，由吴骞和朱芝荣分任旅长。一〇八师系由原一〇八师和一一五师合编的，师长张文清、副师长唐振海、参谋长梁同淇，下属三二二和三二四两个旅，由夏树勋、刘启文分任旅长。（这个改编，仍然保持东北军原有的历史系统，不过仅仅是把各师改编为旅罢了，把每师三个团，改编为两个团，同时扩大了团的编制，补足了缺额。）抗战初期，在上海战役中，军长吴克仁在战场上牺牲。所辖一〇七师全部损失，师长金奎璧撤职，回到重庆后病死。一〇八师师长张文清编入第二十五军后，升任该军军长。于是六十七军的番号便被取消。

②第五十一军原系吴佩孚的旧部，有两个师，由于学忠率领投入东北军，到东北军后又增加一个师，编为三个师的军。开始番号为东北军边防第一军，驻防山海关一带地区，后改为五十一军的番号。军长于学忠，颇为张学良所信任。西安事变后，于民国二十六年（一九三七）三月初，该军开到苏北的宿迁、睢宁一带地区时，所

辖一一三师、一一〇师、一一四师和一一八师。到防不久，改编为一一三（师长牟中珩）和一一四（师长周毓英）两个师，师辖两旅四团。抗日战争时期，挺进到山东地区与敌伪作战。于学忠任鲁苏战区总司令，牟中珩继任五十一军军长。转战数年，损失殆尽。到了战争末期，退出山东，开到皖北，虽加整顿，但战力已弱。于学忠也终于辞去总司令的职务。调为军事参议院副院长。到国共内战时期，蒋又命五十一军参加战争，到民国三十六年（一九四七）在枣庄“投共”，最后的军长为周毓英。

③第五十七军，在西安事变后，于民国二十六年（一九三七）三月初，开向河南周口、淮阳、太康一带地区时，辖一〇九师、一一一师、一一二师和一二〇师。到防地后，改编为两旅四团制的师，即一一一师和一一二师。抗日战争时期，挺进山东，归鲁苏战区总司令于学忠指挥。到民国二十九年（一九四〇）秋，该军军长缪澂流辞职。缪改投奔胡宗南，被任为游干班主任，而五十七军遂即撤销。两个师受鲁苏总部直接指挥。后来，第一一一师的主力由师长常恩多和旅长万毅率领“投共”。到抗日战争末期，一一一师的残部和一一二师又合编为第十二军，军长为霍守义，到民国三十七年（一九四八）夏季，在兖州放下武器，向共军投降。

④第四十九军原辖一〇五师的第一、二、三旅（每旅三团）及直属部队。民国二十六年（一九三七）三月初开到南阳附近，即改编为第一〇五和第一〇九两个师，师长是高鹏云、赵毅，每师两旅四团。抗日战争时期，第一〇九全师损失，番号取消，该军另编入蒋军嫡系的一个师。到国共内战时期，该军开到东北，全军的干部如军长、师长、团长以上军官重新调整，多换为中央嫡系的军官。该军最后的军长为王铁汉，一〇五师最后的师长为于泽霖。

⑤第五十三军原辖一一六师、一一九师、一三〇师。于民国

二十六年（一九三七）六月间，在河北省保定附近地区，改编为一一六和一三〇两个师，师长是周福成、朱鸿勋，师属两旅四团。抗日战争时期，转战于河北、河南、湖北、湖南、云南及印、缅等地，损失甚重，没有什么补充，实力甚弱。国共内战末期，沈阳战役时，在沈阳放下武器。最后的军长是周福成，一一六师师长刘德裕、一三〇师师长王理寰。

⑥骑兵军原辖骑三师、骑四师、骑六师、骑十师，开始还有骑七师门炳岳部。西安事变时，骑四师随五十三军驻保定，骑十师师长檀自新率两个团，投奔中央。抗日战争时期，骑兵损失过大，尤其没有马匹补充，最后存骑三师和一个步兵旅。抗日战争结束时，骑三师被山东省主席王耀武改编，骑兵军遂告结束。最后的军长是徐梁。

蒋公曾令东北军各军遴派代表一人到奉化溪口来见张学良。蒋公的意思是要张学良亲自说服东北军，要东北军安心服从编遣，也要东北军死了心。

东北军代表：唐君尧（一〇五师旅长）、李振唐（五一军一一三师师长）、周辅成（五三军一二九师师长）、霍守义（五七军一〇九师师长）、吴克仁（六七军军长）、张守经（骑兵军骑二师师长）等六人。他们分别与张晤谈。张学良说：

> 我原是只求问心无愧，个人如何，是用不着计较的。你要知道，凡是一个现代国家，军队都是国家的，东北军也绝不是我张某一人的，你可能还记得我于民国二十二年由上海出国的时候，曾经给团长以上军官每个人一封信，那封信是怎样向你们说的？你这次回去必须告诉刘师长（指刘多荃），将来东北军就是一连甚至一排的被分别调到任何地方去作战，都要接受上级的指挥，这样才配做一个现代军人。

张学良因为一步错（到南京）已被幽囚，他希望所有与他父子共患难几十年的东北军人，有一个安身之处，不要被消灭——能存在才是真理。张学良这一段谈话的言外之意，令人感到：他有一种爱护东北军人、一种悲天悯人和无可奈何的复杂感觉。他说话时没有愁眉苦脸，而比愁眉苦脸更痛苦，没有叹息而比叹息更哀感。

东北军已经确切感到今非昔比了，都服从了中央的分割编遣。

## 一四、蒋先生为什么不释放张学良？——舆论界的翻案风为何吹到他的头上？

（一）

张学良送蒋先生回南京，十二月二十五日下午五时到达洛阳，蒋先生面嘱洛阳军分校主任祝绍周，并经祝绍周和戴笠取得了联系，是叫戴笠在南京布置好，等张学良一下飞机，就软禁起来，完全把在西安机场上说的话忘记了。他当时在西安机场上匆匆对张、杨及各将领说了几句话："你们这次事情做得很冒失的，幸好觉悟尚早，一切主张既经考虑接受，过去的也就不必再说了。今后各自安心训练部队就是。"这几句话，后来经陈布雷之手变成了"对张、杨的训话"。蒋先生叫祝绍周联系戴笠的话，详情见诸戴笠的布置。张严佛说：

> 一九三六年，我在南京复兴社特务处（军统局前身）担任书记长。十二月二十四日，戴笠从西安回南京来了。晚上九时，戴笠在鸡鹅巷五十三号找我和军统局特务队队长刘乙光去，他非常高兴，一边笑，一边很严肃地对我们说："张学良将于明天（二十五日）送委员长到南京来，我已经和宋部长商量好了，张学良一下飞机，就由我与宋部长接到北极阁宋部长公馆去，软禁

起来，不让他接见任何人，张学良到南京的消息千万不可张扬出去，你们要特别注意。”他又说：“乙光赶紧在特务队挑出十个人来，要机灵可靠的，仪表好的，都穿蓝色中山服，佩带二号左轮，由乙光带到宋公馆去，看守张学良。”

二十五日下午五时，消息证实，蒋介石已经由西安到达洛阳，住在洛阳西工第一军分校，因天晚，改于二十六日回南京。张学良同蒋介石一起到洛阳的消息，经蒋介石面嘱洛阳军分校主任祝绍周并经祝绍周来电和戴笠取得了联系，严密封锁了消息。晚间，戴笠又找我同刘乙光去，他说：“委员长决定明日先到，飞机在明故宫飞机场降落。十分钟后，张学良的飞机到达，你们都到飞机场去照料，宪兵方面，乙光去和他们联络好，派一排人到飞机场警戒就行了。委员长离开飞机场后，除了宪兵和特务队，任何人都不准在机场逗留。张学良一下飞机，就由我和宋部长的汽车直开宋公馆，乙光带便衣警卫坐警卫汽车跟在后面。”

二十六日下午三时，蒋介石飞抵明故宫机场，由国民政府主席林森和何应钦等簇拥而去，只有戴和我们少数人还留在机场。宪兵特务重新布置了警戒，十分钟后另一架飞机到了，张学良下了飞机，即由戴、宋两人陪着上汽车开走了。我到飞机场去是对张学良执行扣押任务的，自觉不同他打照面最好，于是混在宪兵特务人群里，没有同他见面。这就是一九三六年十二月二十六日张学良到达南京在北极阁宋子文公馆被军统局囚禁的开始。此后，从一九三六年十二月到一九四九年，军统局一直派刘乙光看管张学良，没有换过第二个人。刘原先是戴笠指派的，由于他长年累月执行看管，毫不放松，并且把张学良的思想、生活以至片言只字点滴不漏地经常向军统局和蒋介石作详尽汇报，从而得到了军统局和蒋介石对他的绝对信任。一九四六年戴笠毙命之后，就由蒋介石直接指定刘乙光继续看管下去，不准换别人。一九四〇年，刘乙光升为军统局少将专员，除了几十名便衣特务，还有一连宪兵归刘乙光指挥，特务担任内层看守，宪兵负责外围警戒。张学良所在地划为禁区，与外界隔绝，不准老百姓接近和通过。入夜，张学良的房子周围，通宵不离宪兵岗哨和便衣特务来回巡逻，窥伺室内动静。

根据张严佛的叙述，蒋先生之幽禁张学良，当飞机安全飞到洛阳时，即已决定。其他枝枝节节的经过，都系作戏，都系表演性质而已。

（二）

接着，军事委员会遵照蒋先生的意旨，组织高等军法会审，公推李烈钧为审判长，经李提议以朱培德、鹿钟麟为审判官，李又要求国民政府及军委会暂调军法官与书记官各二人参加。审判时，李烈钧说：

我问张学良："你知道犯什么罪吗？"

学良答："我不知道。"

我翻开陆军刑法给他看，并对他说："陆军刑法的前几条，都是你犯的罪。你怎么胆敢出此？"

学良态度从容，答语直率，毫无顾忌，我心想：学良真是张作霖的儿子啊！我问他："我们准备了一份向你提问的问题，要你逐条回答。你愿先看看这些问题吗？"

学良答："很好，请给我看看。"

我等他看完问题后，接着问他："你胁迫统帅，是受人指使呢？还是你自己策划的呢？"

学良回答："我自己的主意。一人作事一人当，我所作的事，我自当之。我岂是任何人所能指使吗？"

学良侃侃而谈。他问我："我有一句话，请教审判长，可以吗？"

我说："当然可以。"

学良说："民国二年，审判长在江西起义讨伐袁世凯，有这回事吗？"

我说："是的。"

学良说："审判长在江西起义讨伐袁世凯，为的是反对袁世凯的专制与称帝，对吗？"

我说："是的。"

学良理直气壮地说："我在西安的行动，为的是谏止中央的独断专行……"

没等学良讲完，我斥责他："胡说！那袁世凯怎能与蒋委员长相提并论？你在西安搞事变，是自寻末路，怎能归罪于谁？"审判官见我越说越火，劝我稍休息一下。朱、鹿两审判官陪我同至休息室。休息片刻，复回法庭，继续审讯。我劝告张学良："你在西安做的事，应据实供出，否则对你不利。"鹿钟麟亦对学良说："审判长待人诚恳宽厚，汉卿幸勿失此良机。"学良唯唯。我接着对张学良说："你是受外党的播弄？不然何以糊涂至此。望你抓紧时机，从速实告。不然求一生路亦不可能。机不可失。君其勿悔！"学良据实陈述，遂定谳。我将审判经过，分别呈中央党部与国民政府鉴核。蒋嗣即呈请国民政府给张学良以特赦，张学良判处之罪刑，免予执行。

该文的"备考"，是该文整理人李希泌写的"后记"。他说：

> 抗战期间，李烈钧曾到昆明，住安宁温泉我家里养病。他在精神较好时和我谈过他在西安事变时充当最高军法会审审判长审判张学良的经过。他说："那简直是演戏，我不过是奉命扮演这幕戏的主角而已！张汉卿态度光明磊落，对话直率，无所畏惧。张汉卿发动西安事变，是反对蒋介石的独裁，谋求全国团结一致抗日，他问心无愧，有什么畏惧呢？当审讯张汉卿时，张问我在湖口起义反对袁世凯复辟称帝，如果这是正义的行为，那么，西安事变用兵谏的方式谏止蒋介石的独断专行，何罪之有？他几乎把我问倒了。我无可奈何，只得不让他再讲下去。当时，国民党中央很多要人如冯焕章等都是同情张汉卿的，主张赦免对他的处分，释放他。蒋在西安回南京前，可能表示过保证张送他回南京后的安全。军法会审判处张有期徒刑十年，褫夺公权五年，是准备把好人让蒋介石来做。不料蒋以怨报德，表面上特赦了张，实际上把张终生禁锢。"

李烈钧这一段回忆，颇有惋惜后悔之意，他不应该有"准备把好人让蒋介石来做"的想法。

傅斯年在密函里曾谈到审张的情形，说张受审时确有强烈表现。傅说：

> 张作一个政治演说，大骂南京政府及蒋先生左右，自何（应钦）至政学系、银行家等等，谓蒋好而南京太坏，彼如在一日，必拥护蒋，亦必打倒南京政府云云，此演说把审判长大大地感动了。事为委员长所闻，甚气，谓"不放这小子回去！"所谓管束有三端，即居处、见客、通信皆不得自由也。

从傅斯年密函里所说的“西安事变”，是他当时所听得的确实消息，致函蒋梦麟、胡适、周炳琳的话，从这里也可以看出自由派学者的看法。

（三）

李烈钧对审判张学良的回忆，比较简略，其中有一段问答，是张学良对国民政府要员的批评，亦颇有建议的意思。这段对话是这样的：

审判长……续问：“你为什么把中央许多大员都拘禁起来，这还不是叛乱吗？”张大笑，答：“他们身为大员，平日穷奢极欲，不知爱国，蒋委员长就误在他们身上。除了蒋百里先生未作官我是敬佩的以外，那一个是有牺牲精神的。譬如陈调元身为军事参议院院长，在西安拘留，不过几天，还是调戏万耀煌的娘姨，可谓老而好淫。又如平日口出大言的陈 ×，领袖遇难，又不营救，又不殉节，竟进入厕所阴沟内，把他拉出来，满头满身，都是屎泥，这也配得上谈抗日救国吗？还有……”李烈钧听他骂到“陈 ×”，愈来愈不像样，只有停止其发言。稍息，当庭宣判，并退庭。

张学良对中央要员的批评，颇为中肯，他们以及他们的领袖，还不该警惕吗？蒋百里曾说：“一个人总容易为历史所支配，尤其容易为自己成功的历史所支配，蒋是以黄埔建军得到北伐成功的，假使他用黄埔生用到超过了他们的能力，我便很为他担心！”可惜，蒋百里不当面向蒋介石建议，只私下议论有什么用呢？

张学良为抗日发动西安事变，而真正抗日战争打了八年，以迄胜利。他始终不能上战场指挥作战，以报“国恨家仇”，这可以说是他最痛心的事。

为什么不能上战场呢？是他被“管束”。“管束”，其实就是“幽禁”。

“管束”的情形如何？正如傅斯年所解释，居处、见客、通信皆不自由。从民国二十五年（一九三六）十二月到三十八年（一九四九），军统局一直派刘乙光（原军统局特务队队长）看管张学良，没有换过第二个人。刘原先是戴笠指派的，由于他长年累月执行看管，毫不放松，并且把张学良的思想、生活以至片言只字点滴不漏地经常向军统局和蒋介石作详尽汇报，从而得到了军统局和蒋介石对他的绝对信任。二十九年（一九四〇）刘乙光升为军统局少将专员，除了几十名便衣特务，还有一连宪兵归他指挥，特务担任内层看守，宪兵负责外围警戒。张学良所在地划为禁区，与外界隔绝，不准老百姓接近和通过。入夜，张学良的房子周围，通宵不离宪兵岗哨和便衣特务来回巡逻，窥伺室内动静。

三十六年（一九四七）十二月三十日，张治中到新竹井上温泉看张学良。张学良托他向蒋同时向宋美龄提两点要求：

第一点，他希望能够恢复自由。并说恢复自由后，哪里也不去，蒋住哪里，他就住在哪里。他除恢复自由以外，没有任何请求。

第二点，要求刘乙光搬出他的房子，他的生活由他自己管理，以保持一定的自由和清静。

张治中回南京后，向蒋提出张学良的两点请求，蒋只哼了几声。他去找宋美龄，把张学良的请求向她说了一遍。宋当时第一句就叹息着说："文白兄，我们对不起张汉卿。"然后接着说："第一点不容易做到，恐怕现在不可能得到许可。第二点我一定想办法做到。"

后来，刘乙光到南京，晋谒蒋先生后，告诉张严佛说："张治中到台湾同张学良见面，委员长很不高兴，当面吩咐我，以后非经他批准，任何人不准去看张学良。"这就证实了"见客"的"不自由"。

三十八年（一九四九）春，蒋先生引退，李宗仁代总统后，曾下令释放张学良、杨虎城等及所有"政治犯"。蒋先生坚决不同意，命令军统拒绝释放。

由这些有关的人之叙述看来，蒋先生对“管束”张学良一点也不放松。这事，尤其是坚持不释放的事，引起的批评很多。自民国二十六年（一九三七）一月核定审判起，一直到现在（一九八八），已经五十一年了，批评还是不断。但这些批评，都围绕在张学良“送蒋回京”之前，有对张的承诺，后来竟未兑现，批评的话虽绕了很多圈子，骨子里还是在于失信，又有隐隐藏藏说些孙中山先生度量大，唐太宗胸襟开阔，影射之意，自然甚明。

其实，他们那么多批评的人，都没有说到关键地方。我试加解释如下：蒋先生一生在统一军权上下功夫，本来，这一次到西安围剿时，就是要拆散东北军的；接着，发生西安事变，对拆散东北军更是名正言顺了。蒋先生不释放张学良，是深恐他被释放之后，再把已拆散的东北军集拢来，是蒋最不愿见的现象。所以，就叫张学良委屈些了。

这是一幕紧迫追求军权统一之悲剧。

这也是蒋先生处心积虑取消杂牌军队最复杂、最惊心动魄的一幕。

（四）

现在，谈张学良的问题，撇开张学良“送蒋回南京”有人保证的问题不谈，只说经过军法会审判决张学良有期徒刑十年、褫夺公权五年。又经蒋先生呈请特赦，国民政府命令：“张学良处十年有期徒刑，本刑特予赦免，仍交军事委员会严加管束。”这一切经过，都是对的，都是依法行事的。

按道理说：军事委员会对张学良严加管束，是赦免十年有期徒刑后的处分。而“严加管束”的时间，再长也不能超过本刑的十年。如今，已是被“严加管束”五十余年了，这超过十年的四十余年部分，就是冤狱。所以在一九八八年二三月间，舆论界的翻案风吹到张学良的头上，认为张学良的长期幽囚是不合理不合法的，应该设法补救。

就是张学良本人也曾对超过十年的幽囚，表示很大的不满。张严佛说：

我在张学良房间里，他当着赵四小姐，仿佛满肚子幽怨，都向我尽情倾泻了；他谈到了十年期满仍然关押不放，也谈到了十几年幽禁生活，受尽了刘乙光夫妻的百般凌辱和精神虐待，含冤抱屈，无处申诉，无理可说，几乎一字一泪，痛哭不止，赵四小姐也坐在一旁揩眼泪。当晚，我们谈到深夜，足有四五个钟头。第二天早饭后，我又到张学良房子里去，他用毛笔在信纸上写下了夜里他自己作成的一首诗给我，他说："你这次来算是难得，这首诗就留作纪念吧！"诗是这样写的："山居幽处境，旧雨引心寒；辗转眠不得，枕上泪难干。"上款写"严佛兄存念"，下面写"张学良敬赠"。我在井上温泉一个月，张学良同我所谈的话，已经记不完全了，我现在把印象深一些的写出来。张学良说："西安事变，为了制止内战，为了抗日，我没有错，我不该扣留委员长，判刑十年，无话可说，但十年期限已满，如今抗战胜利，日本人都投降了，还把我关下去，这是什么法律？这样对待我，无论如何，是非法的。我心中不平，希望你回到南京，把这些话告诉郑介民，就说我要求你转达的。"他说："老戴（戴笠）、老宋（宋子文）当初都对我说：委员长希望你休息几年，闭门修养，研究学问，派刘乙光是保护你的，为了你的安全，不得不如此，你尽可以在屋子里看书，也可以到外面去散步、打球、游泳、钓鱼，刘乙光不得限制你。我相信老戴他们的话，不应该是骗我的。但十多年来，刘乙光就把我张学良看作江洋大盗，唯恐我越狱逃跑，又怕我自杀，处处限制我，给我难堪，不管我受得了受不了，他要怎么干就怎么干，实在太过分了。"

正如张学良所说：“西安事变，为了制止内战，为了抗日，我没有错，我不该扣留委员长，判刑十年，无话可说，但十年期限已满……还把我关下去，这是什么法律？这样对待我，无论如何，是非法的……”这是张学良的感受，他还没有说到特赦部分，如果将特赦部分说上，就更证明关押十年之后的再关押，是更非法的！非法的关押就是冤狱。有冤狱，就有人要求翻案，要求平反。

一时，这翻案风吹得很大，震惊了台湾的舆论界。于是，各报的新闻记者纷纷要求会见张学良。兹摘录各报报道如后：

其一

千方百计想见张学良一面的不速之客，已经搅得张将军阖府日夜不得安宁，为了保有自己一片宁静的生活空间，年近九十的张学良不得不出面，由他的侄女代为录下一封公开信，感谢各界的宠渥，表明自己看透俗事的心迹。

根据了解，张学良和亲人商量如何对外有所说明时，曾经一度考虑召开记者会，并安排他五弟的女儿张闾芝对外说明，但又恐怕外界提出许多她无法回答的问题，决定还是以口述笔录方式，发表一封公开信。

最近一周以来，位在北投大屯山下的张府受到各种不期而然来的骚扰，有的要请他去演讲，有的要摄制电视专辑，有的要邀他入党，有的要访问他，有的则要拜访他面致关切……凡此种种，已经使得张学良几乎无法出门，他原本如闲云野鹤般的生活也备受打扰，不知道这一切是要为他“争取自由”，还是要妨碍他的自由生活？

许是年事已高，又笃信基督，张学良个人对于世间各种名利恩怨，乃至历史往事，都不愿多谈，他认为目前的生活方式很好，想去哪、要吃什么、买什么都很自在，不惊动视听，也不引人注目，他认为这是他最好的安享晚年的方式。

在他的公开信中，他特别以两段《圣经》经文叙述他的心情，归纳这两段经文的涵义，主要是他已觉悟今是昨非，往昔浮华虚梦均已如过眼云烟，如今他每周聚会灵修，一心一意追求灵性的进升，以得上帝的称许，耶稣曾说："真理必教你们得以自由。"这是汉卿先生所享受的灵性境界，各方善意人士如能体会他的心境，当不会再以俗务相烦。

张学良的侄女张闾芝对她的大伯一直很关心，经常去看望他，由张闾芝来纪录这封信，表示她的大伯很好，生活平静自如，不无对外界有婉谢之意，这些日子以来每天守在张府四周，想要一探张将军生活实况的人，读了他亲笔签名的信，当可让他回复安宁吧！

其二

〔台北讯〕张学良将军昨天发表了一封公开信，声明他本人及其夫人日常生活行动一向自由，未受任何限制，亦不愿改变目前宁静的生活方式，期望各方善意人士勿再劳驾枉顾。

张学良将军昨天透过"中央通讯社"发表声明强调，自迁台之后，平时生活不外莳花、饲鱼、读书自得，不问外事。由于近来社会各方对他频表关怀，至为感激，但某些评论报导不无失实，为保持平静，不欲多言，但近日常有人造访，影响家居生活。因此，特口授他最近的状况与感想，由他的侄女张闾芝笔录，并亲自署名对外发表。

张将军原函全如下：

学良迁居来台以后，平时生活简单宁静，与内子莳花、饲鱼、读书，怡然自乐，深足自慰。多年前信奉耶稣基督，勤于灵修，颇有领悟，不问外事。近来社会各方对良频表关怀，至为感激，但评论报道，不无失实。良为保持一贯之平静，雅不欲有所多言，乃连日造访寒舍人士，络绎不绝，使良失去居家安宁，不得不作如下几点说明，以谢垂注：

一、本人与内子日常生活行动，一向自由，并无受到任何限制，亦不愿改变目前宁静之生活方式。

二、良因年事已高，视听衰退，且往者已逝，故不愿接见宾客探视或接受访问，务恳各方善意人士勿再劳驾枉顾。

三、海内外团体对良邀请参加集会或作讲演，遵医嘱概予谢辞，函电亦恕不答复。

四、良目下心情，如保罗在《腓立比书》三章八节所说的："我为他已丢弃万事看作粪土。"十四节又说："忘记背后，努力面前的，向着标杆直跑，要得上帝在耶稣基督里从上面召我来得的奖赏。"

以上各点均系出自肺腑，敬请惠谅。

张学良

一九八八年三月廿五日

至此，张学良已年近九十，还谈什么翻案呢？从前那份"判刑十年，无话可说，但十年期限已满……还把我关下去，这是什么法律？这样对待我，无论如何，是非法的"之不平，经过岁月长期的磨洗，已不复存在。所以，才有这封公开信。风势很大的翻案风，对张学良来说，是已经停息了。但是舆论界以及一些学人，还认为"翻案风"

没有到真正停息的程度，当局没有进一步的表示，“翻案风”怎么能停息呢?

一九八八五月二十五日，深夜初稿
十一月十日，深夜修订

# 早年女佣回忆张学良与于凤至

赵云声

作者按：为了创作传记小说、电视剧《少帅传奇》和《张学良与赵四小姐》，笔者在此前后，长达十年的时间，曾相继采访过张学良将军的一些眷属、部下以及在他身边生活、工作过的老人。特别是于凤至的用人、跟随张学良夫妇长达十九年的王凌阁老人，目下她已作古了。一九八六年七月二十八日我去采访她时，已是九十三岁的高龄。老人头脑清晰、朗朗而谈，但当我过一周再去采访时，老人病倒，过一月笔者再去时，老人竟不在人世了。笔者的这次采访，是老人第一次向舆论界吐露张府家事秘闻，但可惜竟也是最后的一次。

王凌阁老人是一九二五年郭松龄反奉进入张家，侍候于凤至、张学良，直到一九四三年于凤至因患乳腺癌去美国治病，才离开的。于凤至将自己在北京的财产托付王凌阁老人照管，王凌阁老人也是因此而返回北京的。

**于凤至的妈妈很有钱，她结婚进门的时候，娘家怕被张家小看，陪送的是两座银行**

我是大元帅张作霖被炸的头三年到帅府去的，也就是郭鬼子（松龄）反奉的那个时候去的张家（即一九二五年）。

我主要是服侍少奶奶于凤至，她比张学良大三岁，那年张学良是二十五岁，于凤至二十八岁，我是三十二岁。

我到张家那年，正赶上郭鬼子反奉。郭鬼子的太太（韩淑秀）是大学毕业生，文化高，很有本事。

我自己娘家是东北人，我老公公是磨刀的，那年他死了以后，我老婆婆人太厉害，又不正经，跟人走了，家散了，我就带着孩子进了张家，我是三十二岁去的，五十一岁出来的，共待了十九年。我进去那年（说到这儿，她指指站在一旁给我们倒水的一位近七十岁的老太太），她才三岁。

在帅府时，别人都叫于凤至少奶奶，张学良叫她大姐。我去时，他们已经有了四个孩子，大的是女儿，叫闾瑛；剩下的三个是儿子：闾珣、闾玗、闾琪。三儿子不大就死了，他生下来身子就弱，常常生病，后来是得痨病（肺结核），夏天死的。

少奶奶的父亲叫于文斗，在吉林省郑家屯开粮栈，母亲是个罗锅子（驼背），家挺阔，少奶奶父亲跟吴俊陞（黑龙江省省长、张作霖的拜把兄弟，一九二八年随同张作霖一道遇难）关系很好，都在郑家屯。当年，张作霖在荒原剿共时孤军奋战，走投无路的时候，是于文斗把消息告诉给吴俊陞，调来骑兵，解的围。打那以来，于文斗、吴俊陞和大元帅的关系就变得密切了。

娶于凤至，是一次于文斗给她老闺女批八字。于凤至是老闺女（幼女）。说于凤至是“凤命”千金，张作霖知道以后，便亲自为儿子提亲，那时候，副司令（张学良曾任全国陆海空军的副司令，家中上下以及许多东北同乡都习称他副司令或少帅）是八岁，少奶奶十一岁，就许配给了他。

少奶奶的妈妈很有钱，她结婚进门的时候，她是十七岁，副司令十四岁。她娘家怕被张家小看，陪送的是两座银行，一处在沈阳，一处在锦州，一个叫富裕祥，一个叫庆泰祥。

**张学良见于凤至不答应他娶赵四小姐，就掏出手枪来，于凤至见他动了硬的，就把胸脯一挺，冲着他说：“你打吧！”**

大元帅张作霖一共有六个太太，大太太赵氏已经死了，她就是张学良的生母，后来由卢夫人抚养长大。张作霖最喜欢的是五太太，她母亲姓王，是黑龙江寿山将军的一个侧室，所以大伙都叫她寿氏、寿夫人。她妈妈原来并不怎么样，是个要人的，抽大烟，总跟张作霖在一起，常来常往，慢慢就看中了。

五太太刚进门时，是个中学学生，并不怎么太受宠，后来连着生了四个儿子，就打起腰（硬气）来了，一天比一天得宠。后来，又有了个六太太，更年轻。

五太太的妈是要人的，就像开内窑子似的。张作霖最信任她，后来张作霖一死，她就下降了，她抱了四个儿子（学森、学浚、学英、学铨）。

张作霖的六太太，姓马，大家都叫她岳姑娘，是个妓女，但没接过客，生过一个闺女。

三太太姓戴，她没儿没女，被赶走的，出家修行当尼姑去了。

我侍候少奶奶时，六太太刚进门。于凤至虽说有一女三子，但因为娘家没人了，她爸爸也老了，而副司令那时候先在北陵念书，后来做事，她受五太太的气。我进到张家的时候，副司令是当军团长。到后来，大元帅一死，副司令在东北当家，少奶奶刚好过点，赵四小姐又进门了。

赵四小姐是副司令到北京，去跟老蒋（介石）见面的时候，赵四的姐夫（冯武越）在《北洋画报》做事，这画报是副司令办的，就这样他们在天津跳舞，在舞会上，后来又去北戴河，这样认识的。

（讲到这里的时候，王凌阁老人因有些激动，呼吸显得困难，她的子女连忙给她输送氧气。但老人家十分兴奋，竟一边输氧一边继续讲述。）

张学良向于凤至最初告诉赵四这件事时，说的是给少奶奶当秘书的名义，但于凤至不愿意。张学良一看，就动起了硬的，后来又动了软的。

张学良许愿说，进门不姓张，有孩子不要，家里的事不管，不招待人，出外面只说是秘书……

可不管怎么说，于凤至就是不答应。后来，张学良掏出手枪来，于凤至见他动了硬的，就把胸脯一挺，冲着他说："你打吧！我给你生儿育女，把孩子拉扯大了，没用了，你把我打死吧！"

张学良一看于凤至不怕这个，便来了软的，说："我哪是想打死你，是我已经答应了赵四，我堂堂做司令的，说话不算数，没有办法，我只有自杀！"

于凤至没吃他这套，说："你也别逼我，我也没有亲人了，咱们分开，离婚，你干你的去。闺女归我，小子归你，北陵房子归我。你当司令，国家大事都能管，老逼我干吗？"

张学良一听这个，心也软了，又好说歹说。少奶奶毕竟斗不过副司令，最后经过半个月，赵四写了一份保证书，答应给张学良当秘书，住北陵，在那儿上大学。

**宋霭龄和孔祥熙曾托人保媒，让于凤至的女儿闾瑛嫁给他们的儿子，做媒的就是宋子文、戴笠，可小姐不干**

于凤至这个人非常大度，有教养，她自从赵四进门以后，相处得很好，她俩的关系一直也没搞坏过。

（当笔者提到张学良的子女时，王凌阁老人一下子又激动了起来。）

我长这么大没见过那么好、那么有出息的孩子！副司令的大儿子闾珣，是在英国上的大学。西安事变以后，张学良送老蒋回南京，闾珣从街上买的《大公报》，一看报纸，他就说："完了，我爸送到老虎口去了！"那时候，我陪于凤至在英国，她儿子说："妈，你别管我们，我们都大了，你就照顾好我爸爸就行了！"儿子催于凤至快点回国，但后来因为一直没有信放出来，加上欧洲打仗（第二次世界大战），他一急，就急疯了，得了神经病。以后送回了台湾。她女儿闾瑛也特别聪明，会六国语言。唉，都是这么好的孩子，可惜，二儿子死了，大儿子疯魔了，唉！

那次是副司令下野，出洋考察的时候，孩子留在国外念书，我们在英国安的家，于凤至在那儿供孩子念书。西安事变发生以后，先是头一天朋友告诉的大爷（张学良的大儿子），大爷赶紧买来报纸，一看就叫起来，"可了不得了，我爸爸送老蒋去宁波了！"

这次我们是坐船回来的，坐的是意大利船。

坏事坏在宋霭龄身上，是她在西安事变出事后，不让给于凤至回信的。如果早点回信，于凤至早点到南京去活动活动，也许不会是这么个结果，就是这样，于凤至到南京时，一些头头脑脑还是去接了。

因为于凤至长得瘦，所以她儿子都管她叫"胖妈"。大儿子看到报纸，知道他爸爸去了南京，到虎口去了之后，立刻就让他"胖妈"去买票回南京。买船票，时间太长，要买飞机票，还得等好几天。我们是先坐船到新加坡，从新加坡坐飞机回南京的。

回到中国，先到的是上海，然后去南京。宋子文、戴笠到飞机场接的，由他们负责招待，后来把我们送到奉化县的雪窦寺。那时候，宋美龄、宋霭龄也还都假惺惺地去看于凤至，都请了客。

宋美龄和宋霭龄，原本和于凤至的感情都非常好，就像亲姐妹一样。宋霭龄和孔祥熙的儿子（孔令侃），那时他们托人保媒，让把少奶奶的女儿闾瑛嫁给他，做媒的就是宋子文、戴笠。可小姐不干，不愿意嫁到大人物家，说："我妈一辈子受的这屈我都看到了，我不干，要嫁，嫁给布衣！"

**那个时候，给副司令和夫人打吗啡针，都是我给打。到厕所去，太太给副司令打，我给太太打**

一九三〇年九月十八日，张学良发表通电，拥护中央，并随之挥师进关，使旷日持久的蒋、阎、冯中原大战得以结束。作为"再造统一"的英雄，张学良在南京受到了规模盛大的欢迎。

西安事变后回南京跟那次去南京，当然大不相同了，一个在天上，一个在地下。

那次也是我陪夫人去的，是副司令先到，夫人（王凌阁老人不知不觉中改变了对于凤至的称呼）因在东北赈灾后去的。坐的是从沈阳开出的专车，一进到南京，放九声大炮，军队洋鼓洋号，各站都有站岗的，从沈阳一直到南京，一进浦口，就放三声，是几吨重的大炮！

那一年东北发大水，于凤至是留在沈阳救灾的。

于凤至本人有钱。老帅留的古玩字画，夫人都给了副司令，她自己在沈阳就有两处买卖。买卖叫合义祥，是给军队做军服的。当年她看见伤兵，衣服很破，就开始了做军服，还买枪买炮，又开了北陵医院、同泽中学……

副司令从南京一回来就病了，得的是伤寒，住在北平协和医院，包了一层楼，后面胡同也有站岗的。副司令真是命大福星大，心才宽呢！不管怎么累、怎么苦，没听见他说过一个愁字！

天津也有住房，房子在法租界三十二号路五十一号门牌，副司令买的房子，才阔呢！

到北平，住的是顺承王府，是大元帅买的。我们也住在那儿，紧北面是小姐，夫人他们住正间，出门口是个大戏台。

（谈到这时，已快到中午。她女儿怕她太累，笔者因老人年事太高，也很不好意思再谈，想就此告辞。但当她女儿去搀扶她时，她猛地一甩她女儿，训斥说："我不累，说张家的事我不累！"接着转身向着笔者："我对张家有感情啊，我在张家，十九年没挨过说。"）

那个时候，给副司令和夫人打吗啡针，都是我给打。到厕所去，太太给副司令打，我给太太打。他们到哪儿去，都带着我。他们的钥匙都是放在我这儿。

我的女儿就一直住在他家，后来嫁给了张学良的一个副官。我女儿从小就跟副司令的女儿一起玩。

我是一辈子伺候人的命，忠心耿耿。没挑过吃，没挑过穿，没撒过谎，没摊过灾。所以我十九年没挨过说。

**张学良从来不提从前，我跟他住了几年的看守所，吃了那些苦，没见他皱过眉头，没见他打过唉声！**

老蒋最恨的是杨虎城。杨虎城的夫人谢葆贞和邵力子太太与于凤至拜的干姊妹，在西安的时候。邵力子太太最大，于凤至第二。杨的太太谢葆贞是后嫁过来的，很年轻，顶多也只有三十岁，有个小小子

（男孩）。

刚到西安的时候，杨虎城怀疑张学良，怕张学良去抢占地盘，副司令哪是那样的人啊！他的心最宽了！

那年（一九三三年）戒烟，是在上海的一个饭店里，副司令躺了好几天。后来是国家拿钱让副司令去的外国，先去的意大利，是墨索里尼的女儿给我们找的房子，有花园、球场。后来由法国到英国，在法国住时，二爷（闾玗）病了，当时顾维钧在那儿当大使，他给了不少帮助。大爷（闾珣）考上了英国的大学，在那里管吃管住管汽车。外国孩子能考上这样大学的很少，是在英国立的家，自己买的汽车，于凤至和赵四小姐都有。

小姐（闾瑛）考了六个学校，学六国话，这样就更出名了！

我们第二次去英国那是一九三六年二月，因为西安事变，才回来的。

在奉化雪窦寺住的时候，因为起火，才搬走的。后来长沙、沅陵，又赶上长沙大火，跑反，到了贵阳的阳明洞。这洞的正面是王阳明的大像，对面是个亭子，有一个阁楼，但只有一面有楼梯，很不方便。楼上有三间房，张学良在西间办公，东面是他和太太住，中间做客厅。

因为是坐牢嘛，什么都不方便，洗澡也只能用木桶。

楼上因为不通气，太太很难受，我就把我住的两间让给太太住，我在楼梯底下搭了个铺，对面安了个木桶洗澡。太太要给我钱，我没要，是用我的钱买的东西，把房子修饰了一下。

我们布置完了，负责看守的特务队长刘乙光来了，他很生气。但徐队副人好，他说上边有话，这又不是监狱，怎么能连出气的地方都没有？

张学良一到哪儿，不管怎样，他都说好，该打球就去打球，该游泳就去游泳。他从来不提从前，我跟他住了几年的看守所，吃了那些

苦，没见他皱过眉头，没见他打过唉声！……（本文原载一九九三年八月号香港《明报月刊》）

《传记文学》第六十三卷　第四期

# 大丈夫之气概
## ——写于张学良先生九秩华诞前夕

吴天威

自古以来，我国不乏民间乐道的江山美人一类的风头人物的故事。但是，在有生之年能为全国民众、甚至世界上关心中国问题的人士所熟习不忘的，唯有张学良将军。他幼年接受一些传统的中国教育，但其启蒙颇受西方思想之影响。他自幼便以赤子之心，立志助人，乃多方设法赴美学医，终以家庭关系（长子不宜远离）改学军事，而以继承父业，迈入军旅之途。他自弱冠统兵，不及十年而总揽我国东北四省之军政大权，更问鼎中原，不仅左右国内政局，亦影响东北前后日本帝国主义强盗之对华政策。就国内而言，他影响中国前途最大的当为众所周知的“西安事变”。当时他仅三十六岁，表面看来，其政治生涯确已至此为止。如加以仔细观察，则不难发现他对于国内政局一些间接的影响仍在，同时他的形影已存于很多人的心目之中。

五十余年的幽禁没有剥夺张将军的身体健康，除眼花耳背外，他牙齿无缺，健步自如，为九十高龄者所罕见。在这悠长的岁月中能得爱侣赵一荻相伴，成为古今男女爱情史话之一；张先生没有浪费岁月，初则研究明史，继而从事研究、著述和传播基督福音，以完其为民造福之夙愿。在其幽居生活中，如何抵制恶势力之干扰，排除痛苦煎熬，锻炼百折不屈之精神，发展出独特的人生哲学，他日如能公诸于世，必将有助于人群。他的生平应为我们称道、学习和尊敬之处不胜枚举。今趁庆祝其九十华诞之际，略述其要。

中国人的伦理思想向以“忠孝仁义”为至尚，张先生多能及之。首先他是忠于中华民族的，正如他自己所说：“我幼年时代是一个爱国狂。”他虽统率大军转战南北，实出于无奈，他始终憎恨自相残杀，无时不忘减少对人民之涂炭，而遇有机会则主动息兵。一九二七年对于北伐之国民革命军如此，一九三六年对于中共之红军亦复如此。西安事变之和平解决，举国一致在蒋委员长领导下，对日抗战，终于雪除我中华民族百年之耻，为张先生精忠报国之升华。

不仅对国家张表现了无限的忠诚，对长官、部属及朋友亦复如此。虽有一九二七年及一九二八年东北军对北伐军之兵戎相见，但张一俟接管东北军政，即宣布和平方针，进而于一九二八年底，宣布拥护蒋介石总司令，东北易帜，完成全国统一；他以后忠心事蒋而不渝，否则焉有“西安事变”之送蒋和伏罪京门之举。同时他对杨虎城将军之不幸遭遇，引为歉疚。据云，他在幽居期间，仍不忘其旧属。张乐谈其与郭松龄之友情，当第二次直奉之役（一九二四年），郭军驻守长城山海关一带。郭军作乱之谣言风起，张于深夜单骑九十里寻找松龄，终于说服其取消倦勤归队，颇似汉初“萧何追韩信”的一幕之重演。是役他因疲劳过度而染上隐疾。

由于冯玉祥的勾引，郭松龄叛变。消息传来，张正于葫芦岛军舰上，痛感无颜对其乃翁，竟欲投海自尽，终被劝阻，兼程返沈，襄助“老帅”敉平郭乱，但仍企老帅饶郭一命未果。

老帅于一九二八年六月四日于皇姑屯被日本炸死，张时坐镇北京，经化装潜行以避日人耳目，数日后始抵沈为父发丧。张继父业后，励精图治，东北政治面目一新；不顾日人之胁迫利诱，决心继承父志，抵制日本侵略。常对人云：凡老帅所不欲为者决不为。而其于数年之内整军经武，兴建铁路，发展工商业，普及教育，充实高等教育，进步之速，使内地诸区域望尘莫及。如无日寇之强占东北，我国工业化和富强之基础业已在东北奠定，就张个人而论，完成先翁遗志、尽了孝道。

张先生待人处世，无不以“仁”为本。孔夫子的“仁”字意义非常广泛。如“克己复礼”，是谓之仁。但仁与爱及善良是不可分的。他确实做到了舍己为人，如九一八事变时，他服从蒋之命令对日“不抵抗”，宁可自己受过，不置争辩。长城之役，引咎下野，以维护蒋之声誉。而“西安事变”更能充分表现他行仁的本色，是故蒋夫人说张之发动“西安事变”决不是为其个人之争取地盘，或饱私囊，不能与过去之军阀同日而语。

凡对张稍有认识者，无不称道其为人宽大。所以五十余年后的今天，其尚存之东北军袍泽及东北大学学生不约而同地为其九秩诞辰纷纷庆祝。他们对张之爱戴是自发的无条件的，此足为其今生莫大之安慰与光荣。

不仁则不“义”，能仁亦必义。张为人正直，最讲义气。这与曹孟德之“宁负天下人，不让天下人负我”恰好相反。他对蒋介石、杨虎城，甚至阎锡山，都抱有义的精神。一九三〇年，阎、冯倒蒋失败，张对阎礼遇有加。致使阎有恢复其失去的山西地盘之机会。而张、杨对蒋实行“兵谏”之先，阎本有赞助之默许，然事发后，态度暧昧，竟图渔翁之利。此与张之大丈夫敢做敢当、独自负责受过之气概相比，使义与不义分野至明。

早于一九二八年，张即做自我检讨，作有“两字听人呼不肖，半生误我是聪明”的对联。张之天才颖异、聪明过人当为其朋友与僚属所公认。他未受完整之学校教育，而其中文根底及书法均非一般受高等教育者所能及。同时张之兴趣多端，游泳、滑冰、打网球、跳舞、驾车及开飞机成为其日常生活之一部分。

张在东北讲武堂肄业期间，有一段趣闻。每次考试，他总是名列前茅，同学颇有恶言，当时讲武堂总监，即为后来做汉奸的熙洽，为避免嫌疑起见，进行临时突击性的考试，出题为“步骑炮之联合作战”，结果只有张一人能完成圆满之答卷，此恐亦与其之主修炮科有关。自是之后，全班同学对未来之“少帅”无不心服口服。

张领兵以来，颇能身先士卒，向不畏死贪生，深得官兵之信仰与尊敬。平时对下有开明民主之作风，战时赏罚严明，将校皆能为其效命。而其招贤纳士，并无畛域之见或派系之分；如于学忠之籍贯山东，本为吴佩孚麾下之一员大将，投东北军后，竟为张所器重。何柱国籍贯广西，出身于保定军校，在东北军中，由低级军官因功被擢升为军长。因张待人以诚，处事以公，北方军人如宋哲元及孙殿英者流均愿与其交游。张用人之成功充分表现于其陪蒋返京之后。东北军将领并未众叛亲离，或被高官厚禄所收买，而多数将校更为争取张之返陕，不惜与中央军一战，始导致不幸之“二二事件”，王以哲将军及其他数人之牺牲。

智仁勇自古为兵家治军之道，张主政不久，即杀杨（宇霆）、常（荫槐）；因不除杨、常，无以安其位。如张无勇无谋则蒋于“西安事变”时难以顺利返京，我国可能丧失唯一能领导抗战的领袖。

张并非匹夫之勇，亦非知过惮改，数十年来笃信基督、宣扬福音，与其幼年时立志学医、为人治病之精神并无二致；此与假借基督之名，做反基督之事者恰成对照。其能安身立命，方得享受天年。按张自幼即与基督教青年会发生密切关系，而迄今犹不忘其青年会亡友阎宝航（字玉衡，曾于一九三〇年代任新生活运动会副总干事；总干事黄仁霖亦出身于青年会）。去年暑假笔者过台，蒙张先生谬爱赐予接见餐叙时，曾亲告张先生他确有汉初张良之智慧，明哲保身，此与其名字完全相符，但张之生平远较古代张良多彩多姿，我国后代必更纪念我们第二个张良。

《传记文学》第五十六卷　第六期

# 闲话张学良九十寿

## ——蒋公去世时，张学良的挽联说明一切：“关怀之殷，有如骨肉；政见之争，宛若仇雠。”

高茂辰

张学良先生九十寿辰祝寿活动公开后，许多人认为这是当局有意安排，是一项“平反”，甚至认为是李登辉就职后一系列寓含政治意义的举措之一，其实这皆是想当然的推论而已。

要为张学良做寿，本来是张氏亲朋好友间一件平常的事，只是张氏太不平常了，此事也无法被外界以平常心视之，这倒是无可奈何的事。

先谈张学良的心情，这些年来政局宽松，以前因政治需要而生的一些禁忌也不复必要，因此张学良说：“我有完全自由，心灵自由，身体也自由。”确实是事实。

但是张学良也知道自己身份敏感，而且他恬淡已久，十分珍惜自己这份免被打扰的自由，因此并不愿与外界多接触，但是外界仰慕关怀之情不断，要说张先生完全不领情，未免有点不近人情，因此他实在为难，不公开出来，外界说他仍没自由，一旦出来，他所喜爱的自由与安静又被打扰，何况，所谓公开出来，公开出来到什么程度呢？这都是问题。每到寿辰，这些压力就涌来一次，因此张学良曾半认真地说："你们不要逼我，否则我干脆住到金门去。"

今年东北同乡会、东北大学校友会，就一再称请要为汉公祝寿，张学良坚拒。可是张岳公的话，张学良却不得不听，过去的三张一王，张群、张学良、张大千、王新衡，四个人中年纪较小的二人先去了。年长的两张中，张群说要为做过他长官的老友张学良过生日，张学良无法再推辞了。在台湾，只有张群与蒋夫人的辈分比张学良还高。张群说了要做，张学良还反对，张群坐在轮椅上说："去去去，我不与你辩。"张学良只有闭嘴。

二月间，张岳公就指定秦孝仪、张继正、王铁汉、何世礼、赵自齐五人，每人约提二十个名字，凑出九十个人，以示九十之庆，由于这本来只是好友间的扩大庆生，因此也谈不上什么筹划，各人交了名单，订了饭店就是。

有报道把唐德刚也列入了筹备小组委员，他一点关系也没有，看了报大感不解。

开的名单也不是基于政治考虑，首先考虑此人与张学良是否相识，然后再征询是否同意列名于发起名单，像郝柏村是以前安排张学良去金门参观时就认识，两人同为军人，话也投机，故后来偶有餐聚；至于梁肃戎，以前与张学良并不熟，甚至是东北人中与齐世英一起反对张学良的人，此次梁肃戎也欣然参加，主要代表东北人对这位爱国者的敬意，过去的政治恩怨早已不计了。

笔者所以做上述的解释，并不是要否定此事没有政治意义，只是要澄清此事最初发起时是没有政治考虑的，它只是两位相交超过一甲子的老人间的友情关照而已，当然因为张学良是个政治人物，他的一举一动无可免地被赋予政治意义，如果当局反对此事，参与者或会受到劝阻，因此这也可被解释成某种“平反”的意思，但知道张学良的人皆知，他已心向上帝，对于尘世中的“平反”早不在意了。而且，从更高的角度来看，对张学良只有“评价”问题，而无“平反”问题。

正因为此事本以“平常心”出之，一些爱护张学良的故旧反而为寿宴活动的被迫公开而担忧，怕中外记者闻风而来，反而打扰了张汉公以及亲友们为他祝寿的原意，但见事已至此，也只有听其自然了。

过去五十多年，爱护张学良的人一直以他被“保护”而不满，现在却反而希望他仍受某种保护，历史的吊诡又一证也。

张学良是为了爱国、为了国家统一而牺牲自己。过去，他在“两岸”有截然不同的官方评价，但近来，由于政治禁忌的解除，“两岸”对张学良的评价已渐趋一致。唐德刚说：“如果没有‘西安事变’，张学良什么也不是，蒋把他一关，关出了个中国的哈姆雷特。爱国的人很多，多少人还牺牲了生命，但张汉卿成了爱国的代表，名垂千古。”

许多人对张学良好奇，其实要问他的还是那句话：“你对蒋先生的看法怎样？”张学良仍称蒋先生为蒋公，一九七五年，蒋公去世，张学良的挽联说明一切：“关怀之殷，有如骨肉；政见之争，宛若仇雠。”

今天的张学良，头脑仍清，反应仍敏，只是耳朵眼睛不好，吃自助餐时仍自己持盘取食，牙齿甚好，最喜吃台湾土芒果，每吃必引张群的话说：“此果什么都好，就是吃完满鼻满嘴，要洗脸麻烦。”席间谈笑风生，掌故和笑话说不完。他从年轻时就如此，西安事变后，他最好的朋友胡若愚与中央大员同住西京招待所，为乱军所伤，子弹穿颊而出，张学良去探望，说：“这可好，有了人工酒窝。”

人人都问他为何不写传，连蒋先生看过他回的那封有关西安事变经过的长信后，叹服其文笔，也叫他写些北方军政回忆，但张学良说他不写了，因为：一、他读《明史》的经验，知道历史只是管见，人言言殊，常不正确；二、他会批评到当代人物，也不愿献丑表功；三、回忆会使他激动，老了，受不了。

席间张学良最喜欢谈的是他在第二次奉直战争中月下追韩信的故事，谈到他与师友郭松龄的感情及争执，常常激动得语塞。谈起他与东北军部下的共患难，士兵之可爱，也会眼眶湿润。他说他刚从讲武堂毕业后带兵吉林剿共，一士兵在土墙后瞄准山脊之敌屡射不中，张学良取枪来示范，三枪竟也不中，该兵把枪一把抢过来说："我当你有多行呢？还不是与我差不多。"张学良苦笑而退。

张学良性喜书画，他在北方当政时，收藏极多珍贵字画，他与溥杰私交甚笃，几乎故宫流出的珍品，皆由他购得，他也成了鉴赏名家，北京古玩店就常卖假造他印鉴的古画，也卖他的字。有一次他逛一家店，看到挂着几幅他的"真迹"，他就问多少钱，店东开出高价，他说："啊，张学良字那么值钱，我现在就写几幅给你卖。"店东才知遇到真主，吓得讨饶不已，张一笑而去。

这些字画，大多在"九一八"中散失，问他尚余若干？张学良笑指嘴巴说："都换饭吃了。"

现在张学良最听的是"荣总"医生的话，他说："我不是贪生，而是视我的身体就是上帝的殿，我要使它洁净，以备上帝的召用。"

世人尝赞美他与赵四小姐的坚贞爱情，张学良说："要不是这些年幽居岁月让我们相依互靠，我早不知到何种地步。能健康地活到今天，要感谢上帝的安排。"

张学良的元配于凤至女士，今年一月三十日在洛杉矶寓所于睡梦中去世。

张学良的生日本来是六月三日，由于一九二八年老帅在同日出关受难，张学良曾说他一生不做寿，但在他三十岁功名正盛时，东北人要为他祝寿，乃以阴历四月十七日换算成六月一日，相沿至今，那一次的祝寿是东北的盛事。以后忧患接踵而来，再也没心言寿，这次再提，已是整整一甲子之后了。

张学良现在最喜引的四句话是，信靠、顺服、感谢、等候。

《传记文学》第五十六卷　第六期

# 张学良是怎么样的一个人

赵一荻

这几年以来各处的书报杂志常常登载有关张学良的文章，但是却没有人知道他确是怎么样的一个人。一个与他共处了六十年的人是应该知道的。我现在就要简明地来讲一讲。

张学良是一个非常爱他的国家和他的同胞的人。他诚实而认真，从不欺骗人，而且对他自己所做的事负责，绝不推诿。他原来是希望学医去救人，但是事与愿违，他十九岁就入了讲武堂。毕业之后，就入伍从军。他之参加内战，不是为名，不是为利，也不是为争地盘。他开始是为了遵行父亲的意愿，后来是服从中央的命令，实在是不得已而为之。

日本帝国主义对东北，不断压迫和无理要求，暴露了它侵略中国的野心，亦更加激起他抗日的情绪。他不愿看见自己的国家灭亡、人民被奴役，但是单靠东北自己的力量是不能抵抗日本的侵略。所以在皇姑屯，他的父亲被日本谋杀之后，他就放弃他的地位和权力，毅然易帜与中央合作，使国家能够统一，希望全国能够团结起来一致抗日。

九一八事变之后，日本占领了东北，他就不忍再看到自己的同胞互相残杀，削减国家抗日的力量，所以他就主张停止内战，团结抗日。他并不爱哪一党，亦不爱哪一派，他所爱的就是他的国家和他的同胞，因为任何对国家有益的事，他都心甘情愿地牺牲自己去做。

今天是他九十岁的生日。真是感谢上帝在过去的岁月中这样的看顾了他，赐给他健康的身体，又赐给他属灵的智慧，使他因信耶稣基督而得永生。他自己从来亦没有想到他会活得这么久，亦没有想到他会成为一个基督徒。这完全都是上帝的恩典和他的奇妙安排。他知道上帝既然要他活在世上，他就应该尽心、尽意、尽性、尽力地完成上帝所给他的使命。他要在他有生之年去给上帝做见证，传讲耶稣基督的福音，把上帝所赐给他的恩典与大家分享。

《传记文学》第五十六卷　第六期

# 论三位一体的张学良将军
## ——序传虹霖女士著《张学良的政治生涯》

唐德刚

在五光十色的中国近代史中，在百余年当国者的公私生活和政治成败的记录上，最多彩多姿的领袖人物，“少帅”张学良将军，应该是独占鳌头了。他那带有浓厚传奇性和高度戏剧化的一生，在民国史上老中青三代的领袖中，真没有第二人可与其相比。尤其是他政治生涯中最后一记杀手锏的“西安事变”，简直扭转了中国历史，也改写了世界历史。只此一项，已足千古，其他各项就不必多提了。

前不久我曾看过一部叫作《少帅传奇》的电影。那显然是由于各种客观条件的限制，使这部电影里的传奇故事比起少帅传记里的真实故事来，恐怕还要逊色呢。少帅实际生活的传奇性，似乎要比传奇电影里的传奇更富于传奇性！

张学良本来就出身于一个富于传奇性和戏剧化的家庭里。他父亲

“老帅”张作霖便已很够传奇了。他由一个比小说书上“梁山英雄”更富戏剧性的真实的草莽英雄，在清朝时代由落草剪径，到抗俄抗日，招安立功，升官发财，而出长方面。他所长的“方面”竟比西欧英、法、德、奥诸列强的联合版图还要大很多。

既有方面之权，作霖乃起而逐鹿中原，终成短期的中华之主，当上了北京政府的“大元帅”——当时中国正统的国家元首。学良便是这样一位不平凡的草莽英雄的儿子。他也是在草莽中诞生的，嗣后跟随乃父，水涨船高，竟然做了军阀时代的中国“末代皇帝”的太子。

张大元帅由于秉性忠烈，不可能做汉奸，因此不为日本帝国主义者所容，终于兵败之后，为日人所暗算而以身殉国。这一段简略的老帅传记，本身便已是够戏剧化了。那时曾有意侍候老帅，终于变成少帅顾问的顾维钧博士就曾经告诉我一个真实而富有戏剧性的故事：作霖于一九二六年六月十五日就职中华民国军政府陆海军大元帅时，曾举行一次历代帝王和历届民国总统都循例举行的祭天大典。当张氏正在天坛之中捧爵而祭，并喃喃祝祷之时，孰知一不小心竟把这金爵摔落到地上，爵扁酒流，使大元帅惊慌失措，与祭者也都认为是不祥之兆。

其后不久，那批在北京以专才身份待业待诏的博士帮，包括顾氏自己，可能还有王宠惠、颜惠庆、施肇基等一群，日长无事，结伴行街。他们曾戏以张大元帅的生辰，冒为一无名老人的八字，请当时知名北京的一位相士代为算命。这相士把八字一排说：这个命贵则贵矣，只是现在他已是黎明前的“电灯胆”，马上就要熄灭了。“电灯胆”，便是北京土话中的电灯泡。在那电力不足的北京，黎明前的电灯胆是特别明亮的。可是不久张氏这个明亮的电灯胆，便在皇姑屯熄灭了。

这一故事是顾氏在纽约向我口述其《顾维钧回忆录》时亲口告诉我的。我之所以提出这些小故事，也只是帮助说明张作霖、张学良父子的一生是多么富于传奇性罢了。

张学良自己在其所撰写的所谓《忏悔录》中，也曾说明他昔日从政的缺失是在识蒋之前一辈子未做过“任何人部下，未有过任何长官”。他只跟他的“先大元帅”做了多少年的少帅，而这少帅却是从一个公子哥开始的。

张学良可能是中华民国史上最有名的公子哥了。但是，治民国史者也不能否认他是一位统兵治政的干才。把个花花公子和政治家、军事家分开来做，则民国史上实是车载斗量，没啥稀奇；可是把这三种不同的行业，拼在一起，搞得三位一体，如鱼得水，则学良之外，也就真的别无分店了。少帅张学良之所以成为历史性的传奇人物，其难就难在这个三位一体了。

汉卿、汉卿，我国近百年来的凤子龙孙达官显贵子弟，生活放荡的，也是成队成群了。若论吃喝玩乐的纪录，真正有钱有势有貌有才的邓通、潘岳也不难做到，而难的却是大厦既倾、树倒猢狲散之后，仍有红颜知己，舍命相从，坐通牢底，生死不渝——这一点纵是《红楼梦》里情魔情圣的贾二公子，也无此福分，而汉卿你却一生受之，岂不难能可贵？我们写历史的、看小说的阅人多矣，书本上有几个真假情郎比得上你？

一荻、一荻，你这个“赵四”之名，也将永垂千古。在人类可贵的性灵生活史上，长留典范，为后世痴男情女，馨香景慕。睹一荻之痴情，羡汉卿之艳福，读史者便知。若汉卿只是个酒色之徒而非情性中人，他哪能有这个美丽的下场——公子哥不难做，但是古今中外的公子哥，有几个不落个丑恶的、难堪的结局。慢说是像张学良这样的大人物了，读者闭目试思，在你所亲见亲闻的酒色之徒中，有几个不凄然而逝？红颜知己，学生战友云乎哉？

赵一荻，我们历史家也替你喝彩！

至于张学良将军是个军事天才，我们读史者亦不能反证其非。

学良才二十出头，便指挥数万大军，南征西讨。年方二十六便官拜北京政府的“良威上将军”，与吴佩孚等老帅同列——正如他自己所说的，“年未而立，即负方面，独握大权”。

当然，学良的大官大位是与他“有个好爸爸”分不开的。但是，我们细阅本书便知他那个好爸爸也幸好有这么个好儿子。学良是他的“先大元帅”麾下不可或缺的助手、智囊和副指挥。他们的父子档，正如京戏舞台上所创造的“杨家将”。没有这个儿子，则张老令公的光彩也就要逊色多了；没有这个儿子，老令公于“碰碑”之后，余众也就统率无人了。

少帅的崛起，确是由于传统的宗法关系而扶摇直上的；但是专靠这点血缘关系，便“负方面，独握大权”，雄据一方，足为西欧各国之共主，也是做不到的。关于这一点，公正的历史家，尤其是本书的作者，自有清楚的交代，读者可细玩之。

张学良最难能可贵的，是他在情场、战场之外，也有其政治家的节操与风范和青年爱国者的热血。他在二十来岁的青年期所具有的现代化的政治观念，已非老帅所能及。“年未而立，即负方面，独握大权”之时，竟能在日俄两大国环伺之中、守旧派元老将领压力之下，义无反顾，归顺南京，幡然“易帜”。

须知学良于一九二八年底的易帜，与中国内战史上的“势穷来归”或“变节起义”是截然不同的，在三千年的国史上也鲜有先例。东北当局当年处于日俄夹攻之中，据说南京策士曾有“以外交制奉张”的建议。其实反过来说，“奉张”又何尝不可“挟寇自重”呢？在中国边患史中，安禄山、石敬瑭、张邦昌、吴三桂和后来的盛世才，不都是好例子吗？学良何尝不可依违其间，待机而动呢？但是学良不此之图，偏要易帜归顺，促成国家统一，最后招致日俄南北夹攻，终使他独力难以为继。再者，张少帅亦未尝不可效当年李鸿章以夷制夷之故技，联俄以抗日，亦联日以抗俄。于二强均势中，自图生存。而学良亦舍此老例不顾，却（如他自己所说的）“不自量力，拟收回北满权利”，挥师“抗俄”。做了个希特勒式冒险之前例，对南北二强，两面开弓。结果力有不敌，终于弃甲曳兵而走。或问学良当年何以见不及此？答曰无他，一股青年热血沸腾而已。那时少帅还不过二十九岁，满腔热血，他如何能向那老谋深算炉火纯青的老官僚李鸿章看齐呢？

关于这一点，我们读历史的，月旦人物，就要看当事人的动机，而作其“诛心之论”了。学良当年干法，实在是一位少年气盛、忠肝义胆的民族英雄之所为，与当时那些私心自用，假抗敌之名，行投机之实的军阀、官僚、文人，实无法相比。古人说，忠臣必出于孝子之门。盖人之异于禽兽者，便是不同的禽兽，各有其独特的物性，如虎狼之残暴、乌鸦之反哺、鸳鸯之爱情等等。这种不同的灵性，人类却兼而有之，只是人类各个体，偏向发展各有其不同程度罢了。世人之中君子小人之辨、爱情色欲之别、贪婪廉洁之分……也就在此。吴三桂说，父不能为忠臣，儿安能为孝子。事实上一个人在天赋性灵上，不能做情种，又安能做烈士——于此我们也可以看出，张学良青少年时期的那股血性。明乎此，则我们对“赵四”为爱情而生殉的感人故事，便也觉得没什么费解了。

显然的，张学良青年期的血性和他不愿做帝国主义傀儡的骨头，也是引起九一八事变的基因之一。今日史家已完全证实，九一八事变是当年日本朝野蓄谋已久的行动。老实说，那也是“北伐”以后，蒋李冯阎三年内战的必然后果。事变既发，张学良之“抵抗”与“不抵抗”，是不会改变事变之结果的；而况他的“不抵抗”原是奉命行事。背了这“不抵抗”三字的黑锅，在当时真是“国人皆曰可杀”。而张氏为此三字之冤不辩一辞；并从而戒烟去毒，浪子回头，洗心革面，知耻近乎勇，却是很难能可贵的。

最后，我们就要谈到那震惊中外的“西安事变”了。西安事变，这件历史事实，今后恐怕要被史家争辩一千年而终无定论。但是，事变中的若干史实也是无人能够否认的。

第一，事变之发动是激于张学良对国难家仇的义愤。他反对内战，主张枪口向外，是绝少甚至完全没有考虑到私人利害的。在学良看来，北伐之后，他为谋求国家统一，不惜自弃历史，毅然“易帜”，归顺中枢。如今外患急于燃眉，蒋公必欲置中共全军于死地，不灭不休，毋乃太过。学良口劝不动乃贸然实行兵谏，希望蒋公不为已甚，张氏这种心理基础，盖亦为史家所不容否认者。

第二，西安事变之发生，建议为杨，主动为张。迨至骑虎难下之时，学良“问计无人”，致使精明而识大体的周恩来变成“谋主”。这点也是不争之论。

不过话说回来，“西安事变”之受惠者，也不全是中国共产党；中国国民党乃至蒋公本人也未尝不无实惠。盖西安无变，则蒋氏之“剿共”战争，以蒋之个性，势必坚持到底。然证诸世界各国近代史之各种实例，这一“剿共”战争，将伊于胡“底”，实无人可以臆测。野火烧不尽，春风吹又生。古人说，扬汤止沸，莫如去薪。共产党有群众有理论，是消灭不了的。而专靠枪杆来“剿共”，就是扬汤止沸；何况外患紧迫，大敌当前，有谁能保证，一把野火就可把共产党烧得死灰不燃？所以西安事变，未始不是国共之争的光荣收场。

再者，西安事变之圆满解决，对当时南京政府也提供了“全国统一，一致对外”的抗日战争的必要条件，因而提早了全面抗战。根据当时国民党“攘外必先安内”的既定政策，没有西安事变，则国府对日还得继续“忍辱”，而忍辱又伊于胡“底”呢？以当年日本侵华的气焰来推测，南京之抉择在“抗战”，在“忍辱”，其结果并无轩轾。所不同的只是：抗战者“玉碎也”，忍辱者“瓦碎也”，欲求“瓦全”不可得也。如果没有个“西安事变”，而国民党一再忍辱而弄出瓦碎的结果，则蒋公与国民党在中国历史上，将奚止“身败名裂”而已哉！所以西安事变对蒋公对国民党，也是塞翁失马，安知非福。

总之，抗战八年，实是我国民族历史上最光荣的一页。兄弟阋于墙而外御其侮，这句古训，在抗战初期，真表现得刻骨铭心，为后世子孙，永留典范。笔者和一些老辈读者们，都是有亲身体验的过来人。我们那时亲眼见到蒋公和国民党的声望，全民仰止，真如日中天。这点史实，任何公正的历史家，都不会否认。如果没有西安事变，没有全国的大统一，没有惨烈的武装抗战，则人事全非。一个独裁专政的领袖和一个忍辱含羞的政党，在历史舞台上以何种脸谱出现，我们写历史的人就很难妄测了。

蒋公和国民党，当时有此声望，有此契机，好好搞下去，正是天降大任，民赐良缘，来复兴民族，重建国家。谁又想到八年苦战之后竟落了个派系倾轧、五子登科、关门自杀的局面，这又是谁之过欤？人必自侮而后人侮之。西安事变提早全民抗战是真，但是说它毁灭了国民党在大陆的政权，那就过甚其辞了。

但是不论我们对“西安事变”的历史意义是怎么个看法，这桩严重的“事变”和它的多彩多姿的策动者，在我们向以史学炫世的中国，不能没有一部公正翔实的传记。今日坊间有关张、杨之作和老帅少帅片断的传记，也并不少见；可是由一个职业史学工作者，穷根究底地来钻他个牛角尖，写篇水落石出的博士论文，则尚不多覯。因此傅虹霖博士以她十年之功，写出了这部《张学良的政治生涯》，似乎还是这位不平凡的历史人物张学良将军的第一本全传，虽然她所写的还只是限于张氏“政治生涯”这一面，至于其他多彩多姿的众多方面还有待来者。

本书作者傅虹霖博士，于汉译本完篇之后，不弃浅薄，曾一再要我为她这本中文版写篇序文，她的厚意不是因为我对少帅张学良有多少深入的研究。相反的，正是因为我所知道张学良的政治生涯，却多半得自本书——我是这本传记英文原稿的第一个忠实读者。在作者撰写过程中，从导言到结论不但逐字逐句地细读，有时还签注意见，参酌大纲，详订细节。何以如此呢？因为本书英文原稿，原是作者在美国纽约的纽约大学历史系，攻读博士学位时的博士论文。在她撰写期间，不才适受聘为该校史学系博士班的客座导师。她适是我这位不学导师的博士研究生。这就使我对她这部大作的英文原稿非逐字逐句地细细阅读和慢慢推敲不可了。

美国名牌大学中有关“博士论文”的撰写是十分严肃的。简言之，那就是胡适所说的“拿绣花针的功夫”。一幅百尺锦绣，是用小小的绣花针，一丝不苟、一针针地绣出的。不但要“大胆假设”，更要“小心求证”，有一分证据说一分话，有九分证据不能说十分话。夸夸其谈，望文生义等新闻报道式的撰述，是一句不许的。

还有在“方法学”上的选择也是极其严格的。我国写旧式传记的程式，也被“社会科学处理”的方法所替代。立言持论都要以社会科学各部门的法则为依归，不可信口开河。这样一来，不但难为了学生，也难为了导师。前者的训练便是后者的责任。这种训练，在中国旧戏剧界里叫作“坐科”。经过这种严格坐科训练的演员，便叫作“科班出身”，否则便是“票友”。但这不是说票友一定不如科班。可是坐科毕竟是一种对“基本功”的训练，他的底子究非“玩票者”所可比。本书作者傅虹霖女士便是史学界有才华而又有科班训练的专才。笔者不学，竟曾一度做过这样有成就的高才生的论文导师。但我对这样不平凡的博士研究生却殊感内疚，因为我虽忝居教席，我对有关张学良的政治生涯的知识，大体依赖着傅女士的研究。如果说她是青出于蓝，那简直是我自抬身价了。

我说这种话并非谦虚，而是事实。她这位杰出的研究生也是我所指导过的博士研究生中唯一的例外。笔者在哥伦比亚大学研究院任教十余年。老实说，那时在我辅导之下的研究生都可以说获益匪浅。理由是那时我兼长哥大中文图书馆，并且教授一门“中国目录学”。坐拥书城，二十四小时浸在其中，所以任何艰涩题目和稀奇史料，都可一索即得，迎刃而解。因此诸生问学，往往半日之谈，便可省却他们数周数月甚至数年之功。这不是夸大，实在是汉家典籍浩如烟海，若无师承，则异族学生摸索终生，有时还是足未入户。今日有些所谓汉学家，难免还是如此。可是我对本书的作者就感到十分歉疚了——我对她没有尽到一位论文导师所应尽的责任。我反而是在批阅她的论文时向她学习。原因是当她开始撰写时，我正自哥大转业在纽约市立大学，而且转过来担任的且是一项综合多种学科的行政工作。我把哥大中文图书馆的钥匙交还原主之后，对图书资料的掌握便没有以前随时出入那样方便了。

本书作者傅虹霖博士攻读的是私立纽约大学，我转业任教的是纽约市立大学，两校皆无汉籍收藏。研究汉学师生都依靠哥大的中文馆。我既离哥大，则各校研究生来寻求“指导”者，我都以资料检阅不便而谢却。在这种情况之下，傅女士做了我的研究生也就变成了例外。因为她的丈夫祖炳民博士和我夫妇早有通家之好，平时论学衡文都如兄若弟，大家治学亦各有高低。如今老友夫人为进修学位，选师适及下走，我虽自知不学，于情于理，均不得不勉力承乏。今喜见大著问世，我附骥为文，真不胜其惭汗也。

傅虹霖博士是东北的媳妇。她丈夫祖炳民博士原是吉林人氏，毕业于日本东京大学，精通日文，曾主持美国新泽西州“西东大学”亚洲研究院有年，知名汉学界，属东北世族，与原东北军将领和老少帅本家都有千丝万缕的关系。这本书由祖夫人来写真是得心应手；再加上他二人的才华和博士学位的科班训练，我想这部杰作，也是够传世了吧。我是精读过她的英文原著的，持论公允，文笔流畅，颇得我心。中文译作我虽尚未寓目，锦上添花自可预卜。不过博士论文毕竟是篇学术著作，自与通俗读物各异其趣。我想有心读者自能得其三昧；然书非自译，偶难达意，也是意料中事。原文撰述本以西文读者为对象。译汉以后，以中国文，谈中国事，让中国读者读之，自更有分外亲切之感。如今发行在即，谨遵作者之嘱，匆草芜篇为序，尚乞海内贤明不吝教之，为幸。（一九八七年十二月二十三日清晨于北美洲）

《传记文学》第五十四卷　第一期